Peter Giersich / Bernd Kramer

Max Hoelz

Man nannte ihn:
Brandstifter und Revolutionär, Robin Hood,
Che Guevara,
einen Anarchisten, den Roten General.
Sein Leben und sein Kampf

Karin Kramer Verlag
Berlin

Die Deutsche Bibliothek -CIP-Einheitsaufnahme

Giersich, Peter / Kramer, Bernd:
Max Hoelz
Man nannte ihn:
Brandstifter und Revolutionär, Robin Hood, Che Guevara,
einen Anarchisten, den Roten General.
Sein Leben und sein Kampf
Berlin: Kramer 2000
ISBN 3-87956-237-7

Umschlaggestaltung:
Robert Halbach

© Karin Kramer Verlag Berlin
Niemetzstr. 19, 12055 Berlin (Neukölln)
1. Auflage 2000
Gesamtherstellung:
GAM-Media, 10969 Berlin (Kreuzberg)

Inhaltsverzeichnis

Aus dem Briefwechsel:

VI. Kapitel - Gedichte und Lieder

Anhang

I. Kapitel
Wer war Max Hoelz?

Peter Giersich
Max Hoelz - ein ehrlicher revolutionärer Kämpfer des deutschen Proletariats

Am 14. Oktober 1889 wurde Max Hoelz in Moritz bei Riesa (heute Ortsteil der Gemeinde Röderau) geboren. "Als Sohn einfacher, armer Landarbeiter hat er die ganze Schwere des Schicksals der Proletarierkinder zu kosten bekommen. Nur ausgerüstet mit den mangelnden Kenntnissen einer sächsischen Dorfschule trat er ins Leben. Zwei Jahre nach seiner Schulentlassung ging er in die Stadt und einige Monate später nach England. Tagsüber arbeitete, abends lernte und studierte er. Er wollte nicht, wie seine Eltern, ein ärmliches Dasein führen. Er glaubte an die 'freie Bahn des Tüchtigen'. Er nahm alles Wissen von dort, wo er es fand und hat mit großer Zähigkeit und Ausdauer bis an die Grenze seiner physischen Leistungsfähigkeit seinem Ziele zugestrebt." (Georg Schumann) Er studierte Geometrie und erwarb sich Grundkenntnisse im Eisenbahnbau, in der Vermessungstechnik.

1909 kehrte er nach Deutschland zurück, arbeitete als Eisenbahntechniker in Berlin, dann als Filmerklärer in Dresden. Dabei führte er seine Studien weiter. 1912 erklärten ihn die Ärzte bei einer Tauglichkeitsuntersuchung für den Wehrdienst als tuberkuloseverdächtig und rieten ihm, in eine gesündere, waldreiche Gegend überzusiedeln. So kam Max Hoelz 1912 als Landvermesser nach Falkenstein im Vogtland. Nebenbei arbeitete er als Filmerklärer, wobei er seine Redegewandtheit übte und ausbaute. Abends lernte er weiter. Er heiratete die Tochter eines Fuhrunternehmers, Klara Buchheim, und bezog eine Wohnung in der Falkensteiner Amtsstraße.

Falkenstein war das industrielle Zentrum der damaligen Amtshauptmannschaft Auerbach. Mit Beginn des 1. Weltkrieges ging die Produktion der hier Monopolstellung innehabenden Textilindustrie rapide zurück. Die Männer wurden zum Militär eingezogen oder als Rüstungs- oder Armierungsarbeiter in Großstädte wie Chemnitz, Leipzig, Berlin u. a. verpflichtet. Das ohnehin schon karge Leben der Arbeiterfamilien wurde dadurch noch ärmlicher. Viele rangen um die nackte Existenz.

Max Hoelz meldete sich sofort bei Kriegsbeginn zu den Sächsischen Königshusaren. Wie viele Deutsche glaubte er, sein Vaterland vor Feinden schützen zu müssen. Er kam an verschiedenen Abschnitten der Front im Westen und Osten zum Einsatz.

In Galizien (Gebiet zwischen oberer Weichsel und oberer Pruth) hörte er 1917 von der Oktoberrevolution in Rußland und lernte dort auch Georg Schumann, ein maßgebliches Mitglied der Spartakusgruppe, kennen. Fünf Wochen hatte er täglich Kontakt mit ihm. Die furchtbaren Kriegserlebnisse und die Erklärungen Schumanns ließen ihn vom "unpolitischen", christlichen, königstreuen Staatsbürger zum streitbaren Humanisten, leidenschaftlichen Kämpfer gegen die scheinheilige bürgerliche Ordnung werden.

Fünf Jahre später erinnerte er sich dieser Begegnung:
"Als ich auf so eigentümliche Weise 1917 in Galizien Deine Bekanntschaft machte, hing ich vollkommen in der Luft. Das Alte *in mir* stürzte, etwas Neues konnte ich nicht finden. Dafür fehlte jede Voraussetzung und Anregung. Den *allerersten*

Schimmer einer neuen Weltanschauung für mich, der gleich Blitzstrahlen meine inneren Kämpfe beleuchtete, hast Du mir damals vermittelt. Nicht allein durch das, was Du mit mir u. den anderen besprachst u. die Schriften, die Du bei Dir hattest, sondern vor allem auch durch die ganze Art Deines Wesens, Deines Auftretens, Deine damalige göttliche Ruhe u. absolute Sicherheit hat einen nicht geringen Eindruck auf mich gemacht, ebenso aber auch auf die anderen. Wer in *dieser* Situation sein seelisches Gleichgewicht so bewahrt wie Du, der mußte seiner Sache verteufelt sicher sein. *Das* war der erste und nachhaltigste Eindruck, den ich von Dir empfing.

Allgemein wurde angenommen, daß Dir das famose Kriegsgericht 10 Jahre Zuchthaus aufhängen würde. Der Schreiber von der Ortskommandantur, ein mit *allen* Salben geschmierter Junge, gab uns dann ein anschauliches Bild von der Verhandlung vor dem Kriegsgericht. Er hatte an der Türe gelauscht, *darin* war er Fachmann, und schilderte, wie Du mit Deiner Ruhe den Kriegsgerichtsrat <u>aus</u> der Ruhe gebracht hattest, und ihm Nüsse zwischen die Zähne klemmtest, an denen er sich die Zähne ausbiß.

Der Gedanke an Dich, Deine Worte und Ziele hat mich dann nicht mehr los gelassen. Ich fuhr dann nach Kriegsende nach Leipzig u. erkundigte mich bei der Leipziger Volkszeitung nach Deinem Aufenthalt, und erfuhr dort, daß Du noch nicht zurück, aber doch wohl auf dem Rückmarsche seiest. Und dann gelang es mir doch, Dich für eine Versammlung in Falkenstein zu gewinnen. Für mich warst Du jedenfalls damals der Inbegriff des neuen Werdens. Daß dann bei mir das Gefühl mit dem Verstande durchging, war wahrhaftig kein besonderes Wunder. Mir fehlte jede theoretische Grundlage. Ich *fühlte* das Neue, das Werden aus dem Vorgehenden, aber sein eigentliches Wesen, seine wichtigsten Zusammenhänge vermochte ich nicht zu erkennen. Seit unserem letzten Zusammensein habe ich ja nun allerdings eine harte Schule durchgemacht, und ich glaube, ich habe in dieser Schule manches gelernt. Es wäre aber auch gut, wenn andere Genossen mit aus meinen Fehlern gelernt hätten. Ich meine damit vor allem die Genossen in der kommunistischen Arbeiterpartei, bei den Rühleanern und in der A.A.U.

Wer heute noch von diesen Genossen auf dem Standpunkt der Einzelaktion, der sogenannten Propaganda der Tat und andere spezifische Methoden der K.A.P. steht, der hat nichts gelernt aus der Vergangenheit und wird kaum jemals etwas daraus lernen. Für sie ist es besser, wenn sie ihr Domizil auf der Raabeninsel aufschlagen u. dort Frösche fangen.

Es gibt nur einen Weg, um vorwärts zu kommen, nach all den mannigfachen Rückschlägen der letzten Jahre: Sammlung aller revol. Kräfte im Rahmen der K.P.D., keine Einzelaktion, sondern *einheitliches* Handeln unter Zentraler Leitung im Sinne des kommun. Programms. Alles andere, auch wenn es noch so gut gemeint u. mit Tapferkeit ins Werk gesetzt wird, führt immer nur zur Zersplitterung und Zermürbung wertvoller Kräfte, ohne der Sache auch um ein geringstes zu nützen. Die Genossen von der K.A.P. und von all den anderen kleinen Gruppen u. Grüppchen müssen auch einmal den Mut aufbringen, etwas zu tun, was scheinbar ein Rückwärtsgleiten ist, in Wirklichkeit aber uns eine Sammlung aller Klassenkämpfer zu einer einzigen Kampfreihe.

Die Genossen von der K.A.P., der A.A.U. usw. in Halle, Merseburg, Hettstedt, Helbra, Eisleben und in Leipzig müssen ihren Brüdern in der K.P.D. die Hände zu einem festen Bunde reichen, dann kann sich Hörsing und seine Handlanger die Zähne ausbeißen an dieser Phalanx."[1]

Im November 1918 kehrte Hoelz nach Falkenstein zurück. Sofort setzte er sich für die Bildung eines Arbeiter- und Soldatenrates ein. Um seine gewonnenen politischen Anschauungen auch praktisch umzusetzen, schloß er sich der *Unabhängigen Sozialdemokratischen Partei Deutschlands (USPD)* an. Bald merkte Hoelz, daß diese Partei von Zentristen und Pazifisten geführt wurde und keine wahre Kampfpartei für die Interessen des Proletariats war.

Als herausragendes Ergebnis der deutschen Novemberrevolution hatte sich am 31. Dezember 1918 die *Kommunistische Partei Deutschlands (Spartakusbund)* konstituiert. Sofort gingen ihre aktivsten Mitglieder daran, überall Ortsgruppen der KPD zu bilden. Max Hoelz trat Ende Januar 1919 zur KPD über und wurde Mitglied des Ortsgruppenvorstandes Plauen der KPD. Er initiierte gemeinsam mit dem Chemnitzer Eugen Steinert, eine kommunistische Volksversammlung im Hotel *Zum Falken* in Falkenstein. In dieser Versammlung am 12. Februar 1919 wurde die Ortsgruppe Falkenstein der KPD gegründet, die am 19. Februar 1919 ihre erste Mitgliederversammlung im Gasthaus *Zum Fuchs*, genannt *Hackepeter*, durchführte.

Max Hoelz war führend am Kampf der Plauener Arbeitslosen um die Verbesserung ihrer sozialen Lage im Februar 1919 beteiligt. Als dieser Kampf durch das opportunistische Verhalten der rechten Plauener USPD-Führer und mit militärischer Gewalt beendet wurde, wandte er sich seinem Wohnort Falkenstein zu. Am 24. April 1919 wählten die Falkensteiner Arbeitslosen einen neuen, kommunistischen Arbeitslosenrat, dessen Vorsitzender Max Hoelz wurde. Konsequent und energisch trat dieser Rat für die Interessen der Erwerbslosen und der notleidenden Bevölkerung ein. Dabei beschränkte er sich nicht auf Appelle und Forderungen, sondern ging zu praktischen Aktionen über.

Die Unterstützungssätze für Erwerbslose und Kriegerwitwen wurden auf sein Betreiben erhöht, Brennmaterial und Lebensmittel herbeigeschafft, Hamstererlager wurden requiriert und eine gerechte Verteilung lebensnotwendiger Güter gesichert. Dreimal wurde Falkenstein in dieser Zeit von Militär besetzt, um das von den Kommunisten eingeführte Gerechtigkeitsregime zu beseitigen. Die Falkensteiner wehrten sich. So erzwangen sie nach der ersten Besetzung durch die Festnahme des Bürgermeisters und weiterer Honoratioren der Stadt als Geiseln die Freilassung von verhafteten Mitgliedern des Arbeitslosenrates.

Als nach der zweiten Besetzung eine Bürgerwehr, die schnell gebildet worden war, Hoelz festsetzen wollte, wurden diese "tapferen Krieger" entwaffnet und nach Hause gejagt. Auch zu Beginn der dritten Besetzung verhinderten die Falkensteiner Arbeiter die Festnahme von Max Hoelz und befreiten ihre Gefangenen aus dem Falkensteiner Amtsgericht. Nach der Niederschlagung der Bayrischen Räterepublik wurde die Reichswehr verstärkt gegen die revolutionären Unruheherde, wie auch gegen Falkenstein, eingesetzt. Max Hoelz und Eugen Steinert, die als die führenden Persönlichkeiten der KPD im Vogtland angesehen wurden, standen auf der Fahndungsliste und mußten illegal arbeiten.

---

[1] Brief an Georg Schumann aus Breslau vom 29. 10. 1922 - Stiftung Archiv der Parteien und Massenorganisationen der DDR im Bundesarchiv, NY 4051 (Nachlaß von Max Hoelz), Band 14, Blatt 116 bis 117.

Max Hoelz verließ zeitweilig das Vogtland. Er besuchte einen Zwei-Wochen-Kursus der KPD in Walsrode (Lüneburger Heide), der von Otto Rühle (den man den "sächsischen Karl Liebknecht" nannte) geleitet wurde. Als Agitator der KPD wurde er in Mitteldeutschland und in Bayern eingesetzt. Im Hannoverschen gelang es der Polizei, seiner habhaft zu werden. Kampfgenossen aus Falkenstein befreiten ihn wieder aus dem Gefängnis. Mehrmals tauchte der steckbrieflich Gesuchte auch in Falkenstein auf.

In der Nacht vom 12. auf den 13. März 1920 zog die Marinebrigade Ehrhardt mit Hakenkreuzen an den Helmen und kaiserlichen Fahnen in Berlin ein. Die Regierung wurde für abgesetzt erklärt, die Nationalversammlung aufgelöst. Generallandschaftsdirektor Kapp übernahm das Amt des Reichskanzlers, Freiherr von Lüttwitz war militärischer Führer des Putsches. Noch am selben Tag, einem Sonnabend, rief die KPD-Bezirksleitung Erzgebirge-Vogtland zum bewaffneten Widerstand gegen den Kapp-Putsch, zum Kampf um die politische und militärische Macht auf. Am Abend des 13. März 1920 traf Max Hoelz, aus Oberfranken kommend, in Oelsnitz/Vogtland ein. Hier vereinbarte er mit den Genossen der KPD-Ortsgruppe um Georg Dittmar und Arno Rudert, den Kampf gemeinsam mit den Falkensteiner Arbeitern zu führen. Falkenstein war, wie Plauen und Treuen, in Vorbereitung auf den Putsch seit Anfang Februar 1920 von der Reichswehr besetzt. Zwar gelang es den Falkensteiner Arbeitern, am 15. März 1920 einige Waffen zu erbeuten, doch war das Kräfteverhältnis zu ungleich, um die Herrschaft über die Stadt zu erlangen. Hoelz wandte sich mit seinen Kämpfern nach Auerbach. Hier war gerade im Schützenhaus ein Aktionsausschuß gewählt worden. Sofort zogen die Versammelten nach Auerbach-Mühlgrün, wo im *Goldenen Anker* eine Gendarmeriestation eingerichtet war. Die Gendarmen wurden im Handstreich entwaffnet und gefangengesetzt. Ein leichtes und ein schweres Maschinengewehr, zahlreiche Karabiner, Pistolen und Handgranaten wurden erbeutet.

Im Gesellschaftshaus "Harmonie", dem Auerbacher Sitz der Freimaurer, richteten die bewaffneten Arbeiter ihren Stützpunkt ein. In der Nacht rückte eine Abteilung Reichswehr heran. Es kam zu einem halbstündigen Feuergefecht, in dessen Verlauf ein Unbeteiligter durch eine verirrte Kugel fiel. Die Reichswehr zog sich nach Falkenstein zurück. Am frühen Morgen des 16. März 1920 rückte sie nach Plauen ab. Die bewaffneten Arbeiter besetzten unter Leitung von Max Hoelz das Falkensteiner Schloß (heute Sparkasse und Heimatmuseum), welches zum Sitz des Falkensteiner Aktionsausschusses wurde. Wie vereinbart, nahmen der Falkensteiner und der Oelsnitzer Aktionsausschuß enge Verbindung auf, koordinierten ihre Tätigkeit und führten viele Aktionen gemeinsam durch. Georg Dittmar und Arno Rudert aus Oelsnitz widmeten sich besonders der politischen und Öffentlichkeitsarbeit, während Max Hoelz und Paul Popp aus Falkenstein stärker als militärische und organisatorische Führer in Erscheinung traten.

In Falkenstein wurde eine Rote Garde gebildet, in der alle bewaffneten Arbeiter militärisch organisiert waren. Als Kern dieser Volksmiliz bildete der Aktionsausschuß eine Arbeiterwehr, in die politisch organisierte Arbeiter eintreten konnten. Sie erhielten Löhnung, wurden im Schloß kaserniert und verrichteten Wach- und Patrouillendienst. Der *Falkensteiner Anzeiger*, die Lokalzeitung, wurde unter die Zensur des Aktionsausschusses gestellt. Die bewaffneten Arbeiter sorgten in der Stadt für Ruhe, Sicherheit und Ordnung.

Der einmütige Generalstreik im ganzen Land und die Erfolge der Arbeiter im bewaffneten Kampf gegen die Konterrevolution führten zu einem vollständigen Zusammenbruch des Putsches. Am 17. März 1920 mußte die Regierung Kapp abdanken. Am 18. März rief die Führung der SPD zum Abbruch des Generalstreiks auf, während die Zentrale der KPD am 19. März 1920 dazu aufforderte, den Streik fortzusetzen, bis die Reaktion entwaffnet und die Waffen in den Händen des werktätigen Volkes seien. Am 22. März 1920 vereinbarten SPD, USPD und Gewerkschaften die Beendigung des Generalstreiks ab 23. März.

Max Hoelz sah in den bewaffneten Aktionen des Proletariats gegen die Putschisten den Beginn der proletarischen Revolution, des Kampfes für die "proletarische Diktatur und die kommunistische Räterepublik". Um die Arbeiter zu bewaffnen, wurden am 17. März 1920 in Zwickau Waffen beschafft. In der Nacht vom 22. zum 23. März 1920 gelang es etwa 50 Falkensteiner und Oelsnitzer Arbeitern, gemeinsam unter dem Kommando von Max Hoelz 21 politische Gefangene aus dem Amtsgerichtsgefängnis Plauen zu befreien. Am Nachmittag des 23. März 1920 rückten bewaffnete Arbeiter aus Falkenstein und Oelsnitz unter Hoelz' Führung in Markneukirchen ein, um dort die Bürgerwehr zu entwaffnen, die die Aktionsausschüsse der umliegenden Orte bedroht hatte. Am 24. März 1920 sprach Hoelz in einer großen öffentlichen Volksversammlung im Falkensteiner Schützenhaus über den Kampf der Roten Ruhrarmee und die Perspektive der proletarischen Bewegung. Er war überzeugt vom Sieg des deutschen Proletariats, erkannte nicht, daß die Chancen für eine erfolgreiche sozialistische Revolution in Deutschland nicht mehr gegeben waren. Hoelz war der festen Überzeugung, daß, solange das Proletariat noch kämpft, eroberte Positionen gehalten werden müssen. Deshalb weigerte er sich, die Waffen niederzulegen und, der Erklärung der Zentrale der KPD vom 23. März 1920 entsprechend, den bewaffneten Kampf einzustellen.

Am 28. März 1920 sprach Hoelz in Plauen zu ca. 15.000 Menschen über die Ziele der Revolution, die in erreichbare Nähe gerückt seien. Nach dieser Versammlung zog er mit Angehörigen der Falkensteiner Roten Garde zur *Neuen Vogtländischen Zeitung*. Dieses bürgerlich-reaktionäre Blatt hatte ständig in besonders gehässiger Weise gegen die revolutionäre Arbeiterschaft gehetzt und direkt zum Mord an Max Hoelz aufgerufen. Die Falkensteiner drangen in das Verlagsgebäude ein, zerstörten die Druckmaschinen und verbrannten auf der Straße Geschäftspapiere.

Zur Finanzierung der Arbeiterwehr und zur Beschaffung von Lebensmitteln verlangte der Rote Vollzugsausschuß (ein engeres Leitungsgremium des Falkensteiner Aktionsausschusses um Max Hoelz) von Kapitalisten des Vogtlandes Geldspenden, die er auch erhielt - aus Plauen und Falkenstein, aus Lengenfeld, Markneukirchen, Klingenthal und Oelsnitz/V. Zahlreiche Aktionen der Roten Garde trugen dazu bei, ihren Ruf und ihr Ansehen unter den Arbeitern zu erhöhen.

Viele Proletarier aus Sachsen und anderen angrenzenden Gebieten kamen nach Falkenstein, der letzten bewaffneten Bastion der Arbeiterklasse, um hier "mit der Knarre in der Hand" für ihre Klassenideale zu kämpfen. Hoelz, Dittmar und die anderen Führer des vogtländischen Proletariats handelten im festen Glauben, mit ihren Aktionen zu den Zielen der KPD beizutragen.

Am 4. April 1920 forderten Beauftragte der KPD-Bezirksleitung Erzgebirge-Vogtland Hoelz auf, den geordneten Rückzug einzuleiten. Der Rote Vollzugsausschuß lehnte diese Aufforderung ab. Weil durch die von Max Hoelz geführten Aktionen falsche Hoffnungen in der Arbeiterklasse genährt wurden, die die Einheitlichkeit des Handelns der KPD gefährdeten, und Hoelz die Parteidisziplin bewußt verletzte, schloß ihn der Bezirksparteitag der KPD am 6. April 1920 aus der Partei aus. Die *Volkszeitung für das Vogtland*, eine Zeitung der USPD, berichtete darüber und druckte den Beschluß der Konferenz ab:

"*Resolution über die Lage im Vogtland*
Die Bezirkskonferenz der K.P.D. Erzgebirge-Vogtland erklärt den primitiven Kommunismus, der im Vogtland unter Führung von Hölz sich auftut, als überwundenen, den gegenwärtigen Machtverhältnissen des Kapitalismus nicht entsprechend, ab. Das Wesen des Kommunismus ist nicht, wie ein Oelsnitzer Aufruf ausspricht, dort wegzunehmen, wo was ist, um es dort hin zu tun, wo nichts ist. Kommunismus ist die zielklare Vorhut-Arbeit zur Sammlung der gesamten Arbeiterklasse, um in der gesamten Arbeiterklasse die revolutionäre Kraft zur Verwirklichung des Kommunismus, zur Umformung der Gesellschaftsordnung, zur Überführung des Privateigentums an den Produktionsmitteln in das Eigentum der ganzen Gesellschaft zu erwecken.

Die Taten des Hölz sind nicht die Folge großer revolutionärer Kraft des Vogtländischen und Erzgebirge-Proletariats, sondern im Gegenteil, ein Zeichen der revolutionären Ohnmacht. Das Erzgebirgische-Proletariat handelt nicht als Masse revolutionär, sondern sympathisiert nur mit Hölz, weil es hofft, daß Hölz mit seinen anderthalb Hundert todesmutigen Genossen für es die Revolution machen werde. Das ist eine gefährliche Illusion, die, wenn wir ihr nicht entgegentreten, die Entwicklung zu kommunistischer Klarheit hemmen muß. Die noch so opfermutigen Handlungen des Hölz können diese Kraftlosigkeit der Masse des Proletariats im Vogtland und im Erzgebirge nicht ersetzen. Im Gegenteil. Weil die Handlungen von Hölz nicht der wirklichen Kraft der Masse der Arbeiterschaft entsprechen (nur ihrem Wunsche), und weil die revolutionäre Gesamtlage Deutschlands nicht im siegreichen Aufstieg, sondern bereits wieder abgeebt, ist durch den verräterischen Abbruch des Kampfes, ehe er die alten Machtverhältnisse zu ändern vermochte, weil dem so ist, kann alles, was Hölz tut, der Festigung der revolutionären Macht der Arbeiterklasse nicht dienen. Es hat keinen Sinn, im Vogtland ein rote Armee zu organisieren, dieweil im übrigen Deutschland sich die Abwürgung der Ruhrbergleute ohne ernste Gegenwehr vollzieht.

Es ist erste Pflicht jedes politischen Handelns, die Aktionen des Proletariats miteinander in Einklang zu bringen; wir im Erzgebirge können im gegebenen Augenblick nicht isoliert vorwärts stürmen, sondern wir müssen Tritt fassen, bis die Arbeiterschaft im übrigen Reich uns eingeholt hat.

Obgleich wir die Hetze gegen Hölz der sächsischen Regierung und der gesamten Reaktion aufs schärfste bekämpfen werden, erklären wir hiermit öffentlich, daß wir die Aktionen von Hölz, die die Aktionen der Masse der Arbeiterschaft ersetzen sollen, ablehnen. Hölz stellt sich mit seinen Leuten durch seine wirren Aktionen außerhalb der Partei, da die Partei nur leben kann, wenn die Parolen der Gesamtpartei ausgeführt werden."[2]

(Bereits im November 1920 nahm ihn der 5. Parteitag der KPD auf Antrag des

---

[2] *Volkszeitung für das Vogtland*, 2. Jhg., Nr. 83 vom 11. 4. 1920, S. 3.

gemeinsamen Delegierten für Oelsnitz und Falkenstein, Georg Dittmar, wieder in die Partei auf.)

Nach der Niedermetzelung der Roten Ruhrarmee schickte sich die Reichswehr an, das rote Vogtland zu erwürgen. Hoelz sah die Sinnlosigkeit eines bewaffneten Kampfes seiner etwa 300 Mann starken Roten Garde gegen die 50.000 eingesetzten, wohlausgerüsteten und erprobten Söldner ein. Mit furchterregenden Proklamationen und Aufrufen versuchten er und seine Genossen, die Reichswehr vom Eindringen in das Vogtland abzuschrecken. So erschien am 30. März 1920 im *Falkensteiner Anzeiger*, der unter Zensur des Roten Vollzugsrates stand, der

> "*Aufruf an die besitzende Klasse:*
> Nachdem uns bekannt geworden ist, daß von verschiedenen Seiten darauf hingewirkt wird, reaktionäre Truppen (Reichswehr) nach dem Vogtlande zu ziehen, um die Herrschaft der Arbeiterklasse zu brechen und die Aktionsausschüsse aufzulösen, geben wir folgendes bekannt:
>
> *Proklamation des Generalstreiks,*
> *Stillegung aller Betriebe, auch der lebenswichtigen.*
> Sollte diese erste Maßnahme nicht genügen, um den Einmarsch der Truppen zu verhindern, so würden wir auch nicht davor zurückschrecken, *die Maschinen in den Betrieben zu zerstören* und als äußerstes und letztes Mittel würden wir gezwungen sein, die *Villen, überhaupt alle Häuser der besitzenden Klasse, sowie die Gebäude der Behörden, Staatsgebäude usw. in Brand zu setzen oder in die Luft zu sprengen.* Was dadurch heraufbeschworen würde, können sich die betreffenden Klassen selbst ausmalen. Wir warnen daher jedermann, reaktionäre Versuche zu unterstützen und machen wir für die daraus entstehenden Konsequenzen die in Frage kommenden Kreise verantwortlich.
> Solange die alte Regierung und die Reichswehrtruppen nichts gegen die Herrschaft der Arbeiter unternehmen, *werden wir selbst mit allen Kräften für die Aufrechterhaltung der Ruhe und Ordnung sorgen.*
>
> **Achtung!**
> Als Maßnahme gegen den eventuellen Einmarsch der Truppen hat sich ein *Brandkomitee* gebildet, das beim Herannahen der Truppen sofort in Tätigkeit tritt.
> **Achtung!**
> Wenn gegen einen Vertreter der Arbeiter oder gegen einen Arbeiter überhaupt, sowie gegen den Genossen Hoelz ein Anschlag (Attentat) usw. verübt wird, dann tritt das *Rachekomitee* in Tätigkeit und wird unter der besitzenden Klasse aufräumen.
>
> **Der rote Vollzugsausschuß"**[3]

Der Ring um das Vogtland wurde immer fester. Im festen Glauben, daß bewaffnete Arbeiter aus anderen Landesteilen den bedrängten Vogtländern zu Hilfe kommen würden, harrten die Falkensteiner aus und erließen eine Woche später einen noch radikaleren Aufruf:

> **"Erklärung.**
> Die revolutionären Arbeiter des gesamten Vogtlandes und der angrenzenden Ge-

---

[3] *Falkensteiner Anzeiger*, 58. Jhg., Nr. 74 vom 30. 3. 1920.

bietsteile erblicken in der Tatsache, daß die konstitutionelle Regierung des Freistaates Sachsen den Kopfpreis für die Auslieferung des Genossen *Max Hoelz auf 30.000 Mk. erhöht hat* in einer Zeit, in der die Arbeiter Deutschlands aufgerufen wurden, der Schlange der Reaktion den Kopf zu zertreten, eine ungeheure Provokation, eine Kampfansage an das revolutionäre Proletariat und Tausende von revolutionären Arbeitern sind fest überzeugt von der Reinheit seiner Ziele, seiner Ideale. Der Genosse Hoelz unterscheidet sich von anderen Arbeiterführern nur durch eine ausgeprägte Klarheit seines Willens und durch eine unbeugsame Energie.

Im Vogtland ist weder die Räteregierung ausgerufen, noch ist irgendwie die Staatsform (politisch und wirtschaftlich) angetastet worden. Wo irgendwelche Eingriffe geschehen sind, sind diese Produkte des Kampfes, der mit der Proklamation des Generalstreiks von seiten der gefährdeten konstitutionellen Reichsregierung eingeleitet wurde oder waren sie notwendig aus Gründen der schreienden Not und der furchtbaren sozialen Ungerechtigkeit, die das gesellschaftliche Leben heute aufweist. Im übrigen aber ist im Vogtland nur geschehen, was allenthalben im Reiche angesichts der drohenden reaktionären Gefahr notwendig war, die Bourgeoisie und das Bauerntum, die in einer Weise bewaffnet waren, daß der Arbeiterschaft erst heute die Größe der Gefahr recht zu Bewußtsein kommt, sind entwaffnet worden und die Waffen sind in Händen der Arbeiter. Und diese *Waffen wird die revolutionäre Arbeiterschaft des Vogtlandes freiwillig nicht wieder aus den Händen geben.* Wir wissen, und der Aufruf der sächsischen Regierung läßt es deutlich erkennen, daß der Wille vorhanden ist, der Arbeiterschaft die Waffen zu entwinden. Das bedeutet, daß man den alten gefährlichen Zustand wieder herstellen will, bedeutet, daß man die Arbeiterschaft rettungslos dem Wüten der Reaktion, Mord und Tod, dem weißen Terror, preisgeben will. Wir können niemand hindern, Truppen ins Vogtland zu senden, aber wir sind uns vollständig klar darüber, *daß es dann für uns nur eines geben kann, den Kampf mit allen Mitteln auf Leben und Tod, Kampf bis zum Sieg oder zur Niederlage, Kampf unter allen Umständen,* auch mit den verzweifeltsten Mitteln, das ist für diesen Fall die Parole der revolutionären Arbeiterschaft des Vogtlandes. Noch ist kein Tropfen Blut geflossen, aber wir, die wir mit dem Leben abgeschlossen haben, werden nicht aus der Welt gehen, *ohne den Teil der Bourgeoisie ohne Unterschied des Alters und des Geschlechts mitzunehmen, den wir erreichen können. Ein Teil der handlichsten Schuß- und Sprengwaffen ist in den Händen entschlossener Genossen außerhalb unseres Gebiets. Diese Genossen haben geschworen, den Tod der revolutionären vogtländischen Arbeiter zu rächen durch Attentate auf die Spitzen der deutschen Bourgeoisie, wie auf diejenigen bekannten Führer in der deutschen Arbeiterbewegung, deren Verrat offen bekannt wird.* Wir revolutionären Arbeiter des Vogtlandes haben bewiesen, daß wir handeln können - wie werden handeln.

Man hat uns gelehrt, daß die Aufhebung des Privateigentums an Produktionsmitteln (Erfurter Programm) Voraussetzung sei für den Aufbau der sozialistischen Ordnung, man hat uns gelehrt, daß die Befreiung der Arbeiterklasse nur das Werk der Arbeiterklasse selbst sein kann und man will nun wieder uns die Waffen entreißen, um sie denen zu geben, die die Befreiung der Arbeiterklasse, unser alleiniges Ziel, nicht wollen können. Wir leiden seit Monaten, seit Jahren ungeheuer und wir sind nicht mehr imstande, all die vielen Zumutungen zu ertragen, ohne seelisch zu zerbrechen. *Wir warten sehnenden Herzens auf den welterlösenden Sozialismus,* wir kämpfen für ihn, für nichts anderes, und wenn man uns den Glauben an den Sozialismus aus den Herzen reißen will, dann allerdings soll man Reichswehrtruppen schicken, dann werden wir ausgehungerten, ausgemergelten vogtländischen Arbeiter *den einzigen Weg gehen, der uns zu gehen übrig bleibt,*

den Weg in den Tod!

Für die revolutionäre Arbeiterschaft des Vogtlandes und der angrenzenden Gebietsteile die Ortsgruppen der Kommunistischen Partei Deutschlands (Spartakusbund): Falkenstein, Grünbach, Ellefeld, Auerbach, Hinterhain, Lengenfeld, Klingenthal, Oelsnitz, Adorf, Zeulenroda, Gera, Greiz, Reichenbach, Ruppertsgrün, Crimmitschau, Werdau, Schönfels, Zwickau, Niederplanitz, Oberplanitz, Oberhohndorf, Crossen, Thalheim, Oelsnitz i. Erzgeb., Ortmannsdorf, Heinrichsort, Lößnitz, Aue, Schlema."[4]

Um aussichtslose Kämpfe und Blutvergießen zu vermeiden, jedoch auch, um die bewaffnete Macht der Arbeiter zu erhalten, zog sich die Rote Garde in Richtung Klingenthal zur CSR-Grenze zurück. Auf CSR-Seite waren kriegsstarke Einheiten aufgezogen, denn man fürchtete ein Ausweiten des "kommunistischen Aufstandes" auf tschechisches Gebiet. Viele seiner Kämpfer, auch Max Hoelz, gingen nach Verhandlungen mit den tschechoslowakischen Behörden über die Grenze und ließen sich internieren. Hoelz selbst wurde in der CSR wegen verbotenen Waffenbesitzes verurteilt und vier Monate im Zuchthaus Karthaus eingesperrt.

Über den Strafprozeß gegen Max Hölz schrieb sein deutscher Rechtsbeistand, der Rechtsanwalt Ernst Hegewisch vom Oberlandesgericht Celle, welcher der Gerichtsverhandlung in Gitschin als Zuhörer beigewohnt hat, folgenden Bericht: "Vor dem Senat des Kreisgerichts in Gitschin (Tschecho-Slowakei) fand am 19. Juli unter überaus zahlreichem Andrang des Publikums die Verhandlung gegen den Kommunisten Max Hoelz aus Falkenstein i.V. wegen der Straftaten statt, die er in unmittelbarem Anschluß an seine Flucht aus Deutschland auf dem Boden der Tschecho-Slowakei begangen haben sollte.

Dem Angeklagten wurde von der tschechischen Staatsanwaltschaft das Verbrechen der 'öffentlichen Gewalttätigkeit durch gefährliche Drohung gegen obrigkeitliche Personen in Amtssachen' sowie Verbrechen gegen das Sprengstoffgesetz zur Last gelegt, weil er bei seiner Untersuchung durch tschechische Gendarmen eine Handgranate bei sich führte und mit dieser die Beamten bedroht haben sollte, um der Inhaftierung zu entgehen. Der Angeklagte gab zu, bei der Untersuchung im Wachtzimmer der Gendarmerie-Station von Marienbad eine Handgranate, die er bei sich trug, in die Hand genommen zu haben; er will dies aber nicht getan haben, um den Gendarmen Furcht einzujagen, sondern um die Handgranate zu verstecken.

Der Gendarmerie-Wachtmeister Hönig, der den Angeklagten untersucht hat, gibt aber als Zeuge seiner Meinung dahin Ausdruck, daß der Angeklagte ihn mit der Handgranate habe bedrohen wollen. Der Zeuge vermag jedoch auf den Vorhalt des Verteidigers Dr. Porel (Prag) keine Erklärung dafür zu geben, warum er dem Angeklagten die Handgranate nicht sofort abgenommen habe, obwohl doch der Angeklagte unmittelbar vor ihm gestanden habe und obwohl sich im Untersuchungszimmer noch zwei weitere Gendarmen befunden hätten.

---

[4] *Falkensteiner Anzeiger*, 58. Jhg., Nr. 80 vom 8. 4.1920.

Alle drei Gendarmen, die von vornherein den Verdacht hatten, daß der Angeklagte der vogtländische Kommunistenführer Max Hoelz sei, räumten sofort, nachdem sie die Handgranate gesehen hatten, fluchtartig das Untersuchungszimmer, so daß der Angeklagte und sein Begleiter den Weg ins Freie finden konnten. Auf der Straße wurde der Angeklagte und sein Begleiter von dem Wachtmann Stich zum Stehenbleiben aufgefordert. Stich bekundet als Zeuge, daß der Angeklagte die Handgranate in der Hand gehalten und ihm in drohendem Tone zugerufen habe: 'Kommen Sie nur mit!'

Da der Angeklagte sich zur Erklärung für sein Verhalten gegenüber den tschechischen Beamten auf die Strapazen und die Aufregungen der vorausgegangenen Flucht beruft, und da der Angeklagte seine jetzt seit Anfang April bestehende Untersuchungshaft nur sehr schwer erträgt, wurden zwei Gerichtsärzte, die den Angeklagten wiederholt im Gefängnis untersucht hatten, als Sachverständige vernommen. In sehr eingehend gehaltenen Ausführungen bejahten beide übereinstimmend die Zurechnungsfähigkeit des Angeklagten und gaben ihrer Ansicht dahin Ausdruck, daß von einer 'abwechselnden Sinnesverrückung' im Sinne des § 2 des Strafgesetzbuches keine Rede sein könne, daß aber auch ein Mann, der in keiner Weise nervös sei, sich in einem hochgradigen Erregungszustand befunden hätte, wenn er dieselben Aufregungen, die der Angeklagte während des Kapp-Putsches und auf seiner Flucht gehabt habe, durchgemacht hätte.

Die Staatsanwaltschaft beantragte die Verurteilung gemäß der Anklage; der Verteidiger Dr. Porel plädierte auf Freisprechung, für den Fall der Verurteilung aber macht er geltend, daß dem Angeklagten die Wohltaten des Gesetzes über die bedingte Verurteilung zugute kommen müßten. Nach diesem Gesetz kann eine Verurteilung dahin ausgesprochen werden, daß die Verurteilung in Wegfall tritt, wenn der Verurteilte sich während eines längeren Zeitraums 'wohlverhält'.

Nach vierstündiger Verhandlung erging das Urteil des Gericht dahin, daß Hoelz unter Anrechnung der erlittenen Untersuchungshaft wegen des Verbrechens der öffentlichen Gewalttätigkeit zu vier Monaten schweren Kerkers und wegen verbotenen Waffentragens zu 25 Kronen verurteilt wurde, zwar nur bedingt dahin, daß die Verurteilung in Fortfall kommt, wenn der Angeklagte sich zwei Jahre 'wohlverhält'. Bei der Begründung des Urteils hob der Vorsitzende hervor, daß wegen des Verbrechens der öffentlichen Gewalttätigkeit eine Verurteilung zu schwerem Kerker von 1 bis 5 Jahre hätte erfolgen können, daß aber nach § 52 des Strafgesetzbuches bei Annahme mildernder Umstände die Strafe unter sechs Monate verkürzt werden könne. Von dieser Befugnis habe das Gericht Gebrauch gemacht, weil der Erregungszustand, in welchem der Angeklagte sich befunden habe, berücksichtigt worden wäre und weil weder in diesem Strafverfahren noch sonst irgend ein Umstand hervorgehoben sei, der auf eine unehrenhafte Gesinnung des Angeklagten schließen lasse.

Der Angeklagte wurde bei seiner Fortführung aus dem überfüllten Sitzungssaal nach dem Gefängnis in Karthaus, wo er mit Rücksicht auf das noch nicht entschiedene Auslieferungsersuchen der deutschen Regierung noch immer in Haft gehalten wird, draußen von den in großer Menge erschienenen tschechischen Arbeitern durch laute Zurufe lebhaft begrüßt."[5]

Die Aufforderungen der deutschen Regierung zur Auslieferung von Max Hoelz lehnte die Regierung in Prag ab. Sie gewährte ihm als politisch Handelnden Asyl.

Mit seinen politischen Aktionen, die ihn schlagartig über die Grenzen Sachsens hinaus bekannt gemacht hatten, brachte er auch die führenden Köpfe der KPD zum Grübeln. Das kommt auch in einem Artikel des damaligen KPD-Vorsitzenden Paul Levi zum Ausdruck, in welchem er Max Hoelz zum romantischen Rächer der Armen stilisierte.[6]

Ende August 1920 wurde Max Hoelz aus dem Zuchthaus entlassen und nach Österreich abgeschoben. Im November 1920 kehrte er nach Deutschland zurück, wo er

---

[5] Institut für Marxismus-Leninismus beim ZK der SED, Zentrales Parteiarchiv, Nachlaß 51 (Max Hoelz), Band 9, Seite 18: Zeitungsartikel.

[6] Vgl. *Die Internationale*, Jhg. 2, Heft 23, ausgegeben am 1. Juni 1920: "Hölz."

illegal leben mußte. Isoliert von der Partei gerät er in die Gesellschaft linksradikaler Kräfte aus der *Kommunistischen Arbeiterpartei Deutschlands (KAPD)*, die seinen guten Ruf für ihre abenteuerliche Politik nutzen wollen. Er sieht in ihnen Verbündete, die ihm helfen sollen, seine Genossen der Roten Garde, die in Gefängnissen schmachten, zu befreien. Mitglied der KAPD ist er niemals geworden.[7]

Als im März 1921 die preußische Regierung eine großangelegte Provokation gegen die Arbeiter des mitteldeutschen Industriegebietes um Halle-Merseburg einleitete, um die starken Positionen der KPD in dieser Region zu zerstören, eilte Max Hoelz nach Eisleben, wo er sich dem Aktionsausschuß zur Verfügung stellte und die Arbeiter zum bewaffneten Widerstand aufrief. Er bildete eine Kampfgruppe, die entschlossen den Kampf gegen die Sicherheitspolizei und die Reichswehr aufnahm. Ohne festen Kontakt zur Streikleitung und zum Aktionsausschuß, auf eigene Faust handelnd, führte Max Hoelz einen partisanenähnlichen Kampf. Dabei schonte er

---

[7] Im Bericht eines Polizeispitzels über eine Besprechung von Vertretern der Aktionsausschüsse Anfang März 1921 im Mansfeldischen lesen wir: "Hölz 3. Auch ich möchte, um Missverständnissen vorzubeugen, vorausschicken, dass ich nicht die Absicht hege, mich irgendwelchen Zentralbeschlüssen zu unterwerfen, deren Tendenz ich auf Grund meines gesunden Menschenverstandes nicht billige oder deren Befolgung ich für schädlich halte für die Durchführung der Aktion. Gerade ich bin ja das Opfer derartiger Beschlüsse in sehr vielen Fällen geworden, und ich bin nicht so töricht, wiederum so unklug zu handeln, sich verkehrten Anweisungen aus Disziplin zu fügen und dadurch alles zu gefährden. Schliesslich wurde ich ja auch wegen meines Disziplinbruches zu Zeiten des Kapputsches aus der damaligen K.P.D. ausgeschlossen und führende Genossen der Zentrale sprechen sogar in Berlin ganz im Sinne der bürgerlichen Justiz von ... (fehlt am Rand - P. G.) Um auf des Pudels Kern zu kommen, füge ich also nochmals bei, ich werde mich keinen zentralen Parolen, die sehr oft vorbeihauen, fügen, auf die Gefahr hin, weiter als Disziplinverbrecher, Parteiloser usw. zu gelten. Jedoch habe ich ein hohes Interesse an der heutigen Besprechung. Ich habe mich gehütet, offiziell der K.A.P.D. beizutreten, um nicht wieder gegen irgend welche Satzungen, Statuten oder Paragraphen zu verstossen. Nichtdestoweniger bin ich, wie ich ehrlich feststellen muss, von der Zentrale der K.A.P.D. auf das loyalste unterstützt und gehalten worden. Mir wäre meine unfreiwillige Verbannung wohl bedeutend schwerer gefallen, wenn mir nicht solche Unterstützung zuteil geworden wäre. Darüber hinaus kann ich sogar behaupten, dass weite Massen der K.A.P.D. und auch der V.K.P.D. hinter mir stehen, trotzdem ich ihrer Partei nicht beigetreten bin und mich auch keinen zentralen Anweisungen von dieser Seite fügen würde, und ich glaube sogar, diese Genossen halten gerade deshalb zu mir. Aus diesem Grund lege ich so grossen Wert auf die heutige Besprechung. Nicht etwa weil ich nun diese Genossen, deren es nicht wenige sind, zum Disziplinbruch verleiten möchte, sondern weil ich versuchen will, zwischen den Parteileitungen und den breiten Massen den fehlenden Kontakt herzustellen. Wenn diese Genossen hier in Mitteldeutschland meiner Kampfesweise Folge leisten und dieselbe von Erfolg gekrönt sein würde, so müsste dieser Kontakt entstehen. Weitere Bezirke würden dem Vorbilde Folge leisten und die Genossen in den Parteileitungen würden dazu kommen, diese Kampfführung für richtig zu beurteilen und dadurch würde die Aktion in allen Bezirken einheitlich und erfolgversprechend durch- und zuende, restlos zuende geführt werden. Es würde mich freuen, wenn die heutige Besprechung eine geeignete Grundlage ergeben würde für eine derartige einheitliche Kampfführung." Institut für Marxismus-Leninismus..., St 12/115/1 (Polizeiakten), Bl. 15 ff.

Menschenleben und wandte nur im erforderlichen Maße Gewalt an. Um seine Kampfgruppe zu erhalten und ihre Schlagkraft zu erhöhen, requirierte er Lebensmittel, Kleidung und Fahrzeuge bei Kapitalisten und wohlhabenden Bürgern.

Die Kämpfe währten vom 22./23. bis zum 29. März 1921 ("Karwoche"). Das Proletariat konnte in diesem, ihm aufgezwungenen Kampf nicht siegen. Die Partei war darauf nicht vorbereitet, der Aktionsausschuß in sich zerstritten. Es gab keine Unterstützung aus anderen Gebieten Deutschlands. Die revolutionäre Stimmung war verebbt.

Max Hoelz gelang es, unerkannt zu entkommen. Eine Woche nach Beendigung der Kämpfe wird er von einem Verräter der Polizei ausgeliefert. Als krimineller Verbrecher, nicht als proletarischer Klassenkämpfer, wird er vor ein Sondergericht gestellt. Mit Hoelz, der bereits zu Lebzeit ein Symbol des Freiheitskampfes der Arbeiterklasse war, soll die KPD als Vereinigung von Kriminellen diffamiert werden. Mutig tritt er seinen Richtern entgegen. Er verteidigt nicht seine Person, sondern seine Ideale und seinen Kampf, den er im Interesse des Proletariats führte. Unerschrocken und offen bekennt er sich zur kommunistischen Idee und zum proletarischen Klassenkampf. Seine Verurteilung vor Augen, ringt er auch im Gefängnis um Klarheit, wie sein Brief vom 12. 6. 1921 an die Führungen der kommunistischen Parteien in Deutschland zeigt:

"AN DIE CENTRALE DER V.K.P.D. UND DER K.A.P.D. SOWIE DEN VERTRETER DER EXEKUTIVE DER III. INTERNATIONALE

Werte Genossen,

Das Verhalten des Gen. Brandler vorm Gericht[8] veranlaßt mich, einige Fragen an Euch zu richten, um deren sofortige Beantwortung ich dringend ersuche. Keine Antwort Eurerseits ist in diesem Falle für mich trotzdem eine Antwort.

Zu Eurer näheren Informierung will ich zunächst folgendes anführen Ich bin im November v. J. vom Ausland zurückgekehrt, um in Gemeinschaft mit anderen illegal lebenden Genossen den Versuch zu machen, unsere eingesperrten Genossen zu befreien. Ich bereitete auch die Attentate auf die Gerichte in Leipzig, Dresden, Freiberg, Auerbach und Falkenstein vor. Das Attentat auf das Rathaus in Falkenstein führte ich persönlich aus. Ich habe mir nie eingebildet, daß diese Attentate im Interesse der revolutionären Entwicklung notwendige Handlungen seien. Diese Attentate waren, von uns aus, gedacht lediglich als individuelle Racheakte gegen bestimmte Richter, die von uns längst auf den Aussterbe-Etat gesetzt waren. Ich gebe heute ohne weiteres zu, daß es wohl besser gewesen wäre, wir hätten unsere Kräfte in anderer Richtung wirken lassen.

Nach meiner Rückkehr nach Deutschland hatte ich selbstverständlich das dringendste Bedürfnis, mich einmal gründlich mit prominenten Genossen auszutauschen, um mir so vielleicht etwas politische Klarheit einzuspritzen. Mich an Gen. der V.K.P.D. zu wenden, hatte ich keine Ursache, nachdem mich Fritze und Heinrich mit elegantem Schwung aus ihrer Lokal-Koje herausgeworfen hatten und Paul Levi (alias Judas Ischariot) mich öffentlich als einen abgefeimten Verbrecher und Räuber erklärt hatte.

---

[8] Heinrich Brandler war zu dieser Zeit Vorsitzender der VKPD und stand wegen Putschismus vor Gericht. (P. G.)

Bei meiner Ankunft in Berlin wandte ich mich sofort an prominente Gen. der K.A.P. Ich fand bei ihnen wohl brüderliche Aufnahme usw., erhielt aber trotzdem nicht die Gelegenheit einer unbedingt notwendigen, klärenden Aussprache, obwohl mein Verbindungsmann, der Gen. Rich. Paersch, sich fast die Beine weggelaufen hat. Die wenigsten Minuten, die ich mit Gen. Sach, Schwab u. Goldstein konferierte, konnten mir unmöglich das geben, was ich brauchte. 3 mal hatte ich Gelegenheit, mit dem Gen. Pfempfert zu sprechen u. 1 mal mit dem Gen. Rühle. Gerade durch die Aussprache mit dem Gen. Rühle hoffe ich eine gewisse Klarheit zu erlangen. Ich hatte das Empfinden, als ginge Gen. Rühle um den Kern der Sache herum, und als ich direkt darauf hinwies und ihn ersuchte, mir klipp u. klar zu sagen, was seiner Überzeugung nach die revol. Arbeiterschaft in einer wie durch den Kapp-Putsch gegebenen Situation zu tun habe, antwortete Gen. Rühle, das Verhalten u. die Taktik der K.P. sei vollkommen falsch gewesen, aber auch meine Taktik u. mein Verhalten sei nicht richtig gewesen. Was in solchen Situationen zu tun sei, müsse er nur mal in einem längeren Vortrage auseinandersetzen, dazu habe er aber jetzt keine Zeit.

Daß ich durch solche Weisheiten innerlich nicht vorwärts und nicht zur Klarheit kommen konnte, wird Euch wohl einleuchten. Wenn ich mich an den kommunistischen Blätterwald (wie Rote Fahne, Kaz, Aktion, Dresdener Kommunist) um jene Zeit (voriges Jahr) wandte, erging es mir nicht besser, weil diese Bäume gegenseitig ihre herrlichen Wipfel zerfleischten und sich wechselseitig mit einer stinkenden Flüssigkeit bespritzten. (Ich entblöde mich nicht, hierbei zu bemerken, daß die Schreibweise der Rot. Fahne. gegenwärtig u. auch seit Monaten schon den schmutzigsten Bruderzwist nicht mehr unterstützt. Es geht also doch auch ohne dem. Um so mehr muß es mich aber befremden, daß meine Gen. von der K.A.P. in ihrer Kaz immer noch feste Jauche pumpen. Ich will nur einen einzigen Fall von hunderten von Fällen anführen. Ist es nicht eine Schweinerei, wenn die Kaz haarscharf in die Fußstapfen der bürgerlichen u. menschewistischen Pressemeute tritt, und jenen 'Erzhalunken', der als bezahlter Agent der Hurrapatrioten unter dem Namen der V.K.P.D. im Lustgarten seinen oberschlesischen Schwindel verzapft, der V.K.P.D. an die Rockschöße heftet. Was bezweckt Ihr Gen. von der Kaz damit? Konnte diese Kanaille sich nicht ebensogut als Abgesandter der K.A.P. ausgeben??? Jauche pumpen ist gut und nützlich, wenn sie dorthin gepumpt wird, wo sie wirklich ihren Zweck erfüllt. Ich bitte die Kaz. inständigst, hört auf mit pumpen, es stinkt schon sowieso fürchterlich.

Doch um weiteres zur Sache.

Am 21. März d. J. wurde in Mitteldeutschland der Generalstreik verkündet. An diesem Tage befand ich mich in Berlin. Am 22. landete ich in Kloster Mansfeld und stellte mich den dortigen Genossen zur Verfügung. Ich hielt Verbindung mit der Centrale der K.A.P. und erbat von dieser Richtlinien.

Hier in Mitteldeutschland kämpfte ich Schulter an Schulter mit Genossen der V.K.P., der K.A.P.D., der A.A.A. Tausende dieser Gen. u. mit ihnen auch Arbeiter von der U.J.P. sitzen nun nach Niederwerfung des Kampfes in Zuchthäusern u. Gefängnissen. Jene Genossen haben ihre Pflicht, d. h. ihre revolutionäre Pflicht, getan, mit alleräußerster Konsequenz. Daran ändert auch die Tatsache nichts, daß ein Teil von ihnen gegenwärtig vor der bürgerlichen Rachejustiz zusammenbricht u. in Tränen ausbricht. Das ist menschlich, oft nur allzumenschlich, denn diese Genossen denken wohl weniger an sich als vielmehr an ihre in Not und Elend zurückbleibende Familie. In diesen Gen. lebt, bei all ihrem Klassenbewußtsein u. ihrer revolutionären Tapferkeit, doch noch die Angst vor der bürgerlichen Justiz. Es gab ja auch einmal eine Zeit, und das ist noch nicht allzulange her, daß ich selbst, Max Hoelz, vor dieser Rachejustiz zitterte. Jeder braucht eben, je nach Veranlagung, seine Zeit, um sich von dieser Ideologie freizumachen.

Aber Genossen, Ihr von der V.K.P.D. - K.A.P.D. - u. von der A.A.A. nun kommt das eminent wichtige und doch auch so unsagbar traurige in der gegenwärtigen Phase des revol. Klassenkampfes, das uns, die wir ehrlich u. tapfer gekämpft haben, in unserer einsamen Zelle niederdrückt. Es ist dies, das Bewußtsein u. die Tatsache, daß IHR, fast ohne Ausnahme alle, in dieser blutig-ernsten Zeit noch Zeit u. Muße findet, Euch um Nichtigkeiten zu streiten, und die Spalten der wenigen revol. Organe des Proletariats mit persönlichen Gehässigkeiten füllt, die nie u. nimmer dem Klassenkampf dienen können. Ist es nicht eine traurige Verhöhnung aller im revol. Kampfe gefallenen, eingesperrten u. gehetzten Proletarier, wenn Gen. Broh in der Aktion schreibt: Zum Glück für das Proletariat hat die inzwischen erfolgte Märzaktion nicht zur Wiederkehr des 9. November geführt. Zum Glück ist sie schon vorher niedergeschlagen worden. - Genossen, bei solchem Schmutz kann auch der tapferste u. ehrlichste Prolet irre werden. Da darf man weinen im Schmerz u. Zorn.

Ist es nicht blutiger Hohn, wenn die Genossen Rühle u. Pfempfert, die, wie sie selbst sagen, es für das Beste halten, ihre Zeit während des Märzkampfes in der Sommerfrische auf ihrem Landsitz (Gut Wolfstal) bei Rotwein zu verbringen, und dies auch getan haben. Dafür aber sofort nach Niederwerfung des Kampfes 'große' Kritik übten und Verdammungsurteile verkündeten. Die dem revol. Proletariat nach dem Kampfe vom sichern Port aus Ratschläge, Parolen u. Weisungen erteilen, die man nur im Kampfe selbst, nie aber in der Sommerfrische erkennen lernen kann.

Ist es nicht eine Verhöhnung der Eingekerkerten, wenn meine Gen. in der Kaz ganze Kübel voll stinkendem Urin verspritzen, anstatt ihre Geisterbilder in unsre Henkersknechte zu bohren. - Ist es nicht fernerhin eine grenzenlose Verhöhnung aller wirklich kämpfenden Proletarier, wenn Heinrich Brandler, 1. Vors. der V.K.P.D., vor dem bürgerlichen Klassenrichter erklärt; daß während der Märzaktion nicht daran gedacht wurde, die Verfassung zu 'stürzen'. Nur Idioten u. Narren hätten eine solche 'Absicht' haben können. Genossen, damit erklärt Gen. Brandler alle revol. Kämpfer als Idioten u. Narren, denn jeder Kampf, jede Aktion während der Epoche der aktiven Revolution hat als Ziel den schließlichen 'Sturz der Verfassung'.

Was sollen wir eingekerkerten Kämpfer tun u. denken, wenn Gen. Brandler erklärt; daß die Kommunisten die Regierung nur 'übernehmen' durch den Willen der ungeheuren 'Mehrheit' des 'Volkes'.

Schlägt diese blöde Phrase nicht allen kommunistischen Prinzipien geradezu ins Gesicht. Hat jemals ??? in einer Revolution die ungeheure Mehrheit des 'Volkes' die Regierung 'übernommen'. Vielleicht in der russischen, vielleicht in der französischen. Mehrheit des 'Volkes'. Zum 'Volk' gehört auch Ludendorff und Escherich. Sind wir Kommunisten 'Volks'- oder Klassenkämpfer. Sind nicht gerade alle vergangenen Revolutionen der sicherste Beweis dafür, daß stets nur eine 'Minderheit' der jeweils zur Herrschaft strebenden 'Klasse' (nicht Volk) die 'Regierung' 'erobert', nicht 'übernimmt'.

'Übernehmen' kann man sie mit dem Stimmzettel. Gen. Brandler verleugnet die Diktatur des Proletariats, ohne die es keinen Sieg der proletarischen Klasse jemals geben kann. Wenn wir Kommunisten die 'Regierung' nur 'übernehmen' wollen durch den 'Willen' der ungeheuren 'Mehrheit' des 'Volkes', dann ist es Wahnsinn u. Verbrechen, daß Gen. Brandler die Proleten zum aktiven Kampf mit allen Mitteln (Rote Fahne im März) aufruft. Dann genügt es doch, wenn er schreibt u. ruft: 'Wählt' kommunistisch. Das, was Gen. Brandler will, wollen doch die Demokraten auch, von der S.P.D. u. U.J.P. ganz zu schweigen; die Regierung nur 'übernehmen' durch den Willen der Mehrheit des 'Volkes'. Ich habe den Gen. Brandler bisher immer noch als einen der wenigen Prominenten der V.K.P. gehalten, die ehrlich und nicht feig sind. Und nun gibt er sich eine solche Blöße.

Heinrich laß die Hosen runter! Auch noch das Hemd! Enthülle Deine ganze Blöße, zeige, was Du bist und wie Du bist. Entweder Du bist ein politischer Esel oder ein politischer Feigling. Da ich das Erstere für unmöglich halte, muß ich das Letztere glauben. Gen. Brandler will auch ein Feind aller 'Gewalttaten' sein.

Genossen, ich verlange von Euch klipp und klar, ohne Umschweife u. theoretische Spitzfindigkeiten, eine Antwort auf folgende Fragen:

Ist die Centrale der V.K.P.D., ist der Vertreter der Exekutive, mit dem Verhalten und den Ausführungen des Gen. Brandler vorm Gericht einverstanden.

Heute ist Sonntag, der 12. Juni. Ich muß bis Freitag, den 17. Juni, im Besitz Eurer Antwort sein.

Außer dieser Frage, deren Beantwortung für mich u. meine Gen. von eminenter Bedeutung ist, habe ich noch ein wichtiges Anliegen an Euch! Es muß, und es ist auch, ganz zweifelsohne, ein Weg da sein, auf dem sich die beiden K.P. zusammenfinden können. Ich meine damit nicht Einheit um jeden Preis. Aber jetzt, wo Judas-Ischariot-Paulus-Saulus-Levikus den revolutionären Staub von seinen Füßen geschüttelt hat, ist die Möglichkeit der Einheit nicht nur gegeben, sondern auch unbedingte Notwendigkeit. Gewiß gibt es noch genug Levis in der V.K.P. Doch solche sind auch genügend in der K.A.P., in der A.A.A. und unter den Rühleanern. Es sind nirgends Götter hier auf Erden. Der gemeine Prolet, zu dem ich mich rechne, glaubt nicht, daß wirklich unüberwindliche prinzipielle und taktische Gründe die Einheit hindern. Geht selbst unter die Arbeiter, geht dorthin, wo sie schürfen u. schaffen, und Ihr werdet hören, wie ihre Meinung über Euren Streit ist. Soeben lese ich in der Roten Fahne den Aufruf der V.K.P. zur Demonstration für Montag. Auch da fehlt die K.A.P. Die geht ihre besonderen Wege.

Wenn das so weiter geht, Ihr tapferen Klassenhelden, dann melde ich mich noch zum Selbstschutz nach Oberschlesien und kämpfe dort fürs Vaterland. Da soll man noch Glauben haben und Zuversicht für die Sache der Revolution, wenn sich Eure Haupttätigkeit lediglich um gegenseitige Beschimpfung dreht.

Was 'trennt' Euch denn, antwortet mir darauf. Grüßt mir meinen 'Heinrich' und sagt ihm, Räuber u. Verbrecher kommen ins Zuchthaus - Salonkommunisten kommen auf Festung. Ich werde mich aber in meiner Zuchthauszelle glücklicher fühlen, als der 'sanfte' ohne-Gewalt-Heinrich in seinem Festungs-Gemach.

Über die Kämpfe u. meine Erfahrungen in Mitteldeutschland lasse ich Euch noch einen ausführlichen Bericht zukommen. Das Bewußtsein, wie tapfer die ausgemergelten Proletarier dort kämpfen, ist mein einziger Trost in meiner jetzigen 'entzückenden' Lage. Wenn Ihr, Genossen von der V.K.P.D., keine Gemeinschaft mit dem Räuber u. Mordbrenner haben wollt, dann erwarte ich wenigstens den Mut, daß Ihr das offen aussprecht. Ich buhle nicht um Eure Gunst, ich möchte im Gegenteil Euch so manchesmal schon recht kräftig ins Gesicht spucken, wenn Ihr Euch so tapfer streitet, währenddem wir bluten.

Vorstehendes Schreiben ersuche ich den Genossen von der V.K.P.D. u. K.A.P.D. Centrale in einer gemeinsamen Sitzung bekannt zu geben.

Mit revol. Gruß - MAX HOELZ"[9]

Auf der Grundlage falscher Zeugenaussagen, von Indizien und Verleumdungen wurde Max Hoelz wegen Mordes an dem Gutsbesitzer Heß (den er nicht begangen hatte) zu lebenslänglich Zuchthaus und dauerndem Verlust der bürgerlichen Ehrenrechte verurteilt. Dieser Prozeß verstieß gegen elementare Normen der bürgerlichen Rechtspflege.

Im Juli 1921 begann der Weg Max Hoelz' durch die Zuchthäuser der Weimarer Republik. Zunächst in Münster (Westfalen) eingekerkert, wird er im September 1922 nach Breslau überführt. Während der bürgerliche Strafvollzug versuchte, durch vielfältige körperliche und seelische Schikanen und Quälereien Max Hoelz zu zerbrechen, entfaltete sich im ganzen Land eine breite Bewegung zur Befreiung der proletarischen politischen Gefangenen, zu deren Symbol Max Hoelz geworden war. Der III. Kongreß der Kommunistischen Internationale beschloß noch während des Moabiter Prozesses im Juni 1921 einen Aufruf, in dem er bei gleichzeitiger Kritik der Taktik Hoelz' ihm brüderliche Grüße sandte und das deutsche Proletariat beauftragte, ihn zu verteidigen und zu befreien.[10] Tausende Protestversammlungen fanden statt, zahllose Vorschläge und Anträge wurden in Länderparlamenten und im Reichstag eingebracht, Broschüren und Artikel erschienen, um Max Hoelz zu befreien.

---

[9] Stiftung Archiv der Parteien..., Blatt 99 bis 106.

[10] "An das deutsche Proletariat!

Zu den 2000 Jahren Zuchthaus und Gefängnisstrafen, die die deutsche Bourgeoisie über die Märzkämpfer verhängt hat, gesellt sich die Verurteilung Max Hoelz' zu lebenslänglichem Zuchthaus.

Die Kommunistische Internationale, die Gegnerin des individuellen Terrors und der Sabotageakte, die nicht direkten Kampfeszwecken im Bürgerkriege dienen, sie ist Gegnerin eines von der politischen Leitung des revolutionären Proletariats unabhängig geführten Freischärlerkrieges. - Aber die Kommunistische Internationale sieht in Max Hoelz einen mutigen Rebell gegen die kapitalistische Gesellschaft, deren Zucht sich in Zuchthäusern, deren Ordnung sich in dem Wüten der Ordnungsbestie ausdrückt. Seine Taten waren nicht zwecksprechend. Der weiße Terror kann nur durch den Aufstand der Arbeitermassen gebrochen werden, der allein imstande ist, den Sieg des Proletariats zu verwirklichen. Aber seine Taten entspringen der Liebe zum Proletariat, dem Haß gegen die Bourgeoisie.

Darum sendet der Kongreß Max Hoelz brüderliche Grüße, empfiehlt ihn dem Schutz des deutschen Proletariats und spricht die Hoffnung aus, daß an dem Tage, wo die deutschen Proletarier die Tore zu seinem Gefängnis sprengen werden, er in Reih' und Glied der Kommunistischen Partei Deutschlands für die Sache der Befreiung der deutschen Arbeiter kämpfen wird!" - Aus dem Protokoll des III. Kongresses der Kommunistischen Internationale 1921, Seite 216.

Die Sowjetregierung verlieh ihm 1923 als erstem Deutschen den Rotbannerorden. Er wurde Ehrenmitglied eines Reiterregiments der Roten Armee, Fabriken und Schulen in der Sowjetunion erhielten seinen Namen. 1924 setzte ihn die KPD an die Spitze ihrer Kandidatenliste zu den Reichstagswahlen. Um einen ständigen, unbehinderten Kontakt der Partei zu Hoelz zu sichern, riet man ihm, den Sohn einer sowjetischen, in Deutschland arbeitenden Genossin zu adoptieren. Als aber die dadurch entstandene Verbindung sich komplizierte, heiratete er die Jugendgenossin Traute Loebinger. Traute Hoelz entwickelte eine bewundernswerte Aktivität für die Befreiung ihren "Parteimannes". Die Rote Hilfe Deutschlands führte einen unermüdlichen Kampf für die proletarischen politischen Gefangenen. Max Hoelz und sein Prozeß war ihr dabei ein beweiskräftiges Argument für den Klassencharakter der Weimarer Justiz. Auch bürgerlich-humanistische Kreise schlossen sich dem Kampf um Gerechtigkeit für Max Hoelz und für die Wiederaufnahme seines Verfahrens an. Dieser war 1926 von Breslau nach Groß-Strehlitz verlegt worden. Im August 1927 kommt er nach Sonnenburg, wo humanere Haftbedingungen herrschen. Die massiven und ständigen Proteste hatten damit einen ersten Erfolg.

Im Juli 1928 beschloß der Reichstag eine Amnestie für politische Gefangene. Die bürgerliche Justiz wagte es nicht, ihr rechtswidriges Klassenurteil einzugestehen und Hoelz zu amnestieren. Für ihn wurde lediglich eine Unterbrechung des Strafvollzuges angeordnet. Am 18. Juli 1928 verließ Max Hoelz die Strafanstalt Sonnenburg. Von über 100.000 Berliner Arbeitern wurde Hoelz, der "Kesselheizer der Revolution", stürmisch begrüßt. Er trat in zahlreichen Versammlungen in ganz Deutschland auf, bedankte sich für den Kampf um seine Freiheit und forderte die Werktätigen auf, sich unter den Fahnen der KPD zum Kampf für eine bessere Ordnung, für Sowjetdeutschland zu vereinen.

Im Schwarzwald schreibt er seine Erinnerungen auf, die 1929 unter dem Titel *Vom 'Weißen Kreuz' zur roten Fahne* erschienen. 1929 wird er von der Partei in die Sowjetunion zur Erholung delegiert. Im Sommer 1930 ruft ihn die Partei wieder nach Deutschland. Er wird als zugkräftiger Agitator für die Vorbereitung der Reichstagswahl (14. September 1930) eingesetzt. Bei einer Kundgebung im Berliner Sportpalast ging (wieder einmal) das Temperament mit ihm durch, und er ließ Äußerungen fallen, die dem Staatsanwalt ein willkommener Anlaß waren, ihn "aus dem Verkehr zu ziehen"[11]. Die Partei reagierte jedoch sehr rasch und sandte Max

---

[11] "Max Hoelz will Blut sehen

Dumme *Vorwärts*-Hetze gegen unsere Sportpalast-Kundgebung.

Das Polizeiorgan *Vorwärts* weiß sich nicht besser zu helfen, als zu versuchen, unsere prächtige Sportpalast-Kundgebung vom Donnerstagabend durch wüste Beschimpfungen zu verunglimpfen und die Redner der Klassenjustiz zu denunzieren. Aus diesem Grunde schreckt auch das Organ der Provokateurs-Künstler nicht vor Fälschungen der Reden zurück. Zur Richtigstellung wiederholen wir den wörtlichen Ausspruch des Genossen Max Hoelz: 'Die Werktätigen werden sicher nichts dagegen haben, wenn die GPU in einem kommenden Deutschland die Hitler und Goebbels, Severing, Noske und Zörgiebel erschießen wird.' Dafür stehen wir. Wort für Wort. In Sowjetdeutschland wird proletarische Justiz gehalten werden über alle Feinde des Proletariats, über die Ausbeuter, über die faschistischen Arbeitermörder, über die sozialdemokratischen Arbeiterverräter und Henker des Proletariats. Und über den Spruch, den das proletarische Gericht fällen wird, werden die Severing, Noske und

Hoelz ins Vogtland, wo er noch ein einige Tage für den Wahlkampf eingesetzt wurde. In Bad Elster wurde er von Nazis auf offener Bühne während einer Wahlkundgebung lebensgefährlich verletzt. Falkensteiner Genossen brachten ihn in Sicherheit. Am 12. September 1930 trat er trotz seiner Kopfverletzung im Falkensteiner Schützenhaus auf, berichtete über den sozialistischen Aufbau in der Sowjetunion und sprach über den Terror der Nationalsozialisten. Stolz zeigte er dabei seine hohe Auszeichnung, den Rotbannerorden. Kurze Zeit darauf berichtete die Ortszeitung der KPD, *Falkensteiner Arbeiterstimme*, daß "Genosse Hoelz wohlbehalten in Moskau angekommen ist".

In der Sowjetunion besuchte Max Hoelz einen Lehrgang an der internationalen Leninschule, leistete politische Arbeit unter den im Lande tätigen deutschen Arbeitern und ging selbst zur Finanzierung der Arbeit der Kommunistischen Internationale in Bergwerken, Betrieben und in der Landwirtschaft arbeiten. Oft war er mit jungen Menschen zusammen. Silvester 1930 feierte er mit deutschen Jungkommunisten, die in der Sowjetunion studierten. Zu ihnen gehörte auch Erich Honecker, der sich später Max Hoelz als einer "legendären Gestalt aus manchen Klassenkämpfen in Mitteldeutschland nach der Novemberrevolution" erinnerte.

Max Hoelz entwickelte einen regen Briefkontakt zu seinen deutschen Genossen. Oft erschienen in den Ortszeitungen der KPD, im *Roten Auerbacher Beobachter* und in der *Falkensteiner Arbeiterstimme*, seine Berichte über das Leben und aktuelle Ereignisse in der Sowjetunion. Zwischen der 131. Schule in Leningrad und dem KJVD-Unterbezirk Falkenstein organisierte er einen Wettbewerb, in dessen Ergebnis eine Delegation aus dem Vogtland die Freunde in Leningrad besuchen konnte.

Ständig drängte Max Hoelz in der Sowjetunion seine Genossen, ihn wieder zum politischen Kampf nach Deutschland zurückkehren zu lassen, ständig erhielt er abschlägige Antworten. Offenbar paßte der geradlinige und ungestüme Revolutionär mit seinen großen Sympathien unter den Arbeitermassen nicht in das politische Konzept der KPD jener Zeit. Am 30. Januar 1933 wurde mit der Berufung der Regierung Hitler durch den Reichspräsidenten die "offene, terroristische Diktatur der reaktionärsten, am meisten chauvinistischen, aggressivsten Kräfte des deutschen Finanzkapitals" errichtet. Max Hoelz war unter den ersten Deutschen, denen die faschistische Regierung die deutsche Staatsbürgerschaft aberkannte. Damit war ihm eine Rückkehr in seine Heimat unmöglich gemacht, waren seine, ihm so wertvollen Verbindungen zu den Falkensteiner Genossen abgeschnitten.

Max Hoelz blieb sich auch in der Sowjetunion selber treu. Rücksichtslos sprach er Fehler, Versäumnisse und Schlampereien an, die er auf seinen zahlreichen Reisen im Auftrag der Komintern erlebte. Das machte ihm nicht nur Freunde. Als 1933 eine Parteireinigung angekündigt wurde, kamen wieder Anwürfe und Beschuldigungen gegen ihn auf, die aus den Jahren 1920/21 stammten und ihn verunsicherten. Verzweifelt suchte er Genossen, die mit ihm sprechen, ihm raten könnten. Diese jedoch hatten wichtigeres zu tun... Im Sommer 1933 lebte und arbeitete Max Hoelz unter falschen Namen auf einem Sowjetgut in der Nähe von Gorki. In der

---

Zörgiebel ebensowenig zu lachen haben wie die Hitler, Goebbels, Borsig und Siemens!" - *Die Rote Fahne*, Nr. 208 vom 6. 9.1930.

Nacht vom 15. zum 16. September 1933 kommt er bei dem Versuch, mit einem Boot die hochwasserführende Oka zu überqueren, ums Leben.[12]

Tausende Sowjetmenschen, Vertreter des Exekutivkomitees der Kommunistischen Internationale, der KPdSU und der Sowjetgewerkschaften, eine Delegation des ZK der KPD gaben ihm das letzte Geleit. Fritz Heckert sprach am Grab von Max Hoelz, würdigte seinen selbstlosen, aufopferungsvollen Kampf für die Befreiung des Proletariats. Das ZK der KPD schrieb in seinem Nachruf:

"Nun haben wir unseren Max Hoelz verloren, aber seine Kampfbegeisterung lebt in den Tausenden von Aktionen, die heute schon die revolutionäre deutsche Arbeiterschaft in ihrem Kampf gegen die faschistische Diktatur durchführt."

Eugen Steinert
Die Vorgänge in Falkenstein

Am 24. April 1919 wurde in Falkenstein von den dortigen Arbeitslosen ein Arbeitslosenrat gewählt. Nachdem der bereits vor einiger Zeit gewählte Arbeitslosenrat durch Versprechungen und Kuhhandel der unabhängigen Arbeiterratsmitglieder aufgelöst worden war. Dieser neugewählte Arbeitslosenrat bestand in seiner Mehrheit aus Kommunisten und zog sich demzufolge vom ersten Tage seiner Tätigkeit an den Zorn der Unabhängigen zu. Die Falkensteiner Arbeiter und Arbeiterinnen hatten seit langer Zeit schon zu dem aus Demokraten, Kaisersozialisten und Unabhängigen zusammengewürfelten Arbeiterrat kein Vertrauen mehr, da er in allen wirtschaftlichen, wie politischen Fragen, die die Interessen der Arbeitslosen und Arbeiter berührten, vollständig versagte.

Der neugewählte Arbeitslosenrat mit seinem Vorsitzenden, dem Genossen Hölz, an der Spitze, versuchte vom ersten Tage seiner Tätigkeit an, alles menschenmögliche für die notleidende Bevölkerung herauszuholen. In erster Linie sorgte er dafür, daß die niedrigen Arbeitslosenunterstützungssätze bedeutend erhöht, zum Teil verdoppelt wurden. Weiter, daß den Kriegerwitwen und Kriegerfrauen aus den Mitteln der Erwerbslosenfürsorge ein Betrag zugezahlt wurde, der mit der Rente und der Kriegsunterstützung zusammen genommen, den Betrag der Erwerbslosenunterstützung erreichte. Weiter sorgte der Arbeitslosenrat dafür, daß die Forstverwaltung Falkenstein in ihren umfangreichen Waldungen sofort Holz schlagen ließ und dieses zu einem äußerst niedrigen Preise an die Erwerbslosen abgab. Ferner unternahm der Arbeitslosenrat in Gemeinschaft mit der Behörde bei verschiedenen Fabrikanten Haussuchungen und förderte dabei Speck, Fleisch, Mehl, Eier usw. zu Tage. Diese Dinge verteilte der Arbeitslosenrat an die Kranken und Wöchnerinnen der Stadt. Durch dieses resolute Zugreifen verschaffte sich der Arbeitslosenrat wohl im Fluge das Zutrauen der Arbeitslosen und Arbeiter, zog sich aber naturgemäß zu gleicher Zeit den Haß nicht nur der bürgerlichen Parteien, sondern auch der Kai-

---

[12] Das ist die offizielle Version. Alle Indizien deuten aber darauf hin, daß er verschiedenen einflußreichen Funktionären mit seinen internen Kenntnissen und seiner vernichtenden Offenheit gefährlich wurde und deshalb "beseitigt" wurde. Zu einem Prozeß reichte es eben nicht... (P.G.)

sersozialisten und vor allem der Unabhängigen zu. Die Führer der Unabhängigen traten in schärfste Opposition gegen den Arbeitslosenrat und versuchten, die für die Bevölkerung segenbringende Tätigkeit desselben zu unterbinden.

Der Arbeitslosenrat hatte mehrmals Gelegenheit genommen, sich für entlassene Arbeiter aus der chemischen Fabrik Dorfstadt zu verwenden. Bei dieser Gelegenheit fand der Arbeitslosenrat das größte Entgegenkommen bei dem Direktor der dortigen Fabrik. Die U.S.P., die seit dem Auftreten der Kommunisten im Ort immer mehr an Boden verlor, versuchte auf andere Art und Weise, wieder Anhänger um sich zu sammeln. Als Mittel zum Zweck sollten in diesem Falle die Gewerkschaften dienen. Pöhlmann als Führer der Textilgewerkschaft hatte beim Stadtrat beantragt, daß ihm die Auszahlung der Erwerbslosenunterstützung übertragen werden soll. Dagegen nahm der Arbeitslosenrat Stellung, um zu verhindern, daß die Gewerkschaft indirekt oder direkt einen Zwang auf die Arbeitslosen ausübe, um sie in die Organisation zu treiben. Weiter versuchte der Fabrikarbeiterverband unter der Führung eines Storl in der chemischen Fabrik Dorfstadt, die nichtorganisierten Arbeiter zu zwingen, in den Verband einzutreten, andernfalls sie gezwungen werden sollten, die Fabrik zu verlassen.

Auf Beschwerden der betreffenden Arbeiter griff der Arbeitslosenrat in diese Angelegenheit ein und verhinderte durch sein Einschreiten, daß von Seiten des Verbandes solche Gewaltmaßnahmen gegen Nichtorganisierte angewendet wurden. Die Stellungnahme des Arbeitslosenrates zu diesen terroristischen Maßnahmen bewirkte, daß die Führer der U.S.P. eine maßlose Hetze gegen den Genossen Hölz einleiteten. Aber diese Hetze setzte erst ein an dem Tage, wo die Noske-Truppen ihren Einzug in die Stadt hielten. Nur unter dem Schutze der Noske-Jünglinge hatten die unabhängigen Arbeiterinteressenvertreter den Mut, den Genossen Hölz mit allerlei Schmutz zu bewerfen, weil sie nur zu genau wußten, daß er keine Gelegenheit hatte, dagegen Stellung zu nehmen, da er beim Einrücken der Truppen die Stadt verlassen mußte.

Pöhlmann und Storl, die während der Anwesenheit des Genossen Hölz in Falkenstein nicht ein einziges Mal den Mut hatten, öffentlich und mit geistigen Waffen die Bestrebungen des Arbeitslosenrates unter Führung des Genossen Hölz zu bekämpfen, erfanden nun urplötzlich eine Unmenge der unglaublichsten Ammenmärchen, um dadurch die Kommunistische Partei zu brandmarken und den Genossen Hölz bei den Arbeitern und Arbeitslosen zu verdächtigen. Es wurde behauptet: "der Genosse Hölz sei ein kapitalistischer Agent, der von den Kapitalisten bezahlt werde, um Versammlungen zu sprengen, in denen um Lohnforderungen beraten werde. Weiter hätten Arbeiter gesehen, wie dem Genossen Hölz von dem Direktor der chemischen Fabrik ein Kuvert überreicht worden sei, auch habe der Direktor sein Auto zu kommunistischen Agitationsreisen zur Verfügung gestellt." Das den Arbeitslosen von der chemischen Fabrik überwiesene Petroleum sei ein Judaslohn.

Demgegenüber stellen wir fest. Erstens ist der Genosse Hölz kein kapitalistischer Agent, sondern, wie Tausende von Arbeitern und Arbeiterinnen in Falkenstein bezeugen können, ein wirklicher und echter Vertreter aller Arbeiterinteressen, der unter Einsatz seiner ganzen Person während seiner Tätigkeit in Falkenstein nur wirklich Gutes geleistet hat. Der nicht, wie Pöhlmann und Storl, nur große Worte macht und es an den notwendigen Taten fehlen läßt. Für die Behauptung, der Genosse Hölz wolle jede Versammlung sprengen, wo über Lohnforderungen beraten wird, fordern wir Pöhlmann und Storl auf, den Beweis zu erbringen. Es genügt nicht, daß man lediglich Behauptungen aufstellt, sondern man muß in der Lage sein, diese Behauptungen durch entsprechende Unterlagen zu beweisen. Dasselbe gilt betreffs der Behauptung über Entgegennahme eines Kuverts. Es ist eine bewußte Unwahrheit, diese Dinge in die Welt zu setzen, obwohl die unabhängigen Geistesgrößen selbst nicht daran glauben. Der Zweck heiligt das Mittel, so sagten die Jesuiten unter ihrem Ignaz Loyalo und so sagen die Unabhängigen unter ihrem Storl und Pöhlmann. Der Zweck ist, die verlorenen Schäfchen wieder zu gewinnen, das Mittel, man verleumdet die Führer der Kommunisten.

Betreffs der Behauptung, der Direktor habe sein Automobil zu Agitationsreisen hergegeben, stellen wir fest, das Automobil ist in zwei Fällen dem Arbeiterrat, der aus Demokraten, Kaisersozialisten, Unabhängigen und Kommunisten bestand, und in zwei Fällen dem Arbeitslosenrat zur Verfügung gestellt worden. Aber nicht, wie behauptet wird, zu Agitationszwecken für die Kommunistische Partei, sondern zur Vornahme von Beschlagnahmen auf dem Lande und zur Erledigung rein wirtschaftlicher Interessen der Arbeitslosen. Für diese lügenhafte Unterstellung fordern wir Pöhlmann auf, den Beweis zu erbringen. Für die liebevolle Bemerkung Pöhlmanns, das Petroleum sei der Judaslohn für die Dienste eines Hölz, werden sich die Arbeitslosen bei Pöhlmann in Kürze bedanken.

Pöhlmann und Storl werden öffentlich aufgefordert, in einer demnächst in Falkenstein stattfindenden öffentlichen Versammlung ihre infamen Verleumdungen und unwahren Behauptungen durch Unterlagen zu beweisen; dann wird die Arbeiterschaft Falkensteins ihr Urteil dazu sprechen.

Am Dienstag, den 3. Juni, früh 2 Uhr, rückten 800 Noske-Jünger unter Führung eines Oberst Berger in Falkenstein ein. Genosse Hölz ließ zur Begrüßung dieser Helden Punkt 2 Uhr die Glocken läuten. Die erste Tat dieser braven grünen Jäger bestand darin, Haussuchungen vorzunehmen, um nach Hölz und anderen Genossen zu fahnden. Bei dem Genossen Hölz stürmten ungefähr 40 bis 50 Mann mit Gewehren und Handgranaten in das Haus und behaupteten, es sei vom Dache aus auf die Soldaten geschossen worden. Nun eröffneten Noskes tapfere Schützen ein dreiviertelstündiges Gewehrfeuer nach der Feueresse und warfen Handgranaten in den Garten, währenddessen der Leutnant, wie ein grollender Löwe in die Räume des Hauses stürzte, der Frau des Genossen Hölz und deren Eltern entgegen schrie: "Hände hoch" und die Soldaten die geladenen Gewehre den vollkommen Wehrlosen auf die Brust setzten. Dabei rief der Leutnant im Brustton tiefster Überzeugung: "Der Kerl muß vernichtet werden, und wenn die ganze Bude in die Luft geht." Da der Genosse Hölz genau wußte, daß im Falle seines Verbleibens im Ort ihn dasselbe Schicksal eines Liebknecht, Schmidt-Nürnberg und anderer Kommunisten bevorstand, wenn man ihn gefunden hätte, so zog er es vor, von der Höhe des Mühlberges aus dem rührigen Treiben der Regierungstruppen zuzuschauen. Am selben Tag verhafteten die Soldaten eine Frau auf der Straße, warfen sie zu Boden, rissen ihr die Bluse vom Leibe und zwangen sie mit aufgepflanztem Bajonett, sich in ihr bedauernswertes Schicksal zu ergeben. Die Frau, die ihrer gerechten Empörung dadurch Luft machte, daß sie die Truppen mit Lumpen anredete, wurde durch das Standgericht zu sechs Wochen Gefängnis verurteilt.

Des weiteren wurde unser verdienter Genosse Schmidt verhaftet, der noch heute seiner Aburteilung entgegensieht. Im ganzen sind 10 verschiedene Genossen und Genossinnen verhaftet worden, die zum Teil noch inhaftiert sind, zum anderen Teil bereits sich wieder auf freiem Fuße befinden. Allzu lange dauerte die Noskeherrlichkeit in Falkenstein nicht. Am Sonnabend, den 21. Juni, mittags 12 Uhr, rückten die letzten Jäger aus der Stadt ab, und um 1 Uhr stand unser Genosse Hölz auf den Stufen des Rathauses und wurde von seinen Falkensteinern auf das Stürmischste begrüßt. Nach kaum 15 Minuten trat die neugegründete, mit Stahlhelm, Seitengewehr, Gewehr und Handgranaten bis an die Zähne bewaffnete Bürgerwehr auf den Plan und versuchte, die Versammlung zu sprengen. Unter der Führung ihres unvergleichlichen Kommandanten Feustel von der Schützengilde schwärmte sie aus und gab eine Salve ab. Der Erfolg war, daß die Arbeiter und Arbeiterinnen nicht in wilder Flucht auseinanderstoben, wie die Bürgerwehr vielleicht erhofft hatte, sondern, daß die durch diese gemeine Provokation empörten Massen sich erbittert auf die Bürgerwehr stürzten, ein paar fest verprügelten, ihnen die Waffen abnahmen, und die anderen daraufhin schleunigst das Hasenpanier ergriffen. Der Kommandant Feustel äußerte, sie hätten Befehl vom Ministerium, unter allen Umständen den Hölz, Popp und Fuchs zu erschießen und sie müßten auch dann schießen, wenn vielleicht 100 Mann um diese drei herumständen. Die erste Salve sei in die Luft zu richten, die zweite in die Massen.

Damit also füttern Bürgerwehr und Noskegardisten den hungrigen Arbeitermagen. Der Aufenthalt der Noskegarde in Falkenstein kostet 300.000 Mark. Hätte man dafür der ausgehungerten, notleidenden Bevölkerung irgendwelche Lebensmittel gekauft, wäre Besseres erzielt worden. Aber nun ist durch das provozierende Auftreten der Truppen und Bürgerwehr die Erbitterung innerhalb der Arbeiterschaft aufs Höchste gestiegen. Am Sonntag mittag, nachdem bereits in der Nacht vom Sonnabend zum Sonntag wieder Sicherheitstruppen eingerückt waren, erschienen im Automobil der Beauftragte des Ministeriums, Krippe, und der General Billing in Zivil. Genosse Hölz verhandelte vorm Rathaus mit dem Beauftragten Krippe. In kurzer Zeit hatten sich etwa 5-6.000 Menschen angesammelt. Eine Deputation von 5 Mann begab sich in das Amtsgericht, um mit dem General über die Freilassung der inhaftierten Regierungstruppen zu verhandeln. (- offensichtlich ein Druckfehler, muß heißen: Arbeiter - P. G.)

Diese Deputation wurde kurzerhand von dem Oberamtsrichter Ritschel verhaftet. Auf die Vorhaltungen eines Mitglieds der Deputation, daß für eventuelles Blutvergießen er, der Amtsrichter Ritschel, verantwortlich sei, erklärte dieser lächelnd, es mache nicht viel aus, ob 20 oder 30 Menschen ins Gras beißen müßten. Die Menge hatte sich unterdessen vom Rathaus nach dem Amtsgericht begeben und verlangte dort stürmisch die Freigabe der Verhafteten. Nach einiger Zeit erschien die verhaftete Deputation. Zu gleicher Zeit ergoß sich ein kalter Wasserstrahl aus den Fenstern des Amtsgerichts auf die unten harrende Menge. General Billing versuchte mit Wasser die Revolution zu ersäufen.

Zur Stunde herrscht über Falkenstein nun zum so und so vielsten Male der verschärfte Belagerungszustand. Den revolutionären Geist der Massen dadurch zu ersticken, wird der Reaktion nicht gelingen. Ihr hemmt uns, aber zwingt uns nicht. Wir werden siegen trotz alledem.[13]

---

[13] *Der Kämpfer*, 2. Jhg., Nr. 118 vom 27. 6. 1919.

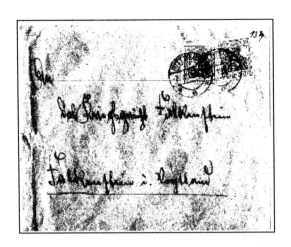

II. Kapitel
Wie alles begann...

Bernd Kramer

Lebensmittel, Löffelklau, Lesben und erpreßte "Spenden"

Zu Zeiten des real existierenden Nominalsozialismus[1] gab es eine Kaste, die in Hörsälen, Fachzeitschriften, Kolloquien und Parteizeitungen von den "objektiven Bedingungen" in der Ökonomie und der Gesellschaft redete, referierte und schrieb. Das ist zum Glück vorbei, das haben wir hinter uns, denn "objektiv sein heißt, den anderen behandeln wie ein Objekt, wie einen Kadaver, sich ihm gegenüber wie ein Leichenbestatter betragen"[2].

Lassen wir das Nekrophile beiseite und wenden uns den verschiedenen Wirklichkeiten, Ansichten, Einsichten und Absichten zu. Wir stellen fest, daß die Wirklichkeiten von uns, je nach Talent, Verstand, Phantasie, Religions-, Klassen- und Gehaltszugehörigkeit, sehr unterschiedlich wahrgenommen werden; ja, die Wirklichkeiten werden wie ein Streichinstrument derart bearbeitet, daß wir bisweilen erstaunt sind, welch ein Tongemisch dabei heraus kommt. - Vorerst halten wir uns an die 68er Devise: Weshalb sachlich, wenn's auch persönlich geht.

Donnerstag, den 9. April 1992, Karin und ich in Falkenstein. Ich will zum Rathaus, um eventuell ein Gespräch mit dem Bürgermeister Herrn Rauchalles zu führen.[3] - Karin derweil in der Stadt, sie notierte: "In der Nähe des Rathauses liegt ein wuchtiger schwarz-blauer (Marmor)-Block auf dem Rasen und auf diesem umgekippten Gedenkstein der Schriftzug 'Ernst Thälmann'. Einige Meter weiter, vor einer Schule, an der Straße nach Ellefeld, eine aufrechtstehende Gedenkplatte, aus der nur noch Stifte herausragen, die eine Figur, ein Relief oder was immer gehalten haben. Kein Hinweis, wem der Gedenkstein gegolten hat. Ich frage einen Schüler: 'Das war für Dimitroff' und eine vorbeikommende Passantin bestätigt es. Auf meine Frage, ob sie Max Hoelz kenne, etwas über ihn wisse. 'Natürlich, der Zündel-Max.' Zündel-Max? Wieso das? 'Der hat doch hier in Falkenstein damals mehrere Häuser in Schutt und Asche gelegt. Der war gar nicht von hier!' - Im Tierpark ein Gespräch mit einem Besucher. 'Ja, es sollen seinerzeit fünf Villen angesteckt worden sein, aber nicht von Hoelz. Diese Geschichte, er sei ein Brandstifter gewesen, hat wohl die Frau eines Fabrikbesitzers in Umlauf gesetzt, die scharf auf ihn war; es hieß, er habe sie abblitzen lassen, hätte sie zu einem Rendezvous bestellt, sei aber nicht hingegangen. Das ist aber ganz sicher nicht seine Art gewesen: Er hat die Frauen geliebt und sie ihn. Er wohnte in dem Haus, in dem sich heute ein Bestattungsinstitut befindet. Seinen Lebensunterhalt verdiente er sich damit, daß er im Kino (damals gab's nur Stummfilme) Klavier spielte. Zu seinem 100. Geburtstag,

---

[1] *Frankfurter Rundschau*, 17./18. November 1992.

[2] E. M. Cioran, *Vom Nachteil, geboren zu sein.* suhrkamp taschenbuch, Frankfurt am Main 1979, S. 34.

[3] Aus 1988/89 ist von ihm folgendes überliefert: "Wenn ich wirksame Kommunalpolitik machen will, gehe ich lieber zu meinem 1. Sekretär (der SED-Kreisleitung), als zum Ratsvorsitzenden (des Rates des Kreises). Da weiß ich, daß die Vorhaben auch gelingen."

als der Gedenkstein errichtet wurde, mit viel Pomp und Prominenz, war auch seine frühere Frau aus Moskau anwesend. Etliche Leute waren gegen die Errichtung des Denkmals, aber der SED galt Hoelz, und das zu Recht, als Klassenkämpfer, dem auf jeden Fall ein Denkmal gebührt.' - Nach der Wende hatte die SED das Nachsehen, es gab nur einen PDS-Vertreter im Rathaus. Man stimmte darüber ab, Abriß oder nicht; irgendwann wurde die Büste klammheimlich entfernt. Im Heimatmuseum ist der Raum, der dem Gedenken an Max Hoelz gewidmet war, geschlossen. Die dort ausgestellten Stücke warf man weg. Die Lederjacke und die Mütze[4] wurden im Jugendzentrum, das sich im Tierpark befindet, abgegeben; aber irgendwann waren sie ein für alle mal weg. Zu DDR-Zeiten gab es einen sogenannten Geschichtspfad in Falkenstein. Der führte an den Häusern vorbei, in denen bekannte Widerstandskämpfer gewohnt hatten, und zu einem flachen Gebäude (gleich hinter dem Tierpark) - einer ehemaligen Kneipe, in der sich die KPD-Zelle Falkenstein nach ihrer Gründung 1919 immer getroffen hatte. Schulklassen wurden im Heimatkundeunterricht diesen Pfad entlang geführt, und an den geschichtsträchtigen Stellen stand jeweils ein Antifaschist und referierte kurz über die Personen und die geschichtlichen Hintergründe. Vor dem Heimatmuseum war der Rundgang dann beendet, der jedesmal mit dem Absingen von 'Völker hört die Signale' seinen Abschluß fand."

Ein Gespräch mit dem Bürgermeister kam nicht zustande.

Im Gespräch mit Herrn Pfau, Museumsdirektor des Heimatmuseums Falkenstein, erfahre ich: Bereits 1987 begann die SED mit den Vorbereitungen für eine Würdigung für Max Hoelz. Die Entscheidung für das Gedenken traf die SED allein, andere Parteien wurden nicht in die Vorbereitungen einbezogen.- Zum 40. Jahrestag der DDR fand die Denkmaleinweihung unter großer Beteiligung der Medien statt - Presse, Rundfunk und Fernsehen waren anwesend. Die Laudatio hielt Siegfried Lorenz.[5] Die Kosten betrugen insgesamt ca. 200.000 Mark. - Die SED wollte keine Kabinett-Ausstellung, sondern einen großen Raum, was Herr Pfau aber ablehnte. Diskussionen, Auseinandersetzungen waren die Folge. - Nachdem das Denkmal nun errichtet war, gab es Diskussionen um Max Hoelz: Hoelz sei kein Falkensteiner gewesen, man hätte einen Antifaschisten aus Falkenstein würdigen sollen; Hoelz sei ein Weiberheld, ein Brandstifter gewesen. - Nachdem das Hoelz-Denkmal mit unflätigen Parolen beschmiert worden war, mehrere Bürger anonym gedroht hatten, es zu demolieren, wurde beschlossen, den Bronzekopf vom Sockel zu nehmen, und ins Heimatmuseum zu stellen.[6] Die Hoelz-Büste wurde zweimal gegossen, und eine ist in der ehemaligen Max-Hoelz-Schule, heute heißt sie 2. Oberschule - soweit Herr Pfau.

Ich frage einen Passanten, wo die Max-Hoelz-Schule ist. Sie gehen die Lassalle-Straße runter und dann links an der Pestalozzistraße, dort ist die Schule. - Der Na-

---

[4] Peter Giersich meint, daß es in der Ausstellung weder eine Lederjacke noch eine Mütze gab.

[5] Mitglied des Politbüros der SED und 1. Sekretär der Bezirksleitung Karl-Marx-Stadt der SED.

[6] Hier muß man sagen: angeblich. Von Schmierereien hat keiner was gesehen, und die "Drohanrufe" erreichten nur den Bürgermeister. Nach einer CDU-Versammlung in einer Kneipe faßten bierbeseelte Christdemokraten den Beschluß: Hoelz muß weg!

me Max Hoelz ist über dem Haupteingang der Schule entfernt worden. Ich frage zwei ca. 12jährige, die vor der Schule mit einer Coca-Cola-Büchse herumbolzen, ob sie wüßten, wo die Max-Hoelz-Büste in ihrer Schule stehe - wissen sie nicht. Ich rein in die Schule, in irgendein Lehrerzimmer. Ein ungefähr 50jähriger weißbekittelter Lehrer ist im Raum. Auf meine Frage, ob ich den Hoelz-Kopf photographieren dürfe, reagiert er ausgesprochen verblüfft, ja nervös; nein nein, das geht nicht. Sie müssen den stellvertretenden Herrn Direktor fragen, aber der ist zur Zeit krank. Schulterzuckend und leicht devot deutet er an: Ich bin doch nur Lehrer hier.

Im "Ferienobjekt *Glück auf*" frage ich eine junge Kellnerin, ob sie weiß, wer Max Hoelz war ist; nein, den kennt sie nicht. Die Frau an der Rezeption weiß vom Abriß des Denkmals und daß Hoelz "gebrandstiftet" hat.

* * *

In der FREIEN PRESSE (Chemnitz), Freitag, 11. September 1992, erschien neben der Rezension des Buches, *Demontage... revolutionärer oder restaurativer Bildersturm*[7] ein kurzer Hinweis: **Max Hoelz Buch geplant.** Bernd Kramer hat für das kommende Frühjahr die Herausgabe eines weiteren Buches geplant. Das Projekt soll sich mit Max Hoelz befassen. Wer Dokumente und Erinnerungen an diese, aus dem Vogtland stammende widerspruchsvolle Gestalt der deutschen Arbeiterbewegung hat und sich damit in diese Publikation einbringen möchte, kann sich an den Karin Kramer Verlag wenden.

Sozusagen in Paranthese gesetzt, widerspreche ich Theodor Lessing, der meinte, daß der Geschichtsschreiber, so fein und zart, so geduldig und gewissenhaft er sein mag, dem Leben nachzuspüren; nie wird er es erreichen.[8]
Die zugesandten Briefe und Photographien widerlegen Lessing, denn sie sind sehr lebendige Geschichtszeugnisse. Die kurze Notiz in der FREIEN PRESSE veranlaßte einige Leserinnen und Leser, an den Verlag zu schreiben.
Aus Dorfchemnitz, Kreis Stollberg/Erzgebirge, erhielten wir von einer 80jährigen diesen Brief:
"Mein Vater, in den 50er Jahren verstorben, Herzleiden vom ersten Weltkrieg her, hat mir in seinem langen und schweren Leben oft viel erzählt, was mich als junge Maid immer interessierte. Vor meiner Geburt arbeitete er im Vogtland und Erzgebirge, nach meiner Geburt zogen wir ins sächsische Niederland. Im Stahl- und Walzwerk Riesa-Gröba hat er hart gearbeitet - es war die Weimarer Republik - im ehemaligen Truppenübungsplatz Zeithain war zu dieser Zeit (eine) Siedlung entstanden und wir siedelten mit. Im Lager Zeithain hatte die ehemalige Reichswehr noch die Offiziers-Barracken belegt, und in den großen Kiefernwäldern führten sie täglich große Übungen durch... Die lange Arbeitszeit im Werk nahm ihn sehr mit. -

---

[7] Mit Texten von russischen, polnischen, tschechischen, serbischen und deutschen Kunsthistorikern, Journalisten, Künstlern und Schriftstellern sowie über 100 Abbildungen, die Demontagen von Denkmälern in den ehemaligen kommunistischen Staaten dokumentieren. Karin Kramer Verlag, Berlin 1992.
[8] Theodor Lessing, *Geschichte als Sinngebung des Sinnlosen*. Matthes & Seitz, München 1983, S. 31.

Es wurden Gewerkschaften gebildet, sie kämpften für *den 8 Stunden Tag!* Ebenso Kampf für *um Urlaub für alle.*

Also, in den Gewerkschaftsversammlungen ging es um diese Dinge. Vater war redegewandt, man wollte ihn schon zum Vorsitzenden machen. Das lehnte er ab, er kämpfte für a l l e !

Es gab auch damals in den 20er Jahren *keine* Butter zu kaufen, nur Margarine. Auf den Straßen sang man: In unsrem Staate, gibt's nur Marmelade! Es gingen schon die tüchtigsten Arbeiter ins Ausland und wollten Farmer werden. Rundfunk gab's noch keinen, aber mein Vater las immer Zeitungen, um von der Welt etwas zu wissen. Da hat er uns einmal zu Hause vorgelesen, daß im hohen Vogtland ein Mann namens Hölz so richtig s e i n Mann wäre. Was d i e s e r will, *das will ich auch.* Oh, wie freute er sich, daß es noch so einen mutigen Mann gab, der für die Arbeiterschaft auch was hohes, großes erkämpfen will. *'Das ist mein Mann!* 'sagte er.

Der erste Weltkrieg war verloren, Vater war 6 Jahre bis zur Gefangennahme an der Front dabeigewesen, kam erst 1919 zurück, wollte eine neues, gutes Deutschland wieder mit aufbauen helfen, daher kämpfte er in Versammlungen mit. Es ging hart her. Ich war damals 13jährig und wenn Vater wieder abends lange aus war, ging Mutter mit mir ins gr. Kasino, dort sahen wir ihn am Podium in der überfüllten Versammlung reden. Wir warteten. Er rief: 'Leute, kennt Ihr Max Hölz!!? Nein?? Dann *lest da vorn* am schwarzen Brett *das Neueste,* ich habe es angeheftet, damit Ihr im Bilde seid, was dieser Mann für Euch tut!!!'"[9]

Der zweite Brief kam aus Chemnitz:

"*Betr.:* Artikel in der 'Freien Presse', Chemnitz v. 11. 9. 92 - 'Demontage oder Bildersturm';

In dem o. g. Artikel geben Sie die Absicht kund, über die widerspruchsvolle Gestalt von Max Hölz ein Buch zu schreiben. Ich kann mich nicht in die Publikation mit einer eigenen Veröffentlichung einbringen, aber aus der 'Familiengeschichte' eine Erfahrung beitragen: Meine Mutter stammt aus Falkenstein/Vogtl. Ihre Eltern hatten dort den Gasthof 'Goldener Stern'. Aus den Zeiten, als dort Max Hölz mit seinen Anhängern sein Wesen bzw. Unwesen trieb, hat sie uns berichtet, daß die Falkensteiner Bewohner über die Straßenschlachten und die angezündeten Villen von Fabrikanten usw. sehr empört waren. In der großelterlichen Gaststätte mußte für Max Hölz und seine Truppe einmal gekocht werden. Nach dem Essen (Eintopf) waren alle Löffel mit den 'Gästen' verschwunden. Die resolute Großmutter ging in das 'Schloß', wo Max Hölz seinen Stützpunkt hatte, und forderte die Löffel zurück. In barscher Weise fuhr er sie an, sie solle verschwinden oder er würde sie erschießen. Ohne Löffel mußte sie sich zurückziehen."[10]

Gewiß haben Hoelz und seine Mitkämpfer Lebensmittel, Geld, Pferde, Autos, Waffen requiriert; aber Löffel? Zu dieser Löffelklau-Geschichte äußert sich Prof. Dr. Alfons Wätzig kurz und knapp: "... gestohlene Löffel - die 'Rote Garde' waren keine Diebe!"[11]

---

[9] Brief von Elisabeth Helbig vom 26. November 1992 an den Verlag.

[10] Brief von Frau Hanna Seidel, Chemnitz, vom 28. September 1992 an den Verlag.

[11] Brief vom 1. November 1992 aus Freital/Wurgwitz an den Verlag. - Prof. Dr. Alfons

Ein weiterer Zeitzeuge aus Werdau/Thüringen berichtet: "Ich bin jetzt im 92sten Lebensjahr und kann mich noch gut an die Zeit des Kapp-Putsches (März 1920) und auch an Max Hölz erinnern. Obwohl ich damals nicht in Falkenstein wohnte, aber einiges mit Max Hölz ereignete sich auch in Werdau und Umgebung.

1. In Werdau war die Begräbnisfeier für die zwei Märzgefallenen beendet. Ich lief mit 2 Jugendfreunden, da (hörten) wir zufällig vor uns den Grabredner Fritz Heckert aus Chemnitz, den Leiter der Arbeiterwehr von Werdau, Ernst Grube, und in ihrer Mitte Max Hölz in einer ziemlich heftigen Diskussion. Alles konnten wir nicht hören, nur eines, als Fritz Heckert zu Max Hölz sagte, 'Max, du siehst doch, daß du allein mit deinen Leuten bist, also halt auf', darauf erwiderte Max Hölz, 'da muß ich euch in Chemnitz wohl auch auf die Bude rücken', in diesem Moment sah Ernst Grube uns drei, wobei er andeutete, daß wir verschwinden sollten und nicht lauschen. Wir konnten dann noch sehen, wie M. H. mit seinen bewaffneten Begleitern mit einem PKW abfuhr.

2. Max Hölz spricht in Steinpleiss bei Werdau. Er kam mit dem Auto und Bewaffneten. - Der Platz (damals Anger genannt) war überfüllt. Anwesend waren alle Schichten der Bevölkerung. Seine Ausführungen wurden mit großem Beifall aufgenommen. - Ich muß sagen, seine Worte ließen einen Tatmenschen in ihm erkennen. Sein Schlußwort war: 'Das Wort bricht keine Ketten und kann uns nicht retten, nur die Tat allein macht frei. - Der Kommunismus geht seinen Lauf, ihn hält weder Ochs noch Esel auf.'

3. Es war die Zeit, als die Polizei nach Hölz fahndete. Es war in Leubnitz bei Werdau. - Der größte Saal in Werdau und Umgebung (Keils-Gasthof). Plakate an den Fenstern des Gasthofes, schon tagelang wiesen sie darauf hin, daß ein Professor Iwan Borowski über Sowjetrußland spricht. Der Saal war voll besetzt, nicht nur Arbeiter, auch bürgerliche Kreise der Bevölkerung waren anwesend. Auffallend war, daß dieser Professor etwas mehr über deutsche, als russische Verhältnisse sprach. Kurz nach der eingelegten Pause gingen seine Ausführungen nochmals auf die deutschen Verhältnisse ein und er sagte, 'da suche man hier doch einen gewissen Max Hölz', entfernte darauf Brille und Bart, 'mit einem Wort, dieser M. H. bin ich' und verschwand. - Er hinterließ begeisterte Arbeiter und sprachlose und kopfschüttelnde Anwesende.

Es ist dies, mein Erlebtes mit dem Tatmenschen Max Hölz. Ich wünsche, daß mein Beitrag bei Ihrem Vorhaben etwas hilft.- Hoffentlich können Sie mein Geschriebenes lesen. Mit dem Alter ist man eben etwas zitterig.

Mit demokratischen Gruß Walther Reinhardt."[12]

Wie schon gesagt, das Instrument Wirklichkeit wird oft so gestimmt, daß es einige verstimmt und die Töne harscher werden; zum Beispiel:

"Betr.: Dokumente und Erinnerungen an Max Hoelz.
Auf Grund Ihrer Anzeige teile ich Ihnen mit, daß Frau *Erna Müller (Auerbach (V),*

Wätzig schrieb eine Doktorarbeit: *Der soziale, politische und militärische Kampf der revolutionären Arbeiter von Falkenstein und Oelsnitz im Vogtland in den Jahren 1918-1920.* Dissertation zur Erlangung eines Doktor der Wissenschaften der Fakultät für Wirtschaftswissenschaften der Bergakademie Freiberg, Februar 1975.

[12] Brief vom 18. Dezember 1992 an den Verlag.

Reinh.-Morgner-Str. 34 - 93 Jahre alt - sich noch gut an Max Hoelz erinnern kann.- Max Hoelz kam in den 20er Jahren in ihr Geschäft *Alban Müller, Lebens- und Futtermittel, Schützenstr.,* in Auerbach (V.) und verlangte 10.000 Mark oder Lebensmittel (unentgeltlich), damit in der Volksküche, Herrenwiese, gekocht werden konnte. - Frau Müller rief den Bürgermeister an und bat um Rat. Darauf dieser: 'Geben Sie es ihm, sonst zündet er auch noch Häuser in Auerbach an!'"[13]

* * *

Ironie der Geschichte? Im ehemaligen *Schloß* in Falkenstein ist heute eine Sparkasse untergebracht, ein "Geldinstitut", und aus diesem Schloß erhielt die Firma Otto Meinel - Huthmeinel - vor 80 Jahren diesen Brief:

Einschreiben

Ich fordere Sie auf, bis Sonnabend, den 10. April ds. cr. den Betrag von

Mark: 150 000,- (hundertfünfzigtausend)

im Schloß Falkenstein in bar als eine einmalige Beihilfe zur Finanzierung der roten Armee, abzugeben, bis spätestens 6 Uhr abends.
Im Weigerungsfalle werde ich meiner Forderung Nachdruck zu verleihen wissen.
                    gez. AKTIONSAUSSCHUSS FALKENSTEIN
Max Hoelz - Schloss Falkenstein, den 8. April 1920. E. 10[14]

Der Unternehmer Otto Meinel schickte sofort am gleichen Tag, vormittags 11 Uhr, ein Telegramm an den Ministerpräsidenten Dr. Gradnauer nach Dresden: *"Erpresserbrief von Hölz über 150.000 eingegangen unmöglich erbitte Schutz Drahtwort. Huthmeinel"*[15] - Ob und wie von seiten des Freistaates Sachsen Schutz gewährt wurde, war im Falle Meinel nicht herauszufinden; aber eine andere Institution bot Hilfe an:

Allgemeine Deutsche Credit-Anstalt - Filiale Klingenthal:
"betr.: Hölzsache! Klingenthal, i. Sa., den 12. April 1920
A b s c h r i f t.
B ü r g s c h a f t s - E r k l ä r u n g.
Die auf beigefügten Originallisten verzeichneten Einwohner und Firmen des Amtsgerichts-Bezirkes Klingenthal verpflichten sich, um ihre Heimat vor dem Schlimmsten zu bewahren, der Allgemeinen Deutschen Credit-Anstalt, Filiale Klingenthal, anteilig für die Summe von

M 1.000.000,-

zu helfen und erklären hiermit durch ihre eigenhändige Unterschrift die selbstschuldnerische Bürgschaft für den Betrag von

M 1.000.000,-

und Zinsanhang zu übernehmen.
Die Echtheiten der Unterschriften und das Einverständnis ihrer Unterzeichner mit

---

[13] Brief von Frau Elisabeth Erler, Auerbach/Vogtland, vom 27. Sept. 1992 an den Verlag.
[14] Stiftung Archiv der Parteien..., Nachlaß Nr. 51, Blatt 4.
[15] ebenda, Blatt 12.

dieser vorliegenden Bürgschafts-Erklärung bestätigen als Unterschriftszeugen."[16]
Zu den Unterzeichnern gehört, neben vier anderen Fabrikanten, auch Meinel.
Zehn Tage später, am 22. April 1920, schreibt die Allgemeine Deutsche Credit-Anstalt:

"An den S t a d t r a t zu **K l i n g e n t h a l .**

A b s c h r i f t.

Von dem Häuptling der roten Garde und Kommunistenführer M a x H o e l z
sind bei den Industriellen des hiesigen Bezirkes Erpressungen im Umfange von
M 1.000.000,-- ausgeübt worden und zwar als Beitrag zur roten Garde in Höhe von

M 50.000,--	am 10. 4. 20	von Firma Gustav Spranger
M 51.000.--	am 10. 4. 20	" " F. A. Rauder
....		" " W. Surmann
....		" " Gebr. Ludwig
....		" " F. A. Böhm
....		als Teilbetrag von verlangten M 300.000,-

sowie als Abfindungssumme gegen Plünderungen und Brandstiftungen, sowie als
Lösegeld für in Haft genommene, mit dem Tode bedrohte 18 Geiseln,

M 1.000.000,-- am 13. April

Wir beauftragen Sie hiermit, bei der sächsischen Staatsregierung wegen dieser er-
pressten Gelder von M 1.1000.000,-- sowie wegen der von der Allgemeinen Deutschen Credit-Anstalt Filiale Klingenthal auf die Dauer der Darleihung dieses Be-
trages zu berechnenden Zinsen, Provisionen, Spesen und Stempel den Betrag bezw.
Gesuch um Rückerstattung zu stellen.
Wir bitten Sie aber die Stellungnahme zu diesem Gesuche umgehend die Erklärung
der sächsischen Staatsregierung einfordern zu wollen und besonders noch darauf
hinzuweisen, dass bei einer Verzögerung eine erhebliche Mehrforderung für Bank-
zinsen ect. entsteht.
Hochachtungsvoll
Im Auftrag der Firmen des Klingenthaler
Amtsgerichtsbezirkes."[17]

Es ist Unruhe im Lande Sachsens, nicht nur Kontenbewegungen sind festzustellen,
auch Streikbewegungen greifen um sich. Vom Generalstreik in Klingenthal ist
auch die schon genannte Firma Otto Meinel betroffen. Herr Meinel, und das ist
verständlich, sieht nicht ein, daß er nicht geleistete Arbeit entlohnen soll, sind doch
er und seinesgleichen nicht unmittelbar für die politischen Zustände verantwortlich; was liegt näher, als sich an den *Ausschuß zur Feststellung von Entschädigungen für Aufruhrschäden* zu wenden? Betr.: Rückzahlung des erpreßten Geldes.
Der Ausschuß teilt ihm mit:
"In der Aufruhrschadenssache der Firma Otto Meinel - Huthmeinel in Klingenthal
- erlässt der Ausschuß zur Feststellung von Entschädigungen für Aufruhrschäden

---

[16] Stiftung Archiv der Parteien..., ebenda, Blatt 14.
[17] Stiftung Archiv der Parteien..., ebenda, Blatt 21.

bei der Kreishauptmannschaft Zwickau auf Grund mündlicher Verhandlungen vom 21. April 1921 folgenden

B e s c h e i d:

Der Antrag wird abgelehnt.

B e g r ü n d u n g.

Am 11. April 1920 hat der Bandenführer Hölz, nachdem er Klingenthal und Umgebung besetzt hatte, den Generalstreik ausgerufen. Seine bewaffneten Genossen haben in zahlreichen Betrieben unter Drohung mit Gewalt die Einstellung der Arbeit während der folgenden 3 Tage durchgesetzt.

Nachdem die Banden durch die Reichswehr vertrieben waren, haben die Fabrikanten und Gewerbetreibenden auf Grund einer in der Klingenthaler Zeitung Nr. 85 vom 15. April 1920 veröffentlichten Vereinbarung den Arbeitern die Löhne für diese Streiktage ausgezahlt.

Die Antragstellerin fordert Ersatz des Schadens, den sie dadurch erlitten hat, dass für 5385,81 M derartige Streiklöhne an seine Arbeiter, Gehälter an Angestellte und Versicherungsbeiträge verausgabt hat ohne die Gegenleistung zu erhalten.

Der Antrag muss abgelehnt werden. Nach § 1 Absatz 1 des Aufruhrschadensgesetzes wird Ersatz nur dann gewährt, wenn der Schaden 'am beweglichen oder unbeweglichen Eigentum unmittelbar durch offene Gewalt im Zusammenhange mit inneren Unruhen' verursacht worden ist. Diese Voraussetzungen liegen hier nicht durchweg vor. Es handelt sich hier vielmehr um einen <u>Vermögens</u>schaden, der nur <u>mittelbar</u> durch die inneren Unruhen und die dabei zur Anwendung gekommene offene Gewalt herbeigeführt ist. Die Bezahlung der Streiklöhne war zwar durch Hölz gefordert, sie ist aber erst erfolgt, nachdem seine Gewalt gebrochen war. Die Unternehmer haben sich dann noch zu der Bezahlung entschlossen, um wieder Beruhigung unter die aufgeregte Bevölkerung zu bringen und jeden Anlass zu neuen Unruhen zu beseitigen. Sie haben also nicht mehr unter dem Zwange der Gewalt sondern auf Grund freier Entschliessung gehandelt.

Außerdem muss Ablehnung auch nach § 2 Absatz 1 des Gesetzes erfolgen, da nach der bei der Polizeibehörde eingeholten Auskunft die Vermögens- und Erwerbsverhältnisse der Antragstellerin so sind, dass ihr Fortkommen durch den Schaden nicht unbillig erschwert wird. Sollten sich die Vermögensverhältnisse jetzt ungünstiger gestaltet haben, so sind sie doch sicher zu der Zeit, als der Schaden eintrat, so gewesen, dass der Schaden überwunden werden konnte.

Die Antragstellerin fordert ferner 300 Mark dafür, dass die Banden ihr Geschirr mit 2 Pferden benutzt haben, 180 Mark dafür, dass ihr Einspänner 2 Tage lang still stehen mußte und nicht verdienen konnte, 60 Mark Wagenstandsgeld, das sie zahlen mußte, weil ein eingegangener Waggon infolge des Aufruhrs nicht entladen werden konnte, und 2000 Mark für entgangenen Geschäftsgewinn. Diese Ansprüche müssen aus denselben Gründen wie vorstehend auf § 1 Absatz 1 des Gesetzes abgelehnt werden.

Auch hier handelt es sich vielleicht um mittelbare Vermögensschäden, keinesfalls aber um unmittelbare Eigentumsschädigungen."[18]

Dieser Ablehnungsbescheid muß den Unternehmer Otto Meinel derart erbost ha-

---

[18] Stiftung Archiv der Parteien..., ebenda, Blatt 16 ff.

ben, daß er auch zwei Jahre nach der Erpressung keine Anstalten machte, seinen Anteil der Bürgschaft zurückzuzahlen. Wie der Fiskus ja festgestellt hatte, waren seine Vermögensverhältnisse stabil, so müssen wir also davon ausgehen, daß seine Weigerung als eine Art Trotzhaltung zu interpretieren ist; was zur Folge hatte, daß ihn der Bürgermeister von Klingenthal schriftlich aufforderte, endlich zu zahlen:

"Klingenthal, den 8. April 1922.

<u>Firma</u> Otto Meinel (Huthmeinel) in Klingenthal.
Herrn

Nachdem die Allgemeine Deutsche Credit-Anstalt (Filiale Klingenthal) im April 1920 die Zahlung der von Hölz erpreßten Geldsumme gegen Bürgschaftsleistung übernommen hatte, hat sie die ihr gegenüber entstandene Schuld bisher gestundet. Die Allgemeine Deutsche Credit-Anstalt hat erklärt, daß sie sich zur weiteren Gestundung der Gesamtschuld nicht bereit finden könne. (...) Zu der Schuldsumme selbst ist für etwa noch notwendig werdende Ausgleiche ein Zuschlag genommen und der Umschlagberechnung der Betrag von 1,5 Millionen Mark zu Grunde gelegt worden. Daraus ergibt sich, daß auf die 100.000 Mark steuerbares Einkommen 5315 Mark Bürgschaftsanteil zu zahlen sind. Nach Ihrer bzw. der Veranlagung der Inhaber Ihrer Firma für das Jahr 1920 entfallen dafür auf Sie, den Betrag auf volle 10 M abgerundet, <u>31890 Mark.</u>
Sie werden gebeten, diesen Betrag bis spätestens den 30. August d. J. an die Allgemeine Deutsche Credit-Anstalt (Filiale Klingenthal) einzuzahlen.
Mit vorzüglicher Hochachtung
Bürgermeister Dr. Ungestüm"[19]

Wie den zugänglichen Archivmaterialien zu entnehmen ist, ließ der Fabrikant Otto Meinel auch diesen Zahlungstermin, 30. April 1922, verstreichen. Am 13. September 1922 erhält Herr Meinel eine weitere Mahnung, diesmal von der Allgemeinen Deutschen Credit-Anstalt:

"Betr.: Erpressung Hölz.
Wir vermissen noch die Zahlung Ihres Anteils an der uns gegenüber eingegangenen Schuld. Wir bitten Sie deshalb, die ganze Angelegenheit einer nochmaligen Erwägung zu unterziehen und sind überzeugt, dass Sie schon aus moralischen Gründen auf die Zahlung zukommen werden, denn durch die Abfindung an Hölz wurden Gefahren für Leben und Gut abgewendet, welche vornehmlich den angesehenen, massgebenden und vermögenden Kreisen und damit auch Ihnen drohten.
Mit vorzüglicher Hochachtung
Allgemeine Deutsche Credit-Anstalt"[20]

* * *

Szenenwechsel - zur Szene

Am Freitag, dem 14. September 1990, wurde in Berlin-Friedrichshain das *Max-Hoelz-Antiquariat* in der Mainzer Straße eröffnet. Zur Eröffnung wurden Handzet-

---

[19] Stiftung Archiv der Parteien..., ebenda, Blatt 19 f.
[20] Stiftung Archiv der Parteien..., ebenda, Blatt 20 f.

tel verteil, in denen es u. a. hieß: "Wir wollen aber auch versuchen, durch regel-mäßige Veranstaltungen für linke politische wie literarische Opposition in Groß-deutschland - nicht nur einen Beitrag zur weiteren öffentlichen Auseinanderset-zung mit der Literatur der DDR zu leisten" und "Veranstaltungen über den kommunistischen Revolutionär Max Hoelz sowie über staatliche Repression, revo-lutionäre Gewalt und Militanz in der politischen Auseinandersetzung sind ge-plant."

Schon knapp einen Monat nach der Eröffnung des Antiquariats gab es eine "politische Auseinandersetzung", allerdings nicht mit den Vertretern des Staates, sondern mit selbsternannten Moral-Blockwart-Frauen:

STELLUNGNAHME ZUM "MAX HOELZ ANTIQUARIAT" IN DER MAINZER STRASSE IN BERLIN FRIEDRICHSHAIN

Aus der Biographie von Max Hoelz *Vom 'Weißen Kreuz' zur roten Fahne* ist ganz klar seine Einstellungen zu Frauen, Vergewaltigern, Mißhandlern und sonstigen sexistischen Realitäten zu entnehmen. Da nützt es auch nicht zu sagen, es sei ein zeitliches Dokument und damit könne MANN auch einmal darüber hinwegsehen, weil es ja schon lange her ist.

Fehleinschätzung, denn in der Zeit hat sich u. a. schon Alexandra Kollontai gegen die sexistische Rollenaufteilung in der männerdominierten Gesellschaft ausgespro-chen und gewehrt und daß das einigen Kommunisten nicht gefallen hat, drückte sich darin aus, daß sie gerade noch als Abgesandte der Partei in Finnland arbeiten durfte. Neben ihr haben sich auch viele andere Frauen gegen Sexismus und Frauen-feindlichkeit gewehrt - auch schon damals. Hier seien einige Namen genannt: Clara Zetkin, Rosa Luxemburg, Louise Michel. Das sind einige der bekanntesten Frauen, deren Stellung und Ausbildung es ihnen erlaubte, sich schriftlich dazu äußern zu können.

Die Benennung des Antiquariats drückt einmal wieder die Ignoranz und Nicht-Auseinandersetzung der linken Männer und auch Schwulen mit dem Patriarchat aus.

Hier zur Belegung des Vorwurfs ein Zitat von Max Hoelz: "Den zweiten Teil, meine Erinnerungen an das 'Leben' hinter Zuchthausmauern, widme ich nicht nur allen politischen Gefangenen, sondern auch den Kriminellen, den Dieben, den Meineidigen, *den Sexualverbrechern, den Zuhältern, den Mördern* und Schwind-lern, allen, die für Jahre oder Jahrzehnte begraben sind. Ob die 'Schuld' des einen auf Veranlagung, die des anderen auf das soziale Milieu, in dem er lebte, zurückzu-führen ist, gilt mir gleich: *ich liebe sie alle.*" (aus o. g. Buch, S. 15/16)[21]

Daß Männer und Schwule es sich heute noch trauen, diese Ignoranz auf ihre Fah-nen und Hausmauern zu schreiben, ist ungeheuerlich. Wir fordern die Umbenen-nung des Antiquariats: sofort!!!

Unseren Augen entgeht nichts!

---

[21] In der Ausgabe des Malik-Verlags, Berlin 1929, ist "ich liebe euch alle" nicht hervorge-hoben; desgleichen, Sexualverbrecher... - Die Sauber-Frauen hätten den letzten Satz des Ab-satzes zitieren sollen: "Bei allem Häßlichen und Abstoßenden, das ich an kriminellen Ge-fangenen wahrnahm, stehen sie mir näher als mancher behäbige und selbstherrliche Mensch, der mir nach meiner Rückkehr in die Freiheit als angeblicher Freund die Hand drückte.", a. a. O., S. 12.

Paßt bloß auf!
Einige Lesben aus dem autonomen antiimperialistischen/antipatriachalen Widerstand.[22]

Die Männer vom *Max-Hoelz-Antiquariat* antworteten:
Natürlich verstehen wir keine historische Aussage, auch nicht des Max Hoelz' Autobiographie, einfach unhinterfragt als Zeitdokument. Wir können aber nicht jede Aussage völlig zeitlos sehen. Das heißt zum Beispiel, daß die Sexualverbrecher, von denen Hoelz spricht, in der überwiegenden Mehrzahl SexualverbrecherInnen im Sinne von Schwulen, Prostituierten und Strichern und Geschlechtskranke gewesen sein *dürften*. Die patriarchale Klassenjustiz *hat* Vergewaltigungen von Frauen und Mädchen noch weniger geahndet, als sie das heute tut. Unter den *Mördern* hätte sich Max Hoelz fast selber befunden, dazu zählten auch die Frauen und Ärztinnen, die wegen kriminalisierter Schwangerschaftsabbrüche eingeknastet waren. Wir finden eure Zitatauswahl um so erstaunlicher, als der konkrete Lebenslauf von Max Hoelz (und der allermeisten kommunistischen Funktionäre und revolutionären Kämpfer) die Beziehungen, die er zu Frauen unterhalten, und wie er Frauen politisch eingeordnet hat, ihn vielmehr als *völlig unreflektierten Patriarchen und Macker* zeigt, als *irgendeine* seiner schriftlichen Äußerungen...
Unsere Diskussionen über revolutionäre Praxis in den Metropolen führt, wenn wir sie auch historisch führen, auch auf Max Hoelz. Er ist, seitdem er in der UdSSR den Säuberungen zum Opfer fiel, sehr erfolgreich völlig verschwiegen worden, bekannt ... war seine von der "offiziellen" kommunistischen Linie abweichende Praxis. Er ist der Vertreter einer Form der revolutionären Aktion, die von den kommunistischen Parteien mit der gleichen Energie verteufelt und verschwiegen worden ist, wie schon die Diskussion um militanten Widerstand in der BRD kriminalisiert und unterdrückt wird. Das ist für uns *ein Bezugspunkt*, was nicht heißt, daß es für uns nicht auch viele und heftige Brüche und Widersprüche gibt. Wobei fraglich ist, ob es historische Bezugspunkte gibt ohne diese Brüche und Widersprüche. Wir finden es aber auch falsch, uns aus unserer Geschichte mit ihren mehr beschissenen denn vorwärtsweisenden Seiten als linke Männer herauszustellen.
Ob wir mit der Benennung unseres Ladens unbedingt *der* mustergültige Ausdruck der "Ignoranz und Nicht-Auseinandersetzung der linken Männer und auch Schwulen mit dem Patriachat" sind und eine Umbenennung mit "sofort" und "paßt bloß auf!!" irgendeine/n mit diesen Brüchen und Widersprüchen irgendwie weiterbringt – *darüber würden wir zumindest noch mal gerne reden!*[23]

Zu diesem Gespräch ist es nicht mehr gekommen. Der damalige sozialdemokratische Berlinbürgermeister Noske-Mompert (heute verdingt er sich bei Immobilien-Haien) und seine Knüppelgarde setzten die "Berliner-Linie" durch, das hieß und heißt, besetzte Häuser wurden und werden paramilitärisch geräumt, so auch das Max-Hoelz-Antiquariat:
"Verwüstet und geplündert.
Das Max-Hoelz-Antiquariat für DDR-Literatur hat sich mit einem dringenden Hilfeersuchen an die Berliner Bevölkerung gewandt. Die Einrichtung sucht neue

---

[22] INTERIM (Berlin), Nr. 119 vom 18. November 1990, S. 24.
[23] INTERIM (Berlin), a. a. O., S. 25.

Räumlichkeiten und finanzielle Unterstützung, da ihr bisheriger Sitz im Tunten-haus Forellenhof in der Mainzer Straße 4 vor Wochenfrist verwüstet und zum Teil geplündert worden ist.

'Aufgrund der Verankerung des Antiquariats im politischen Kampf der besetzten Häuser um menschenwürdigeren und bezahlbaren Lebens-, Wohn- und Arbeits-raum und der besonderen Ausrichtung des Antiquariats auf die Bewahrung eines Teils der Literatur und Kultur der DDR war das Antiquariat zwangsläufig auch mit Ziel des polizeistaatlichen Angriffs', heißt es in einer Presseerklärung.

Die Polizei hatte zunächst zugesagt, den unbeschädigten Teil des Antiquariats am Tag nach dem Sturm auf die Mainzer Straße herauszugeben. In der dazwischenlie-genden Nacht wurde die Einrichtung dann mutwillig zerstört, wofür von den Beset-zern Polizisten verantwortlich gemacht werden. Bauarbeiter hätten ein Übriges ge-tan."[24]

* * *

Geschichte ist Geschichte
oder Friedrich II. - Max Hoelz - Erich Honecker - und die RAF

Ißt Geschichte Geschichte? Wolfgang Leonhard setzte uns mit *Die Revolution frißt ihre Kinder* ein gut zu verdauendes Menü vor, und die ewig während Weisheit des Volkes, daß viele Köche die Suppe verderben, hat noch immer Bestand, oder? Im Gegensatz zu Markus Wolf hat Erich Honecker nie ein Kochbuch geschrieben (ihm sei posthum herzlich gedankt), dafür schrieb er einen Brief, in dem ich "ein Haar in der Suppe" fand. Doch gehen wir chronologisch vor:

"Herrn Erich Honecker
z. Zt. Untersuchungshaft
Berlin-Moabit (21)

2. Dezember 1992

Sehr geehrter Herr Honecker,
wir arbeiten zur Zeit an der Herausgabe eines Buches über Max Hoelz.
Wie Sie sicherlich wissen, wurde das Max-Hoelz-Denkmal am 14. Dezember 1989 in Falkenstein/Vogtland eingeweiht. Am 2. Februar 1990 wurde nun auf Beschluß des Stadtrates Falkenstein das Denkmal wieder entfernt, auch die Max-Hoelz-Ober-schule verlor ihren Namen.

Nun bekam ich die Information, daß Sie sich für die Errichtung des Hoelz-Denk-mals sehr eingesetzt hätten. Mich interessiert, weshalb Sie dieses Vorhaben unter-stützten, obwohl es dem Anschein nach doch auch einige Gegner in der SED gab, die gar nicht damit einverstanden waren.
Es würde mich freuen, Ihre persönliche Meinung zu wissen.
Mit besten Grüßen - Bernd Kramer"

Postwendend nach sieben Tagen die Antwort aus der Untersuchungshaft:

"Berlin, den 9. 12. 1992

---

[24] *Berliner Zeitung* vom 22. November 1990.

Herrn Bernd Kramer
Karin Kramer Verlag
D - 1000 Berlin-Neukölln (44)
Braunschweigerstr. 26

Sehr geehrte Damen und Herren,
auf Ihr Schreiben gebe ich gerne Antwort, da ich wohl zu den wenigen noch lebenden Persönlichkeiten gehöre, die Max Hölz persönlich gekannt haben. Aus dieser Bekanntschaft und der damit verbundenen vertieften Kenntnis über das revolutionäre Wirken von Max Hölz gehörte ich zu den Persönlichkeiten, die sich für die Errichtung des Hölz-Denkmals einsetzten. Ich betrachtete es geradezu als eine ehrenvolle Verpflichtung, in Falkenstein/Vogtland ein solches Denkmal zu errichten. Als Generalsekretär der SED und Vorsitzender des Staatsrates der DDR ließ ich mich dabei von jenen in der SED nicht abhalten, die kein richtiges Verständnis von Max Hölz hatten. Max Hölz war für uns Jungkommunisten das große Vorbild eines revolutionären Führers, den wir sehr verehrten. Als ich ihn 1930 in Moskau in einer Versammlung im Eisenbahner-Club traf, vereinbarten wir verschiedene Treffen zwischen ihm und den in Moskau studierenden jungen deutschen Kommunisten. Sylvester 1930/31 war es uns eine Ehre, mit ihm in seinem Zimmer im Hotel Lux Sylvester zu feiern, ihm Gesundheit zu wünschen, denn er war noch am Kopf verletzt. Für die Entfernung des Denkmals habe ich kein Verständnis. Geschichte ist Geschichte, deshalb wurde durch meine Initiative das Denkmal Friedrich des Großen wieder von Potsdam nach Berlin zurückgeholt.

Mit den besten Grüßen
Erich Honecker / Staatsratsvorsitzender/AD

Jetzt komme ich zu dem "Haar in der Suppe": *Friedrich der Große*. Der Brief Erich Honeckers veranlaßte uns, ein Rundschreiben zu verfassen mit der Hoffnung, einige Fragen beantwortet zu bekommen:
"Verehrte Max-Hoelz-Freunde, ich hatte Ihnen vor einiger Zeit die Kopie des Briefes von Erich Honecker geschickt, in dem er auf die Motive für die Würdigung von Max Hoelz eingeht. Zwischenzeitlich habe ich verschiedene Argumente gehört, weshalb sich Honecker trotz des Widerstandes von einigen in der SED nicht von seiner Würdigung abhalten ließ. - Schlüssig ist mir das alles nicht; nur die Erinnerung, daß man als Jungkommunist Hoelz als eine Art Leitfigur ansah, dürfte kaum ausreichen, 1989 eine Büste aufstellen zu lassen. Ich hatte vermutet, daß innerhalb der SED eine Art linksradikaler Zelle existierte, die die verknöcherten Strukturen mit Hilfe der Hoelz-Ehrung aufbrechen wollte. - Honecker selber schrieb ja, daß es Widerstand gab, auch erfuhr ich, daß u. a. Hermann Axen dagegen war. Eine weitere interessante Variante ist die Frage, was die SED bewogen haben könnte, die RAF (Rote Armee Fraktion) zu unterstützen?!? Hoelz, der ja erwiesenermaßen der DIREKTEN AKTION nicht abgeneigt war, sollte also 1989 geehrt werden?!? Einen weiteren Widerspruch - bei Honecker - sehe ich darin, daß er ausgerechnet Friedrich den Großen erwähnt!!! Aber wir wissen doch, daß dieser HERRSCHER maßgeblich an der polnischen Teilung beteiligt war, das reimt sich für mich in keinster Weise zusammen.
Meine Frage an Sie alle (bzw. meine Bitte): Könnten Sie mir aus Ihrer Sicht mitteilen, was Sie vermuten?"

Hier einige Antworten auf die Fragen:

Werner Grossert (Dessau)

"Lieber Bernd,

danke, daß Du mir die Kopie von Honecker schicktest. Dir sei unverständlich, daß Honecker ein heimlicher Weggefährte des Anarchisten Hoelz geworden sei? Aber Du weißt doch inzwischen besser als ich, daß Hoelz ein Idol der Jungkommunisten der 20er Jahre war, und ich glaube schon, daß Honecker diese jugendlich-heroische Zeit seines Lebens mit Stolz und als Legitimation bewahrte.

Als Staatschef dagegen kam er mit solchen links von der Parteigeschichtslinie immer schlechter aus. Linksradikale waren gleich Terroristen, gleich Kriminelle. Ein unverständlicher Bruch mit Aufständen gegen die Herrschenden früher, mit Partisanen im 2. Weltkrieg usw. Aber das ist die Frage der eigenen Macht, ihrer Sicherung, und Du kennst die Grundposition von Honecker auf dem 8. Parteitag, als er Generalsekretär geworden war: Die Macht ist das Allererste! Und unter den internationalen Bedingungen und der Konfrontation mit der BRD war das ja auch sogar teilwahr (wenn es so was gibt).

Max Hoelz eignete sich ja vorzüglich für die revolutionäre Erziehung der Jugend gegen Imperialismus. Aber eben nur für die Vergangenheit, ohne die Haltung von Hoelz für die Gegenwart zu akzeptieren, was ja auch fraglich ist, dazu hätte es der Theorie und Strategie bedurft, die ja wohl auch in dieser Frage durch die regierenden Parteien immer weiter vernachlässigt wird."[25]

Drei Monate später:

"Vielleicht, lieber Bernd, gehst Du zu sehr von einer monolithen und auch unveränderlichen SED aus. Natürlich wurde 'Einheit und Geschlossenheit' demonstriert, die Instrumente dazu waren ausgebaut, sowohl im staatlichen wie im Partei- und wissenschaftlichen Apparat. Und das wurde auch praktiziert. Aber die Wirklichkeit ist ja vielfältiger.

Und es gab ernsthafte wissenschaftliche Arbeit zur Geschichte, die sich auch fortbewegte. Ich war mehrmals bei Veranstaltungen mit Walter Schmidt, dem ehemaligen stellv. Direktor des Zentralinstituts für Geschichte der AdW der DDR, mit Waltraut Seidel-Höppner[26], Wolfgang Meisel und anderen, die zur Vorgeschichte der Revolution 1848 arbeiteten, weil ich dazu eine kleine Arbeit lieferte.[27] Dort z. B. ging es völlig undogmatisch zu, es wurde völlig offen diskutiert, auch im Beisein westlicher Teilnehmer. Hier wurden dogmatische Vorgaben, soweit sie bestanden, durchaus überschritten. Und ich glaube, daß solche Historiker, jedenfalls zu dieser Zeit, eine hohe Autorität besaßen und Einfluß hatten. Aus persönlicher Bekannt-

---

[25] Brief von Werner Grossert, Dessau, vom 12. Januar 1993.

[26] Sie gab u. a. mit Joachim Höppner die beiden Bände *Von Babeuf bis Blanqui. Französischer Sozialismus und Kommunismus vor Marx* heraus. Verlag Philipp Reclam jun., Leipzig 1975.

[27] Werner Grossert: *Zum Grundsatz "Alle Gewalt geht vom Volke aus" in den Verfassungen von Anhalt-Köthen und Anhalt-Dessau vom 28./29. Oktober 1848.* Beiträge zur Regional- und Landeskultur Sachsen-Anhalts, Heft 1. Protokoll der Wissenschaftlichen Konferenz am 8. und 9. Oktober 1994 in Quedlinburg. Herausgegeben vom Landesheimatbund Sachsen-Anhalt e. V., Halle 1997.

schaft weiß ich auch z. B. zu Friedrici in Leipzig, der über Lassalle arbeitet (obwohl er kaum dazu publizieren konnte), wie z. B. über Kurt Finker in Potsdam, der zum 20. Juli arbeitet. Hier gab es also durchaus Freiräume und Möglichkeiten, etwas zu bewerkstelligen, wozu möglicherweise selbst im Politbüro unterschiedliche Meinungen bestanden."[28]

Das "Haar in der Suppe":

"Zu Friedrich II., das ist eine lange Geschichte. - Die DDR war international anerkannt, hoffähig, auch gegenüber Königreichen. Aber es war schon gut, daß die sektiererische Enge in der Geschichtsdarstellung überwunden wurde, auch zu Luther, was wir hier in der Nähe Wittenbergs sehr unmittelbar miterlebten. Das ist heute leider weit schlimmer. Rechte Politiker sind mit Denkmalstürzern usw. völlig einig, alte Bauwerke, auch Protzbauten, völlig neu aufzubauen"[29] (...) "Warum kommst Du mit der Aufstellung des Alten Fritzen Unter den Linden nicht klar? Es war einer der wenigen Klugheiten von E. H., finde ich. Ich selbst hatte meine Schwierigkeiten. Aber das historische Sektierertum mußte überschritten werden. Die Wertung von F II., wie sie in den letzten Jahren der DDR erfolgte, gefällt mir noch heute."[30]

Begeben wir uns von Dessau nach Dresden: *Kurt Kranke* (Dresden, 2. April 1993)
"Lieber Bernd Kramer,
zahlreiche der Fragen, die Sie zum EH-Beziehungsgeflecht[31] Max Hoelz, RAF, Friedrich den Großen etc. aufwerfen, ergeben offenbar deshalb keinen Sinn, weil das Fragwürdige, dividiert mit der Vernunft, nicht ohne Rest aufzugehen scheint.
Nehmen wir nur einmal die EH-Entscheidung zur erneuten Postierung des Alten-Fritz-Denkmals Unter den Linden und Ihr vorgebrachtes 'Aber': 'Wir wissen doch, daß dieser HERRSCHER maßgeblich an der polnischen Teilung beteiligt war.' Jawohl, wir wissen das, aber deswegen muß ein EH noch lange nicht auch diesen Aspekt im Hinterkopf gehabt haben, als er grünes Licht für das Reiterdenkmal gab. Ebensogut könnte ich mit Ihnen ausrufen: Aber wir wissen doch, daß vom Alten Fritz die Maxime stammt: 'Jeder soll nach seiner Fasson selig werden!' Und ebenso unbestritten ist: EH hat den Sinn jenes Spruches aus der Politpraxis verdammt.
Es wirkt da irgendwie und irgendwas rudimentär nach, daß unsereins heute noch immer meint, Potentaten-Entscheidungen, gleich welchen Couleur, auf einen vernünftigen Punkt bringen zu müssen.
Viele der von EH im einsamen Alleingang ausgegrübelten und ohne jegliche obere Autorität entschiedenen Beschlüsse dürften rein pragmatisch und aus einem schwer nachvollziehbaren emotionsgeladenen Missionsempfinden und Missionierungstrieb (die ganze DDR war für ihn eine Art 'Schulklasse') getroffen worden sein. Welches Gewand derartige Dekrete in offiziellen PB-Verlautbarungen[32] erhielt, das ist geläufig. (...)
EH war als Kind eines politisierenden Elternhauses (für welchen Proletarierjungen

---

[28] Werner Grossert im Brief vom 8. April 1993.
[29] derselbe, Brief vom 12. Januar 1993.
[30] derselbe, Brief vom 8. April 1993.
[31] E. H.: Erich Honecker.
[32] PB: Politbüro der SED.

mag das in den zwanziger Jahren nicht zugetroffen haben) dem Empfinden und Herzen nach offenbar für den Anarchismus anfällig gewesen. Auf dem kommunistischen Einjahreslehrgang 1930/31 in Moskau sind dann dem EH, er war gerade 17/18jährig, jegliche etwaige aus dem Jungenalter herrührende Flausen aus dem Kopf getrieben worden.

Zurück aus Moskau, arbeitet der geschulte Jungkommunist an einem in der Saarbrücker *Arbeiter-Zeitung* veröffentlichten Leitartikel mit (AML, S. 56[33]). Darin begründete der 19jährige Mitautor, warum es sich für einen Kommunisten nicht gehöre, terroristische Aktionen zu unternehmen. Ein Jüngling urteilte darin wie ein in 50jährigem harten Klassenkampf erprobter alter Hase. Doch was dem Kopf vorgeschrieben war, war dem Herzen nicht ganz geheuer - und so hieß es denn auch im Leitartikel, daß natürlich die 'Verbrechen des Nationalsozialismus Gedanken der individuellen Rache und des Einzelterrors erzeugen können.'

Jenes Verständnis dürfte sich EH als ein auch emotionaler Charaktertyp bis ins Generalsekretär-Dasein bewahrt haben. Für ihn wird es gar keine Frage gewesen sein, daß die 'Verbrechen der kapitalistischen Gesellschaftsordnung in der BRD' an der jungen Generation Teile derselben ohnmächtig zur RAF und diese wiederum zu terroristischen Aktionen trieb. Ja, jeder RAF-Anschlag hatte aus der Sicht der ZK-Oberen gleichsam einen positiven propagandistischen Nebeneffekt, der für die DDR-Wirklichkeit spräche: Wo die Interessen der Jugend mit Staat und Partei übereinstimmten, da gab es so etwas nicht. Wie dem auch sei - das von der rauhen Welt des Kapitals hervorgebrachte gewalttätige Aufbegehren junger Leute gegen das Kapital mobilisierte gewissermaßen das emotionale Verständnis wie auch das Sorgerecht und die Sorgepflicht des sich unbegrenzt empfindenden proletarischen Jugend-'Übervaters' EH, was in der Aufnahme von RAF-Leuten kulminierte, in dem missionarischen Drang, sie zur zahmen Bewußtheit zu 'erziehen' oder, bitteschön, unter der Flagge von Ausbildungsbeihilfe auf Aktions-Entzug zu setzen, wozu es ein natürliches Interesse bei der ganz obersten SED-Spitze gegeben haben mag (wer die RAF paralysierte, trug auch zum Schutz der "Bruderpartei" DKP bei.)

Interessant ist, daß zwei Ereignisse im Leben des Knaben EH, die der nachmalige Generalsekretär in AML aufschreiben ließ, als Fingerzeig auf eine antiautoritäre Empfindungswelt interpretierbar sind.

Der Schüler Honecker war gerade mal 10 Jahre alt, als er vom prügelnden Gesangslehrer zu dessen Wohnung geschickt wurde, um den dort vergessenen Rohrstock zu holen. Auf dem Weg zurück zur Schule zerbrach der kleine Honecker mirnichts-dirnichts des 'Werkzeug des Untertanengeistes' und warf die Teile des Stockes in den Fluß (AML, S. 15).

Die andere Textstelle betrifft ein Leseereignis. Als ebenfalls etwa 10jähriger muß Schüler Honecker von der Erzählung *Der Spatz* von Hermynia zur Mühlen unauslöschliche Eindrücke erhalten haben. Die frechen, aufmüpfigen und nie unter zu kriegenden Sperlinge, in dem Büchlein 'als die Proletarier der Vogelwelt dargestellt', sollten sie die Rohrstock-'Affaire' und Honeckers Sympathieverständnis für auch gewaltsames Ausscheren aus dem Gehäuse bürgerlicher Normen vorbildlich mit geprägt haben?

Der antiautoritär eingestellte junge Honecker mauserte später durch Theorie und

---

[33] AML: *Aus meinem Leben* - Autobiographie Erich Honeckers.

Praxis des Klassenkampfes und Karrierekämpfe zu einem durch und durch autoritären Politbürokraten. Der war natürlich in schwachen Stunden vor moralischen Anwandlungen nicht gänzlich gefeit und es ist denkbar, daß er mit gewissen Zeichen- und Symbol-Setzungen, so beispielsweise mit der Errichtung eines Max-Hoelz-Denkmals, sich vor sich selbst zu rehabilitieren suchte.

Denn Honecker dürfte Max Hoelz, entgegen der Darstellung in AML, zum Jahreswechsel 1930/31 in dessen Moskauer Wohnung im Hotel *Lux* nicht nur wegen der 'Sylvesterfeier' aufgesucht haben. Nach heutiger Kenntnis der Moskauer Vorgänge und Spielregeln hatte ein 17 / 18jähriger Schüler der Komsomolschule wie Honecker, der sich, wie alle ausländischen Schüler, unter einem Decknamen in Moskau aufhielt, nicht einfach sagen können, so, jetzt gehe ich zu Hoelz ins *Lux* und sage, hier bin ich, ich will mit dir Sylvester feiern. Womöglich sollte der Komsomolzen-Mustermann als Kronzeuge junger proletarischer Disziplin dem Anarchist Hoelz ins Gewissen reden oder irgendwelche Würmer aus der Nase ziehen helfen? Es sieht so aus, als habe der Generalsekretär EH, als er im Widerstand zu PB-Mitstreitern die Errichtung eines Hoelz-Denkmals in Falkenstein durchsetzte, eine alte Gewissensschuld abtragen wollen. (...)

Bemerkenswert ist der von EH im AML gleich nach Shakespeare genannte Felix Dahn. 1876 erschien von Dahn (1834 - 1912) der Roman *Kampf um Rom* und in der zu DDR-Zeiten (Berlin 1987) von Kurt Böttcher herausgegebenen *Geschichte der deutschen Literatur im 19. Jahrhundert* heißt es darüber auf Seite 482: 'Apologetische Verfälschung des Geschichtsbildes; ein geschickt arrangiertes Konglomerat von bildungsbeflissenem Historismus, germanischem Heroenkult und französischem Schauerroman, umspielt von der Aureole des Schicksalhaften.'

Sowohl der 25jährige Jungkommunist Honecker als auch der 68jährige Generalsekretär EH hat offenbart den Dahn'schen Roman nie so empfunden wie er von der sozialistischen Literaturwissenschaft charakterisiert wurde. Dahn, getrennt durch ein 'aber', im selben Atemzug mit Shakespeare zu erwähnen, das ist schon ein Ding.

Vielleicht, um bei EH's Dekret zur erneuten Postierung des Reiterdenkmals vom Alten Fritz Unter den Linden zu enden, ja, wahrscheinlich war dieses Dekret ein Ausfluß des 'bildungsbeflissenen Historismus' eines sozialistisch-neupreußischen Heroenkultes von Honeckers Gnaden? Dahn wirkte nach - der "Kampf um Berlin", von der Roten Armee 1945 entschieden, sollte in Honecker seinen denkwürdigen Vollender finden: Revolutionen stürzen Denkmäler, wer aber die Aureole eines Vollenders der sozialistischen Revolution trägt, der stellt sie großmütig wieder auf. Der König oben auf dem Sockel als Symbol - preußische Tugenden wie Zucht und Ordnung, hier waren sie, geschützt durch Militär und Bollwerk vorm Sündenpfuhl von nebenan, vom Kopf auf die Füße gestellt und bewahrt.

Es ist die Abart der List der Vernunft - als Tradition der toten Geschlechter lastet sie wie ein Alp unter den Gehirnschalen der Lebenden. Der Saarland-Sozialist Honecker war zuletzt total verpreußt.

Nun ist, lieber Bernd Kramer, aus Ihrer Frage kein Brief herausgekommen, es ist ein kleiner Aufsatz draus geworden. Provoziert mit Ihren Fragen - für die Anregung zur Selbstverständigung danke ich Ihnen und es grüßt Sie freundlich

Ihr Kurt Kranke "

Walter Ulbricht über Max Hoelz

(Interessant ist dieses Zeitdokument, das wir beim Ausräumen der ehemaligen SED-Kreisleitung Auerbach fanden. Es bezieht sich auf eine mit viel Liebe gestaltete Ausstellung im Heimatmuseum zu Falkenstein, in der erstmals versucht wurde, umfassend das Wirken von Max Hoelz darzustellen. Walter Ulbricht, befand sich in Dorfstadt zu einer Kur und besuchte das Museum.)

"Anläßlich seines Kuraufenthaltes führte der Genosse Walter Ulbricht ein persönliches Gespräch mit dem 1. Kreissekretär Genossen Garzini und dem Ortsparteisekretär von Falkenstein Genossen Tröger. Unter anderem wurde auch über das Heimatmuseum in Falkenstein gesprochen. Insbesonders Aufmerksamkeit schenkte dabei der Gen. Walter Ulbricht der Einschätzung von Max Hölz.

Der Genosse Ulbricht brachte dabei folgendes zum Ausdruck:

Es ist notwendig, daß die dargestellte Zeitperiode, in der Max Hölz gewirkt hat, etwas anders gezeigt wird.

Die Novemberrevolution und der Kapp-Putsch sind mehr in den Mittelpunkt zu stellen, damit Hölz nicht zu sehr hervorgehoben wird. Ferner muß die Person Hölz selbst richtig eingeschätzt werden. Hölz hat den Weltkrieg durchgemacht. Er gehörte zu den Menschen, die durch den Krieg tief erschüttert waren. Er war ein intelligenter Mann, ein Ingenieur. Er wurde durch den Krieg aus der Bahn geworfen. In der Novemberrevolution stellte er sich auf die Seite der Revolution und kämpfte für die Verwirklichung der Losung: 'Alle Macht den Räten.'

Er arbeitete als Wanderredner für die Arbeiterräte. Das muß man verbinden mit seiner Tätigkeit hier im Vogtland, wie er die Interessen der Werktätigen vertreten hat gegen die Reichen.

Da er aber nicht die Erfahrungen der Arbeiterbewegung hatte und auch keine marxistische Schulung, hat er eine ganze Reihe halb-anarchistischer Maßnahmen durchgeführt, die nicht der Lage entsprachen.

Nachdem die Revolution eine Niederlage erlitten hatte, stand die Aufgabe für die KPD, die Mehrheit der Arbeiterklasse zu gewinnen und den Kampf zu führen um die Erhaltung und den Ausbau der demokratischen Rechte, vor allem um die Rechte in den Betrieben (Rechte der Betriebsräte).

In dieser Situation hat Hörsing in Mitteldeutschland provoziert, um die Arbeiter niederzuwerfen. Es war richtig, dass die mitteldeutsche Arbeiterklasse gekämpft hat. Es war ein Kampf um die Verteidigung ihrer Rechte gegen die Polizei-Diktatur, gegen die Maßnahmen der IG-Farben.

In dieser Situation hat Hölz am Anfang gut mitgekämpft, ist aber dann wieder zu seinen halb-anarchistischen Tendenzen übergegangen. Er schätzte die Lage nicht real ein. Mit solchen Methoden war es nicht möglich, Erfolge für die Arbeiterklasse zu erzielen.

Bei der Einschätzung der Person Max Hölz muß die damalige Lage berücksichtigt werden. Im wesentlichen machte er also zwei Fehler:

a) falsche Einschätzung der Lage.

b) Anwendung halb-anarchistischer Kampfmethoden.

Man muß betonen, dass er für die Arbeiterklasse gekämpft hat, aber dann abgeglitten ist. (...) SED-Kreisleitung Auerbach/V. - Garzini / 1. Sekretär"[34]

---

[34] Das Dokument befindet sich in Privatbesitz. (P. G.)

> natürlich bauten sie Dome
> dreihundert Jahre ein Stück
> wissend, im Zeitenstrome
> bröckelt der Stein zurück,
>
> es ist nicht zu begreifen,
> was hatten sie für Substanz,
> wissend, die Zeiten schleifen
> Turm, Rose, Krypte, Monstranz[35]

Am 14. Oktober 1989 wird das Hoelz-Denkmal in Falkenstein eingeweiht[36], am 2. Februar 1990 läßt der Bürgermeister Rauchalles es aus dem öffentlichen Raum verschwinden: Ich kenne die Weise, ich kenne den Text, / Ich kenn' auch die Herren Verfasser; / Ich weiß sie trinken heimlich Wein / Und predigen öffentlich Wasser.[37]

Erosionen, dieser "Ausnagung", hervorgerufen durch die abtragende Tätigkeit des Wassers, dieser Naturgewalt fiel das Hoelz-Denkmal nicht zum Opfer - es waren die CDU-Gewaltigen, die die Demontage veranlaßten.

Trennen wir Erosionen: Eros / Ionen. Eros, der griechische Gott der Liebe. Hesiod besingt ihn, nachdem das Chaos und die Erde entstanden:

> und Eros, der schönste unter den ewigen Göttern,
> er, der Gliederlöser, der allen Göttern und Menschen
> klaren Verstand und besonnenen Rat bezwingt in der Seele.[38]

Mal verehrte man Eros in der Gestalt eines rohen Steines oder man stellte ihn als knabenhaften, oft geflügelten Jüngling dar. Für den Staatsfanatiker Platon war Eros kein Gott, sondern ein Dämon, das zur Schau gestellte Schöne war ihm unheimlich und vor allem verderblich für den Staatsbürger.

Dem christlichen Abräumer Rauchalles war weder klarer Verstand noch besonnener Rat gegeben, als er zu der opportunistischen Tat schritt, und so kommen wir zu den Ionen; sie beeinflussen den Zustand der Zellen und sind für die Erregbarkeit der Nerven und Muskeln verantwortlich. Schwache Nerven scheint das Falkensteiner Stadtoberhaupt gehabt zu haben, als die ersten Proteste gegen das Denkmal laut wurden. Anstatt die Kontroverse politisch mutig zu führen, entschied er sich für die Feigheit. - Denkmäler kann man beschädigen, verunstalten, in die Luft sprengen, in Depots verrotten lassen; man kann über sie spotten. Denkmäler fordern des öfteren zu Tabubrüchen heraus und ihre Zerstörung zielt über das bloße Objekt hinaus, zielt auf den "Geist" ab, auf den symbolischen Inhalt des Dargestellten.

---

[35] Gottfried Benn, *Destille*, in: *Destillationen, Gedichte*. Limes Verlag, Wiesbaden 1953, S. 11.

[36] Proteste von seiten des Bürgermeisters gab es nicht.

[37] Heinrich Heine, *Deutschland. Ein Wintermärchen*, Heines Werke. Vierter Teil, Deutsches Verlagshaus BONG & Co, Berlin-Leipzig-Wien-Stuttgart, o. J., S. 98.

[38] Hesiod. *Werke in einem Band. Theogonie. Werke und Tage. Ehoien. Der Schild des Herakles. Fragmente*. Texte zum Nachleben, Aufbau-Verlag, Berlin und Weimar 1994, S. 8.

Der allgemein bekannteste Pyromane, Herostratos, setzte bekanntlich 356 v. u. Z. den Artemistempel in Ephesus in Brand. Motiv für diese Tat waren anscheinend weder politische, religiöse, weltanschauliche oder ästhetische Gründe, ihn trieb als Egozentriker allein die Ruhmsucht.

Etwa 200 Jahre früher wütete ein anderer, ignorierte Sitten und Gebräuche: Kambyses, König der Perser und Meder. Über ihn berichtet Herodot völlig irritiert und entsetzt: "Er verübte viele Wahnsinnstaten gegen die Perser und die Bundesgenossen. Dabei blieb er in Memphis, ließ die alten Grabkammern öffnen und betrachtete die Leichen. Er besuchte auch den Tempel des Hephaistos[39] und lachte laut über das Götterbild. (...) Kambyses betrat auch das Heiligtum der Kabiren, zu dem niemand außer dem Priester Zutritt hat. Er ließ die Götterbilder darin sogar unter Spottreden verbrennen. (...) Mir ist völlig klar, daß Kambyses gänzlich wahnsinnig war; sonst hätte er sich nicht an Tempeln und Bräuchen zum Spott vergriffen."[40]

***

So steht es um die Sitten und Gebräuche... Vom 7.-14. Oktober 1989 fand in Falkenstein das *Fest der Lebensfreude. 20. Textilarbeiterfest. Festwoche zu Ehren des 40. Jahrestages der DDR und des 100. Geburtstages von Max Hoelz* statt. In der Einleitung zum Festprogramm lesen wir: "WERTE EINWOHNER! LIEBE GÄSTE! Überall in unserem Land feiern die Menschen in diesen Tagen den 40. Jahrestag der Deutschen Demokratischen Republik. (...) In täglicher fleißiger Arbeit leisten die Werktätigen und Bürger unserer Heimatstadt Großes, erfüllen sie in Industrie und Landwirtschaft, in den Bereichen des Gesundheits- und Sozialwesens, im Handel und Dienstleistungssektor, in allen Bereichen des gesellschaftlichen Lebens ihre Aufgaben . (...) A. Rauchalles / Bürgermeister"

Auszüge aus dem Festprogramm:
Freitag, 6. Oktober 1989, 18.30: Uhr Fackelzug der FDJ
Sonnabend, 7. Oktober 1989, 9.00 Uhr Clubkino.
    Festliche Stadtverordnetenversammlung aus Anlaß des 40.
    Jahrestages der Gründung der DDR
    10.00 Uhr Platz der DSF (am Schloßfelsen): Musikalische
    Unterhaltung mit den Göltzschtalmusikanten
    ab 13.00 - 17.00 Uhr: Bummibahn, Kremserfahrten
    18.00 Uhr Speisehaus VEB Plaugard, Werk Falgard:
    Schichtarbeiterball (nur auf Einladung)
Sonntag, 8. Oktober 1989, 10.00 Uhr - 16.00 Uhr - Trützschlerplatz/Max-Hoelz-
    Oberschule: Kreispionierfest "Immer lebe die Sonne"
Dienstag, 10. Oktober 1989, 14.30 Uhr - Kulturhaus "Stadthalle":
    Matineeveranstaltung der POS "Max Hoelz" zu Ehren des 100.
    Geburtstages von Max Hoelz (geschlossene Veranstaltung)
    18.00 Uhr - Speisehaus VEB Plaugard, Werk Falgard: Jugendtanz
    mit "Na und" (Dresdner Mädchenband) - "Shogun" (asiatische
    Kampfarten) - "Top Time" Disco

---

[39] Griechischer Gott des Feuers und der Schmiedekunst. Sohn des Zeus und der Hera, Ehemann der Aphrodite.

[40] Herodot. *Historien. Bücher I - IV*, Artemis & Winkler Verlag, Zürich 1995, S. 395.

Mittwoch, 11. Oktober 1989, 18.00 Uhr - Haus der Lehrer: Dia-Vortrag: Mit der
    Kamera durchs Vogtland
Donnerstag, 12. Oktober 1989 16.00 Freibad: Kosmonauten der Hochartistik -
    Artistische Höchstleistungen in 20 und 40 Meter Höhe
    18.00 Uhr Kulturhaus "Stadthalle: Veranstaltung der Volkssolidarität
    zum 40. Jahrestag der DDR
Freitag, 13. Oktobcr 1989, 19.00 Uhr - HOG "Falkensteiner Hof": Familientanz mit
    der Gruppe "Morgenrot"
Sonnabend, 14. Oktober 1989, 10.00 Uhr - Platz der DSF (am Schloßfelsen):
    Musikalische Unterhaltung mit der Bergmann Kapelle des VEB BKK
    Borna

Das Programm berechtigt zum kostenlosen Besuch des Tiergartens und des Heimatmuseums sowie Fahrten mit der Bummi-Bahn!- Imbißversorgung durch HO
und Konsum."

Natürlich war bei der Einweihung des Hoelz-Denkmals auch sein Schöpfer anwesend: Dipl.-Plastiker und Nationalpreisträger Frank Diettrich. Aus dem Lokalteil
der *Freien Presse* (Chemnitz) erfahren wir: Bei der künstlerischen Gestaltung zahl-
ten sich Ateliergespräche mit den Parteiveteranen Max Georgi, Anna Rölz und
Erich Schmalfuß ebenso aus wie mit den Mitgliedern der Traditions- und Ge-
schichtskommission der SED-Kreisleitung.[41]
Nach der "Evakuierung" der Hoelz-Büste vom Schloßvorplatz ins Depot des Heimatmuseums schrieb ich Herrn Diettrich und wollte wissen, ob er gegen das politisch motivierte Verschwinden seiner Arbeit protestiert habe. Da ich keine Antwort
erhielt, besuchte ich ihn in seinem Atelier in Karl-Marx-Stadt, (heute Chemnitz),
in der Friedrich-Engels-Straße (heute: Fürstenstraße). Das Gespräch war nicht
allzu ergiebig. Auf meine Frage, weshalb man denn nun ausgerechnet Max Hoelz
geehrt habe, gab er zur Antwort: Das sei das Resultat einer neuen Geschichtsbe-
trachtung, eine Art Entstalinisierung gewesen. Immer wieder betonte er, daß die
DDR dem Humanismus verpflichtet gewesen sei. Gegen die Demontage seiner Arbeit hätte er aus privaten Gründen nichts unternommen (Sterbefälle in der Familie).
Nach der Wende hätte er sich mit den ehemaligen Genossen, zerstritten, die Alten
würden im DDR-Denken verharren, die Jungen seien nur noch konsumorientiert. -
Wie lebt es sich, nachdem der Staat, der ihm zahlreiche Unterstützungen gewährte
und hoch ehrte, nicht mehr existiert und inzwischen der real existierende Kapitalismus die Realitäten bestimmt? "Es ist notwendig, daß ein sinnvolles Engagement
zwischen Wirtschaft und Kunst besteht." Was der Nationalpreisträger konkret nun
machte, habe ich nicht erfahren; nur soviel, daß er u. a. gute Kontakte zu gebildeten BMW-Managern hat - und für wichtige Kundenbesuche (er arbeitet weiter als
Plastiker) seinen BMW benutzt, für andere Auftraggeber den Trabant aus der Ga-
rage holt.

Privatbedingtes Schweigen gegen den Abriß des Denkmals in Chemnitz, persönlich
bedingter Protest gegen den Bildersturm in Falkenstein.
In einem Offenen Brief an den Falkensteiner Bürgermeister schrieb der 85jährige
Erich Schmalfuß: "Ich möchte nichts gemein haben mit Denkmalschändern, politi-

---

[41] *Freie Presse* vom 14. Oktober 1989.

schen Spekulanten und Wendehälsen. Mir geht es um Kultur und Heimatgeschichte, nicht um Wahlpropaganda. Sollten Sie nicht willens oder in der Lage sein, das Denkmal für Max Hoelz wieder zu errichten, würde ich mich moralisch gezwungen sehen, die Ehrenbürgerwürde zurückzugeben."[42]

Holger Becker verweist noch in seinem ND Artikel darauf hin, daß Erich Schmalfuß "Jahre in faschistischen Zuchthäusern und Konzentrationslagern zubrachte".

Die Proteste gehen weiter

Mahnwort für Max Hoelz

Bilderstürmerei, zeit- und geschichtsvergessen, einhergehend mit Intoleranz und Gewalt gegen Andersdenkende, bedroht ein Denkmal: "Die Max-Hoelz-Büste in Falkenstein/Vogtland soll von ihrem öffentlichen Platz verschwinden. (...) Max Hoelz, kein teutscher Siegfried ohn Fehl und Tadel, war ein Charakter und ein Selbstdenker, ein lebendiger Mensch, mit Widersprüchen und dem Mut zum Widerspruch. (...) Die Weimarer konservative Klassenjustiz kriminalisierte sein politisches Tun und wollte ihn, den gekreuzigten Gerechten, lebenslänglich ins Gefängnis werfen. Erich Mühsams *Gerechtigkeit für Max Hoelz* löste eine Welle der Solidarität aus, die in den zwanziger Jahren einzigartig blieb. (...) Hoelz war ein einfacher Mensch - offen und ohne Sinn fürs politische Ritual. Eine stalinistische Bürokratie hatte dafür kein Verständnis, sie katalogisierte ihn nach 'ismen'. Gemaßregelt, ausgestoßen, ereilte ihn ein unglaubwürdiger Tod. (...) Max Hoelz gehört keiner Partei, weil er unterschiedslos Partei ergriff für die Bedrängten und gegen Verhältnisse, in denen der Mensch ein verachtetes und geknechtetes Wesen ist."[43]

Zwei Wörter, die sich einer mehr als gewagten Allegorie bedienten, mobilisierten umgehend einige Falkensteiner Christen: "Es verletzt die Gefühle der Christen in Falkenstein, wenn das 'Mahnwort für Max Hoelz' 'Ihn, den gekreuzigten Gerechten', verbal mit Jesus Christus auf eine Stufe stellt."[44] Dazu kann natürlich auch nicht der Ev.-luth. Kirchenvorstand Falkenstein/Vogtland schweigen: "Um es gleich zu sagen, wir befürworten die Entfernung des Max-Hoelz-Denkmals. (...) Gewalttat galt für ihn als legitimes Mittel. Es gibt noch so manchen Einwohner, der die Schreckensherrschaft damals miterlebt hat. Das Falkensteiner Rathaus entkam nur durch einen glücklichen Umstand der schon vorbereiteten Sprengung."[45]

Die Mahnwortverfasserinnen- und verfasser assoziierten: Hoelz = Jesus Christus, und andere "Genossen, die ihn kannten, verglichen ihn mit Tschapajew und Che Guevara"[46].

Es gibt eine schöne volkstümlich-pragmatische Reimerei: Glücklich ist, wer vergißt, was nicht mehr zu ändern ist, und die paßt wie angegossen zu Herrn Arndt Rauchalles. Der Redakteur des *Neuen Deutschland*, Holger Becker, sprach am 1. März 1990 mit ihm:

Herr Bürgermeister, wie ist die Entfernung der Hoelz-Büste vonstatten gegangen?

---

[42] *Neues Deutschland*, 23. Februar 1990.

[43] *Freie Presse*, 24. Februar 1990.

[44] ebenda

[45] *Freie Presse*, 9. März 1990.

[46] ebenda, 14. Oktober 1989.

Sie wurde am 2. Februar in meinem Auftrage von einer städtischen Firma fachgerecht abmontiert und unter Aufsicht des Leiters des Heimatmuseum eingelagert. *Warum?* Anfang Februar häuften sich anonyme Anrufe, in denen gedroht wurde, das Denkmal zu zerstören. Ich wollte alles tun, um eine weitere Rationalisierung[47] der Situation in der Stadt zu vermeiden. Außerdem bin ich mir ziemlich sicher, daß die Büste ansonsten zerstört worden wäre. Das Präsidium der Stadtverordnetenversammlung hat meine Entscheidung gebilligt. *Nach unseren Informationen ist am 2. Februar auf einer Demonstration verkündet worden, daß die Ortsgruppe der CDU, der Sie angehören, die Büste entfernt habe.* Wer das gesagt hat, ist mir nicht bekannt.

Nähern wir uns dem Ende dieser lehrreichen Provinzposse, denn das Vierteljahr ist bald vorüber. Ein/e H. Heidrich vom DSU-Kreisverband Auerbach teilte mit: "Im Kreisverband der DSU befinden sich keine ehemaligen SED- oder PDS-Mitglieder. (...) Wir (möchten) unser Bekenntnis zur Allianz für Deutschland ausdrücken, indem wir den Ortsverband der CDU Falkenstein in seiner Handlungsweise voll unterstützen. Wir meinen damit die Entfernung der Max-Hoelz-Büste vor dem Falkensteiner Schloß. (...) In den 70er Jahren wurde z. B. in Falkensteiner Schulen noch gelehrt, daß Max Hoelz ein absoluter Anarchist war und gegen Alle und Jeden gekämpft hat. (...) Wir sind froh, daß sich unsere Revolution vollkommen durch den friedlichen Ablauf von früheren Machenschaften unterscheidet."[48]
Nun meldeten sich natürlich die von der DSU Verfemten zu Wort: "1. Wir sehen in Max Hoelz einen standhaften, ehrlichen Kämpfer für die Interessen der Arbeiter, der in der kapitalistischen Gesellschaft Entrechteten und Unterdrückten. Er ist uns ein Vorkämpfer für eine Welt des Friedens und der sozialen Gerechtigkeit, für Völkerfreundschaft und internationale Solidarität. Durch sein Wirken in der revolutionären Arbeiterbewegung ist Max Hoelz unauslöschlich in die Geschichte unseres Kreises eingegangen. Die Errichtung des Denkmals für Max Hoelz im Oktober 1989 war Ausdruck endlich hergestellter historischer Gerechtigkeit für diesen proletarischen Kämpfer. 3. In diesem Sinne steht der Kreisverband der PDS vollinhaltlich zu dem am 24. 2. 1990 in der *fp* veröffentlichten 'Mahnwort für Max Hoelz'."[49]

Max Hoelz zum 100. Geburtstag

1989 gab es noch Leningrad und von dort kam folgender Glückwunsch:
"Mintjashmasch (Ministerium für Schwermaschinenbau)
Leningrader Produktionsvereinigung des polytechnischen Maschinenbaus
197022 Leningrad, nab. Karpovki, 5
Telefon 234-24-20

Auerbach
Vorbereitungskomitee zum 100. Geburtstag von Max Hoelz

3. 10. 1989

---

[47] Muß "Radikalisierung" heißen.
[48] *Freie Presse*, 1. März 1990.
[49] ebenda, 3. März 1990.

Sehr geehrter Peter Giersich!

Das Kollektiv unserer Vereinigung gratuliert Ihnen und allen deutschen Genossen zum 40. Jahrestag der Deutschen Demokratischen Republik. Wir wünschen Ihnen Gesundheit, Erfolge in der edlen Sache der Festigung der Freundschaft zwischen unseren Ländern.

Nehmen Sie unsere Glückwünsche auch zum zweiten Jubiläum - dem 100. Geburtstag von Max Hoelz - entgegen. Im November 1922 wurde unserem Werk auf Ansuchen der Arbeiter sein Name verliehen - der Name eines bedeutenden Funktionärs der internationalen kommunistischen Bewegung.

Heute gibt es im Werk unter den Arbeitern schon niemanden mehr, der M. Hoelz persönlich kannte, aber aus Büchern über das Werk, anhand von Unterlagen des Museums machen sich die Vertreter der neuen Generation im polytechnischen Gewerbe mit Ihrem treuen Freund bekannt, dem deutschen Revolutionär M. Hoelz

Ihre Erfolge beim Aufbau des sozialistischen Staates, die feste Freundschaft zwischen unseren Ländern - das ist das beste Denkmal für Max Hoelz.

Im Auftrage des Kollektivs der Vereinigung

Generaldirektor A. D. Dolbjoschkin

Sekretär des Parteikomitees M. K. Michailov

Sekretär des VLKSM (Komsomol) M. Ju. Konetschnyj[50]

* * *

Glückwünsche, Erinnerungen und Hommagen - erstaunlich und erfreulich, wie lebendig vieles blieb und ist, unvermeidlich wohl auch, daß manchmal zu Vergleichen gegriffen wird, die anachronistisch wirken:

"Der deutsche Che Guevara"[51], schreibt *Elena Serebrowskaja* in der Lokalausgabe der *Freien Presse* (Auerbach) am 6. September 1989: "Zum 100. Geburtstag von Max Hoelz. - 1989 begehen wir den 100. Geburtstag des deutschen Revolutionärs Max Hoelz. Wir Komsomolzen und Schüler der 191. Schule Leningrad sahen ihn zum ersten Mal am 1. Mai 1930 auf der Tribüne des Winterpalais. Ein schlanker, mittelgroßer, schöner Genosse mit schwarzen Haaren, in der hellgrauen Uniform

---

[50] Übersetzt aus dem Russischen von Heike Krause, Berlin.

[51] Es verblüfft, daß nicht nur Elena Serebrowskaja Hoelz mit Che Guevara in Verbindung bringt, sondern auch Frits Kool ihn erwähnt, danach allerdings einen absolut denunziatorischen Text zitiert: "Hoelz ... neuer Schinderhannes oder verfrühter Guevara? 'Sicher ist, daß Hoelz außer den Ultrarevolutionären die Ärmsten und Armen auf seine Seite zieht, nicht aber die Durchschnittsarbeiter. Falkenstein, eine Textilindustriestadt nahe der tschechischen Grenze, war durch den Krieg hart getroffen. Wie von selbst riß der rabiat gewordene, verhinderte Kleinbürger die Führung von Demonstrationen und direkten Aktionen an sich, die Soforthilfe versprachen und brachten. Es ist die Romantik des edelmütigen Raubritters, der den Reichen ihren Überfluß abnimmt, um ihn den Armen zu schenken, die kurze Erfüllung des Traums der Gerechtigkeit, welche die Mächtigen zittern, ihre Schergen - Polizei und Reichswehr - fliehen, die Gerichtsakten verbrennen läßt.'" Aus: *Der rote Schrecken von Mitteldeutschland*, in: Stirn und Faust. Vervielfältigte Manuskripte werktätiger Menschen, herausgegeben von Emil Sach, Nr. 2, Juni 1952, in: *Die Linke gegen die Parteiherrschaft. Dokumente der Weltrevolution*, herausgegeben und eingeleitet von Frits Kool, Walter-Verlag Olten und Freiburg im Breisgau, 1970, S. 311/312. (B. K.)

des Roten Frontkämpferbundes, stand neben Kirow. Mit der Rechten zur geballten Faust erhoben, grüßte er uns. Als wir an der Tribüne vorbeigingen, sahen wir deutlich ihre Gesichter: unseren herzlichen, uns buchstäblich mit seinem Lächeln umfangenden Sekretär des Gebietsparteikomitees, Sergej Mironowitsch Kirow, und den glücklich strahlenden braunäugigen Max Hoelz.

Ein bürgerliches deutsches Gericht hatte 1921 den Proletarier, der sich erlaubte, Sowjetrußland zu lieben, der versuchte, von den sowjetischen Arbeitern zu lernen und für die Volksmacht im Vogtland und Mitteldeutschland zu kämpfen, zu lebenslänglicher Kerkerhaft verurteilt. Damals fand in Moskau der III. Weltkongreß der Kommunistischen Internationale statt, auf dem Lenin eine ausführliche Einschätzung der mitteldeutschen Kämpfe vom März 1921 gab.[52]

Der Kongreß verabschiedete ein Telegramm, in dem die deutschen Arbeiter aufgefordert wurden, für Max Hoelz als einen Revolutionär und Kommunisten einzutreten und für seine Befreiung zu kämpfen. Später wurde Max Hoelz am gleichen Tag wie Clara Zetkin mit dem Rotbannerorden ausgezeichnet.

Hoelz konnte nicht mehr das heutige Leben in der DDR, den siegreichen Aufbau des Sozialismus in seiner Heimat erleben. Durch einen Unglücksfall kam er im Herbst 1933 ums Leben. Freundlich schaut er uns an vom Porzellanporträt auf einem Granitobelisk im Friedhof von Gorki, der seinen Namen und die Inschrift 'ein deutscher Revolutionär' trägt.

In seinem Leben erregte Max Hoelz den grimmigen Haß der herrschenden Klassen, die den 'roten General' nicht dulden wollten. Der Haß verschwand auch nicht nach seinem Tode. Der Hitler-Schreiberling Rosenberg schmähte ihn, indem er in den Handlungen des Revolutionärs Spuren einer 'unreinen Rasse' suchte.

---

[52] "Vielleicht war es nicht ganz richtig, in Deutschland eine Diskussion über die Theorie der revolutionären Offensive anzufangen, nachdem man keine wirkliche Offensive vorbereitet hatte. Die Märzaktion ist trotzdem ein großer Schritt vorwärts, ungeachtet der fehlerhaften Führung. Aber das ist nicht ausschlaggebend. Hunderttausende Arbeiter haben heldenhaft gekämpft. So heldenmütig die KAPD auch gegen die Bourgeoisie gekämpft haben mag, müssen wir doch sagen, was Gen. Radek in einem russischen Artikel über Hoelz gesagt hat. Wenn irgend jemand, sei er auch Anarchist, heldenmütig gegen die Bourgeoisie kämpft, so ist das natürlich eine große Sache, aber wenn Hunderttausende gegen die niederträchtige Bourgeoisie kämpfen, dann ist das ein wirklicher Schritt vorwärts." W. I. Lenin, III. Kongreß der Kommunistischen Internationale, Band 32, Dezember 1920 - August 1921, Dietz Verlag, Berlin 1975, S. 496.

"So heldenmütig... gekämpft haben mag...", das klingt herablassend, ist die Arroganz der Macht. - Lenin und seine Weggefährten hatten eine radikale Kehrtwendung gemacht: "Als die deutsche Delegation 1921 auf dem 3. Weltkongreß in Moskau erschien, empfing Lenin sie mit den schärfsten Vorwürfen. Die russische Führung hatte nämlich inzwischen ihre Auffassung vom Gang der Weltrevolution völlig gewandelt. Lenin und sein Kreis glaubten nicht mehr, daß in nächster Zeit siegreiche Revolutionen der Arbeiter in Deutschland, Italien oder gar der übrigen Länder Westeuropas möglich würden. (...) Den kommunistischen Parteien außerhalb Rußlands wurde empfohlen, aussichtslose revolutionäre Aktionen zu vermeiden und sich stattdessen in den friedlichen Alltagskämpfen des Proletariates zu betätigen." Arthur Rosenberg, *Geschichte der Weimarer Republik*, herausgegeben von Kurt Kersten, Europäische Verlagsanstalt, Hamburg 1991, S. 121. (B. K.)

Heute kann man in unseren Betrieben Praktikanten aus europäischen Ländern und aus Entwicklungsländern Asiens und Afrikas treffen. Unsere Fabriken sind mit moderner Technik ausgestattet. Nicht wenige Mittel wenden wir für die Arbeits- und Lebensbedingungen auf. Im 1. Fünfjahrplan war das noch nicht so. Da wir nicht genügend qualifizierte Arbeiter hatten, arbeiteten in unserem Land zeitweilig Spezialisten aus Deutschland auf Einladung. Das waren Menschen mit verschiedenen politischen Positionen. In jener Zeit unterschieden sich die Arbeitsbedingungen in unserem rückständigen Land in vielem von den Arbeitsbedingungen in den entwickelten kapitalistischen Ländern. Aber der Fünfjahrplan erforderte hervorragende Arbeit. Wenn die sowjetischen Arbeiter und Patrioten das alles einsahen, dann war das bei den eingeladenen Arbeitern anders. Das Gefühl der Klassensolidarität mit den sowjetischen Genossen zu wecken und weiter zu entwickeln, bemühten sich in erster Linie die Kommunisten. In solchen Kollektiven war auch Max Hoelz.

Er war der geborene Agitator und Propagandist. Durch seine Aufrichtigkeit, Überzeugung, Selbstlosigkeit gewann er die Zuneigung eines jeden ehrlichen Menschen. Er besuchte Leningrad, Iwanowo, Weliki Luki, Wjatka, Kemereowo, Magnitogorsk, Smolensk, Surachany in der Nähe von Baku. Es war auch keine Seltenheit, daß Schulen, Kolchosen und Betriebe seinen Ehrennamen erhielten."

Erinnerungen, Hoffnungen und Visionen zu Lebzeiten von Max Hoelz bis ins Jahr 1989.

Im April 1931 erhielt Max Hoelz folgenden begeisterten Brief:

"Teurer Genosse Max Hoelz,
Ich habe Ihr Buch gelesen *Vom weissen Kreuz zur Roten Fahne*. Ich habe es in unserer Kolchosbibliothek bekommen. Die Schlichtheit, mit der Sie das von Ihnen Erlebte erzählen, veranlasste mich, beim Lesen die Zähne zusammenzubeissen und Flüche gegen die Weltbourgeoisie, darunter besonders gegen die deutsche Bourgeoisie, auszustossen. Dieses Geschmeiss wollte Dich aufrechten Kämpfer, den deutschen Budjonny-Proletarier, zertreten. Als ich Ihr Buch las, begann ich Sie als einen mutigen und tapferen Freund, als Kameraden im Kampfe mit dem weissen Pack zu lieben.

Zu meiner Schande muss ich gestehen, dass ich vor dem Lesen Ihres Buches absolut nichts über die deutsche Revolution der Jahre 1919/20 wusste, und dass mir nichts davon bekannt war, dass die deutschen Arbeiter in ihrer Geschichte eine so heroische Rote Garde besassen! Heil denen, die am Leben geblieben sind, um den Kampf mit der Bourgeoisie fortzusetzen, und ewiges Gedenken im Herzen des Weltproletariats den gefallenen Kämpfern der ehemaligen Roten Garde.

Ich selbst bin ein Kosak aus dem Kuban-Gebiet, früher roter Partisan und Budjonny-Soldat. In den Jahren des Bürgerkriegs habe ich mich in der ganzen UdSSR 'herumgetrieben' und für die Sache der Arbeiter und Bauern gekämpft. Darum empfand ich eine so heisse und aufregende Freude über die Siege, die Sie errungen, und war traurig über die Verluste, die Sie in den Jahren erlitten haben, als Sie die Führung der roten Partisanentruppen Deutschlands hatten, und worüber ich in dem oben erwähnten Buch las. Beim Lesen wollte ich aus voller Kehle schreien: 'Genosse Hölz, ich komme Dir zu Hilfe!!! - Halte Dich!!!'

In Zukunft ist ein Krieg unausweichlich. Darum werden Sie sich wohl nicht nur mit solchen Sachen abgeben müssen. Ich bitte Sie daher, mich als Freiwilligen für Ihre Abteilung zu betrachten, oder vielmehr als Kavallerist für Ihre Armee. Sie brauchen sich nicht zu fürchten: das Dreinhauen verstehe ich. Nicht nur einem Konterrevolutionär werde ich den Kopf abhauen. Ich möchte noch bemerken, dass Ihr keine Kavallerie gehabt zu haben scheint. Gut, ich werde Ihnen helfen, sie zu organisieren - bis zu einem Eskadron - mehr möchte ich nicht auf mich nehmen. Und so werden wir ewige Freunde sein. Ihr Buch hat uns einander näher gebracht. Damit, dass Sie es den russischen Arbeitern gewidmet haben, haben Sie einen richtigen Zug getan. Diese Widmung wird verstanden und gewürdigt.

Ich wünsche Ihnen noch ein langes Leben, den Boshuj zum Leid und den Arbeitern und Bauern zur Freude.

Rot Front! Ich drücke Ihnen die Hand!

Kollektivist Konstantin Tamanetz

P.S. Ich schreibe Ihnen auf einem schlechten Stückchen Papier. Aber das macht nichts. Besseres werden wir den kommenden Tagen abringen. Sie werden das verstehen. Den Brief schicke ich durch unsere herrliche *Prawda*. Bestätigen Sie mir bitte den Empfang.

Ich möchte Sie sehen. Bitte schicken Sie mir daher unbedingt ihre Fotografie. Meine Adresse: UdSSR Nordkaukasus, Kuban-Gebiet, Stanitza Slawianskaja, uliza bolnitschnaja, Haus Nr. 5 - Konstantin Tamanetz"[53]

Über fünfzig Jahre später, im Februar 1989, erfüllt *Anna Rölz*, die in den zwanziger Jahren aktiv im Falkensteiner Max-Hoelz-Komitee mitgearbeitet hatte, die Bitte eines Heimathistorikers und schreibt ihre Erinnerungen auf:

"Meine Mutter, ich und die Kommunisten

Ich entstamme einer katholischen Familie. Jeden Sonntag ging Mutter mit uns Kindern in die Kirche. Wir Kinder hielten jeden Tag vor dem Schulunterricht Pflicht-Morgenandacht. Nur Vater war etwas 'freisinniger'. Obwohl auch Katholik, ging er nicht in die Kirche.

Wir hielten das *Köthener Tageblatt*. Mutter und ich, damals fünfzehnjährig, lasen gern den Fortsetzungsroman von Courths-Mahler. Dann kamen die Nachrichten dran.

Sehr gespannt las Mutter, die damals 35 Jahre alt war, die Berichte über den Hoelz-Prozeß in Berlin-Moabit vor. Wir hörten in diesen Sommertagen des Jahres 1921 die Anklagen der Richter gegen die 'Verbrechen' der Kommunisten, deren 'Anstifter' Max Hoelz war. Am meisten gefielen Mutter und mir die Antworten, welche dieser mutige Revolutionär den Klassenrichtern gab. Wie er die Leiden des Volkes aufzeichnete, die Ziele der Kommunisten, Lohn, Brot und anständige Wohnungen für alle zu schaffen, erklärte - das fand unsere Sympathie.

Meine Mutter zog mit folgenden Worten das Fazit aus diesem Prozeß: 'Die Kommunisten sind für uns arme Leut'! Sie wollen alles teilen mit uns.' Seitdem haben meine Eltern, obwohl sie katholisch waren, immer die KPD gewählt. Die Partei der Katholiken war damals die Deutsche Zentrumspartei. Mutter erklärte diesen Widerspruch mit den Worten: 'Ich tue ja sonst meine Pflicht!'

---

[53] Institut für Marxismus-Leninismus..., Akte 29, Blatt 113.

Ich lernte den Kommunisten Max Rölz kennen, den ich heiratete und in dessen Heimat, das Vogtland, ich mit zog. Meine Eltern verzogen 1924 wieder nach ihrer Heimat, dem Rheinlande. Vater und Mutter wurden Mitglieder der Roten Hilfe Deutschlands.

Anfang der dreißiger Jahre fuhr meine Mutter, die sich sonst von der Politik fernhielt, einmal mit einem Lastauto mit nach Köln, um Ernst Thälmann auf einer Wahlversammlung zu hören. Bei einem Besuch zu Hause konnte ich einen meiner Brüder, wir waren sechs Geschwister, für den Schalmeienzug des Roten Frontkämpferbundes gewinnen. Er war durch die proletarische Klassenhaltung meiner Eltern dazu vorbereitet worden.

Meine Mutter blieb ihrer einmal eingenommenen proletarischen Haltung auch in der Nazi-Zeit treu. Sie sandte uns z.B. ein Jahr vor ihrem Tod ein beim Fotograf angefertigtes Porträt zur Erinnerung. Darauf ist sie zu sehen mit zur Faust geballter Hand in Brusthöhe. 'Mit dieser Faust grüße ich Euere Partei! Euere Mutter!'

Ich war in Falkenstein Mitglied der KPD geworden. Als ich 21 Jahre alt war, kam ich mit jenem Mann in Briefwechsel, dessen Auftreten so grundsätzlich auf die politische Haltung meiner Mutter gewirkt hatte. Max Hoelz war mit den KPD-Gruppen Falkenstein und Oelsnitz im Vogtland fest verbunden. Ich sollte ihm beim Kampf um die Einleitung des Wiederaufnahmeverfahrens helfen. Bis 1933 im Frühjahr erhielten wir noch aus der Sowjetunion Berichte über seinen Einsatz im Kusnezk-Becken. Er schrieb, daß in seiner Brigade noch viele Analphabeten waren. Die einzige Beziehung, welche sie zur Zeitung hätten, sei die, aus ihr Zigaretten zu drehen. Stets haben wir die Erinnerung an unseren Max Hoelz in Ehren bewahrt.

Heute, nachdem ich 65 Jahre Parteimitglied, Kommunist bin, kann ich auf den Entwicklungsprozeß unserer Partei von den ersten Keimen an zurückblicken. Die KPD und auch die SED waren immer eine Partei neuen Typs. In allen Situationen stellten sie die Worte Rosa Luxemburgs unter Beweis, die auf dem Gründungsparteitag sagte: 'Wir sind wieder bei Marx, unter seinem Banner!'

Ich meine, wenn Karl und Rosa nur diese eine Tat, die Gründung der KPD, vollbracht hätten, es wäre allein Grund genug, sie immer zu ehren. Wir, die Jugend der 20er Jahre, haben zu einem guten Teil zur Entwicklung der KPD und Verbreitung ihrer Lehren und Ziele beigetragen. Wir können uns heute gar nicht genug mit der Jugend beschäftigen, denn sie muß das Banner des Kommunismus, im Kampf für Frieden, Menschenrechte und sozialen Fortschritt in das neue Jahrtausend tragen."

Auch sogenannte Kleinigkeiten, Alltäglichkeiten, ja Marginalien bestimmen die Charakteristika eines Menschen. Hans Mrowetz, der ihn als roter Jungpionier kennenlernte, über Max Hoelz:

"Ein unvergeßliches Erlebnis

Es war Sonnabend, der 13. September 1930 - der letzte Tag vor den Reichstagswahlen. Die politischen Auseinandersetzungen hatten ihren Höhepunkt erreicht. Max Hoelz war im Auftrag der Partei als Agitator im Vogtland tätig. Er lief mit Genossen Gruner und anderen durch die Straßen Falkensteins, blieb hie und da stehen, um mit Arbeitern zu diskutieren.

In unserer Schule war große Pause. In zwei getrennt laufenden ovalen Rundgängen bewegten sich die Mädchen auf dem unteren, die Jungens auf dem oberen Spielplatz. Aus irgend einem Anlaß rannte der 10jährige Schüler Heinz Schenker einem anderen hinterher, auf den nur durch einen schmalen Rasenstreifen getrennten Platz der Mädchen. Für diese harmlose Verletzung der Schulordnung bestrafte der aufsichtsführende Lehrer Pietsch den Pionier Heinz mit einer Ohrfeige, begleitet mit einer schimpfenden Zurechtweisung.

Über diese Handlungsweise empört, suchte Heinz bei dem gerade die Ellefelder Straße heraufkommenden Max Hoelz Hilfe. Ohne Zögern folgten die Genossen Hoelz und Gruner dem Arbeiterjungen H. Schenker zurück auf den Schulhof, wobei sie einen etwa kniehohen Staketenzaun übersteigen mußten, um den immer noch aufgebrachten Lehrer Pietsch zu stellen, ehe er in irgend einem Klassenzimmer verschwinden konnte. Während uns andere Lehrer noch vor Beendigung der Pause ins Schulhaus zurückscheuchten, konnten wir noch aus einiger Entfernung aus Gesten und Gesprächsfetzen die Rechtfertigungs- und Entschuldigungstiraden des Lehrers Pietsch und die ruhig-eindringlichen Vorhaltungen unseres Genossen Max erleben.

Seitdem gehörte zu den Erfahrungen der Arbeiterkinder Falkensteins, Max Hoelz und die Kommunisten treten in Wort und Tat gegen prügelnde Lehrer auf. Der Schrecken saß verschiedenen Lehrern noch lange in den Gliedern. Prügelstrafen wurden seltener."[54]

In einem Redebeitrag auf dem Max-Hoelz-Kolloquium im September 1989 in Auerbach/Vogtland berichtete Dr. Volkmar Schöneburg über die kriminalpolitische Bedeutung des Falles Hoelz:

"Die Meinungen über Max Hoelz, eine der legendärsten und umstrittensten Persönlichkeiten der deutschen Arbeiterbewegung, klaffen und klafften weit auseinander. Für die einen war und ist er ein gemeiner Verbrecher oder Anarchist, für die anderen Arbeiterführer oder roter General. Kaum einer seiner Zeitgenossen blieb von seinen Taten unberührt. So kann sich auch Paul Levi 1920 der Faszination des Max Hoelz, dem es darum ging, 'da zu nehmen, wo etwas ist, und es da hin zu tun, wo nichts ist', nicht völlig entziehen. Für den damaligen Vorsitzenden der KPD ist Max Hoelz ein moderner Karl Moor oder Michael Kohlhaas, durch den die Utopien vergangener Jahrhunderte noch einmal in die Klassenkämpfe der Gegenwart leuchten. Aber sind nicht gerade die 'heroischen Illusionen' und Utopien notwendige und vorwärtstreibende Elemente jeder Revolution?

Jedenfalls war Max Hoelz, dem der Einsatz seines Lebens 'für die Sache, die so einfach - aber schwer zu machen ist' (Brecht), nicht zu hoch war, einer der populärsten Kommunisten der Weimarer Republik. Denn: In der Person des Max Hoelz spiegelt sich auch der komplizierte, widersprüchliche Prozeß der Entwicklung der revolutionären deutschen Arbeiterbewegung wider, deren theoretische Unreife wie Kühnheit und Kampfentschlossenheit. Und: Max Hoelz gehört zu denjenigen, deren Rolle bei uns lange verschwiegen wurde, deren Leistungen aber wieder in unser Bewußtsein gerückt werden müssen, um aus dem Woher das Wohin zu klären.

Für den Rechtshistoriker und -wissenschaftler bietet das Leben dieses in mancher Hinsicht romantischen Revolutionärs viele Berührungspunkte. Da wäre zunächst seine 1929 in Wieland Herzfeldes Malik-Verlag erschienene Autobiographie, eine

---

[54] Redebeitrag auf dem Max-Hoelz-Kolloquium im September 1989 in Auerbach/Vogtl.

Fundgrube für jeden, der sich mit dem Strafvollzug der Weimarer Republik beschäftigt. (...) (Es) soll hier, entsprechend einem Artikel von A. Apfel und F. Halle,
über die übergreifende kriminalpolitische Bedeutung des Falles Hoelz geschrieben
werden. Denn, so konstantierte der kommunistische Rechtsanwalt Eduard Alexander, der Fall Hoelz bedeute nicht ein gelegentliches, zufälliges Stolpern einer sonst
normalen Justiz auf dem schmalen Tugendpfade der Gerechtigkeit, sondern der
Fall gehöre zum System dieser Justiz, die, um den proletarischen Klassenfeind zu
treffen, sich hemmungslos über ihr eigenes Recht hinwegsetzte.

Max Hoelz war nämlich nicht nur wegen Hochverrats und anderer im Zusammenhang mit den Märzkämpfen 1921 begangener revolutionärer Handlungen verurteilt
worden, sondern ihm wurde auf der Basis von sich von Protokoll zu Protokoll än-
dernden Zeugenaussagen, einer gefälschten Tatortskizze und einer willkürlichen
Beweisführung auch der Totschlag an einem Rittergutsbesitzer und versuchter Totschlag angelastet. So fiel Max Hoelz unter keines der in den nächsten Jahren verab-
schiedeten Amnestiegesetze, da diese nur politische Delikte umfaßten. (...) Am Beispiel des Falles Hoelz wird plastisch, wie die KPD versuchte, auf die Rechtsentwicklung in der Weimarer Republik Einfluß zu gewinnen: durch die Ausnutzung
aller rechtlichen Möglichkeiten, durch parlamentarischen Druck sowie durch eine
breite außerparlamentarische Bewegung, in der die Presse eine zentrale Rolle
spielte. Theoretisch in Ansatz gebracht wurde diese Konzeption von KPD-Juristen
vor allem bei Ausführungen zur Amnestiegesetzgebung. Weitergedacht führen
diese Überlegungen, deren Wert noch gewinnt, bedenkt man, daß sich die KPD mit
einer fast unverhüllten Klassenjustiz konfrontiert sah, zu der Konsequenz, daß das
jeweilige Recht nicht eindimensional durch die jeweils Herrschenden geprägt wird,
nicht nur automatischer Reflex materieller Existenzbedingungen ist, sondern seine
Inhaltsentwicklung vielfältigen Faktoren unterliegt. (...)

1925 präzisierten kommunistische Anwälte ihre Forderungen, indem sie verlangten, daß dem Verteidiger bei jedem Stand des Verfahrens die Einsicht der dem Gericht vorliegenden Akten möglich sein muß und dem Beschuldigten in jeder Lage
des Verfahrens uneingeschränkter und unüberwachter schriftlicher und mündlicher
Verkehr mit dem Verteidiger gestattet wird. Und 1928 begründete Willi Münzen-
berg unter Bezugnahme auf F. Halle und A. Apfel im Plenum des Reichstages die
Anträge der KPD auf Erweiterung der Revision sowie der Wiederaufnahme. Tatsachen und Beweismittel, welche die Grundlage des Urteils erschüttern, sollten unabhängig von den bisherigen gesetzlichen Voraussetzungen (rechtskräftige Verurteilung meineidiger Zeugen und Sachverständiger) zur Aufhebung des Urteils führen.
Gleichzeitig forderte die KPD die Einschränkung des Einflusses der konservativen,
den Herrschenden verbundenen Berufsrichter auf die Rechtsprechung zugunsten
des Schöffen- und Geschworenenelements. (...)

Am 6. Februar (1929) referierte M. Hoelz vor 15.000 Teilnehmern einer Kundgebung in Hamburg. Insofern trug Max Hoelz, aus seinem reichen Erfahrungsschatz
mit der Klassenjustiz schöpfend, auch zum außerparlamentarischen Kampf der
Linken gegen die Strafrechtsreform in der Weimarer Republik bei.

Und trotzdem ist die Erinnerung an den Fall Hoelz nicht bloße historische Remi-
niszenz. Denn auch wir benötigen heute unter anderen Voraussetzungen eine
'Rechtsentwicklung von unten' sowie den ständigen Ausbau der Rechtsgarantien
der Bürger."

III. Kapitel
Erinnerungen

August Friedel
Ich erinnere mich[1]

In den Monaten 1918/19 spielte sich auch unter anderem eine abenteuerliche Sache ab. In Falkenstein im Vogtland tauchte ein Mann auf, mit Namen Max Hölz, der von der KPD wegen verschiedener Streiche ausgeschlossen worden war, und der die Öffentlichkeit stark beschäftigte. Er hielt sich mit einem gut organisierten Militärkommando im alten Schloß Falkenstein auf und machte die Umgebung mit allerlei Brandschatzungen unsicher. Darüber hinaus setzte er reiche Leute unter Druck und gab das herausgeholte Geld zum Teil armen Teufeln. Es war in der Tat eine Art Räuberhauptmann-Romantik, die sich um dieses Treiben gesponnen hatte. Ein Teil der ärmeren Bevölkerung nahm ihn auch in Schutz.
Er war einige Male in Chemnitz. Das eine mal versuchten Brandler und ich, ihn von seinem unsinnigen und auch gefährlichen Treiben abzubringen. Es war mit ihm aber nicht zu reden. Ich habe den Mann für einen Psychopathen gehalten.
Da inzwischen die Reichswehr gebildet worden war, sollte General Müller von Dresden mit Truppen nach dem Vogtland fahren, um dem Spuk ein Ende zu machen. Um aber Blutvergießen zu vermeiden, wurde ich vom Arbeiterrat Chemnitz beauftragt, zur Regierung nach Dresden zu fahren, um das Eingreifen des Militärs zu verhindern.
Meine Verhandlungen mit dem Ministerpräsidenten Dr. Gradnauer und dem Innenminister Uhlig hatten auch Erfolg. Wir wurden ersucht, vom Arbeiter- und Soldatenrat Chemnitz aus nochmals mit Hölz auf gütlichem Wege zu verhandeln. Das wurde zwar eine romantische, aber immerhin auch gefährliche Sache.
Wir erhielten von Hölz Ausweise, damit wir überhaupt durch die Postenketten, die etwa um Auerbach/Vogtl. losgingen, durchkamen mit unserem Auto. Unsere Kommission war zusammengesetzt: Brandler KPD, Kuhnt USPD, Friedel SPD vom Arbeiterrat und Eugen Fritzsch vom Soldatenrat.
Hölz hatte Schloß Falkenstein zu einer kleinen Festung gemacht und sich mit einer Art "Garde" umgeben. Die Mission verlief wie das Hornberger Schießen. Rederei, bei der uns Hölz immer wieder mit Erschießen drohte. Er lief zuletzt weg und wir fuhren ohne Erfolg heim. Etwas später haben wir ihn noch einmal ins Volkshaus nach Plauen bestellt, aber auch ohne Erfolg.
Als darauf nochmals mit Militär gedroht wurde, verschwand Hölz nach der Tschechoslowakei, und das Abenteuer brach in sich zusammen.

Fritz Globig
"Eierhandgranaten"[2]

Als ich in den ersten Tagen des März 1920 vom ZK der KPD als Propagandist nach Nordbayern-Franken entsandt wurde, hörte ich, wie Arbeiter in Selb, Frauen-

---

[1] Quelle: Bezirksparteiarchiv der SED Karl-Marx-Stadt.
[2] Aus *Rotes Lachen*, S. 43.

reuth und Orten des Bayrischen Waldes in unsere kommunistischen Versammlungen mit dem Gesang einzogen:

Wer will mit gegen die Orgesch[3] ziehn,
Wenn Hölz-Max kommandiert?
Da heißt es aufmarschieren,
Die Orgesch muß krepieren.
Legt an! Gebt Feuer! Und ladet schnell!
Weich keiner von der Stell!

Den Ausbruch des Kapp-Putsches 1920 erlebte ich in der Oberpfalz, in Burglengenfeld und in Regensburg. Anschließend führte ich mit Willi Eildermann und Hans Pfeiffer den Generalstreik und die Abwehraktion gegen die Putschisten in Nürnberg-Fürth. Nach beendeter Aktion wurde ich auf der Reise nach Berlin von dem aus Zeitfreiwilligen bestehenden Chiemgauer Bauernregiment in Hof verhaftet. Gendarmen transportierten mich gemeinsam mit kommunistischen Funktionären, SPD- und USPD-Stadträten und Gemeindeverordneten, die man in Nordbayern verhaftet hatte, von Lichtenfels nach Bayreuth.

Während des Transportes sagte der Gendarmeriebrigadier: "Hier oben hat wie Sie auch Max Hölz kommunistische Volksversammlungen abgehalten. Kennen Sie Max Hölz?"

Ich antwortete: "Fragen Sie lieber, wer Max Hölz nicht kennt!" Da mischten sich Kriminalbeamte in das Gespräch ein und schwärmten fast: "Der konnte reden! Alle haben gelauscht. Er hat auf alle; auch auf uns, Eindruck gemacht."

Nunmehr nahm wieder der Gendarm das Wort und erinnerte sich, wie ihm Max Hölz auf der Durchreise von Steinach-Kronach signalisiert wurde:

Ich habe sofort Verstärkung aufgeboten und wollte ihn unbedingt selbst verhaften. Der Zug lief ein. Max Hölz stieg aus. Als ich mich ihm näherte, um ihm die Hand zum Zeichen der Verhaftung auf die Schulter zu legen, blieb Hölz stehen, riß aus der Tasche eine Eierhandgranate und brüllte: "Wenn ihr nicht sofort verschwindet, dann knallt's! - Wir zogen uns sofort zurück. Keiner wagte, ihm zu folgen oder zu schießen!"

Max Hölz ging später, nach seiner Befreiung, in die Sowjetunion und wurde dort wegen seiner führenden Beteiligung an den Klassenkämpfen in Deutschland und seiner heldenhaften Verteidigung vor dem Sondergericht mit dem Orden der "Roten Fahne" ausgezeichnet und mit anderen Ehrungen bedacht. Ich befand mich im Frühjahr 1931 an der Südküste der Krim, im Erholungsheim *III. Internationale* in Mishor, als uns Max Hölz aufsuchte. Wir fuhren gemeinsam mit alten Bolschewiki und sowjetischen Partisanen, die Max Hölz begleiteten, in einem Motorboot nach Alupka. Während der Fahrt auf dem Schwarzen Meer berichtete ich Max Hölz unter anderem von der Begegnung mit den Gendarmen in Nordbayern und fragte: "War das so, was hast du in der Hand gehabt - Eierhandgranaten?" Max Hölz antwortete lachend: "Meinen Hausschlüssel!"

---

[3] Orgesch: Organisation Escherich - faschistisches Freikorps Anfang der zwanziger Jahre.

Georg Dittmar
Max Hoelz[4]

Nachdem Eugen Steinert in einer Konferenz in Plauen vor ihm als Spitzel gewarnt hatte, sah ich ihn zum erstenmal in einer öffentlichen Versammlung im Schützenhaus. Zudem war dieses erste Zusammentreffen ein feindschaftliches, weil ich auf seine Frage, warum ich ihn als Spitzel bezeichne, auf Steinert verwies. Nachdem wurde er illegal. Durch den Umstand, daß auf seinen Kopf schon einige tausend Mark standen, fand ich zu ihm Vertrauen. Arno Rudert teilte mir eines Tages mit, daß wir Max Hölz in Auerbach besuchen wollen. Wir trafen uns in der Wohnung des Genossen Knoll, Markneukirchener Straße. Max brachte damals seine Frau Klara mit. Was gesprochen wurde, weiß ich heute nicht mehr. Aber jedenfalls datiert von der damaligen Zusammenkunft unsere Freundschaft her. Er wurde damals viel herumgehetzt und siedelte von einem Ort zum anderen über. Am 11. März 1920 kam er, von Hof kommend (er wurde dort verfolgt und hatte sich den Fuß verstaucht), in meine Wohnung. Nachdem er sich gebadet hatte gingen wir abends zu einer Besprechung mit unseren Genossen in den *Reichsadler*. Vom Kapp-Lüttwitz-Putsch in Berlin wußten wir. Max erklärte, daß er am nächsten Tag nach Falkenstein mache - gehe es, wie es wolle. Am nächsten Tag verhandelten wir dann mit dem Chauffeur von Naundorf, um Max Hölz nach Falkenstein zu fahren. Nachdem wir mit dem Fahrpreis einig waren, fuhr er los. (...)
Es kann ruhig gesagt werden, daß wir das Draufgehen von Max verschiedentlich abbremsten. Nicht in allen Dingen teilten wir seine Ansicht. Wir haben ihm auch manche Sachen ausgeredet, die er in seinem Schwung durchführen wollte. (...) Ich lehnte sein Ansuchen, in Oelsnitz das Falkensteiner Beispiel mitzumachen, ganz entschieden ab. Ich erklärte Max, daß wir durch das Anbrennen einiger Villen den Anmarsch der Reichswehr nicht mehr aufhalten können. Er ging dann von hier (Naundorf) und führte sein Vorhaben in Falkenstein trotz unserer ablehnenden Stellung durch. Ich teilte auch das Klingenthaler Beispiel von Max nicht. Diese "Parade" hat vor allen Dingen die Sozialdemokratie weidlich ausgeschlachtet. Ich habe mich mit Max nach dem Kapp-Putsch, trotzdem ich mit ihm in den Jahren nachher sehr oft beisammen war, nicht darüber unterhalten können, wie er zu den "Zureisenden" stand, die in den Kapp-Tagen haufenweise nach dem Vogtland reisten, um sich als "Rotgardisten" anwerben zu lassen. Wir haben hier mit dieser Sorte von Revolutionären die übelsten Erfahrungen gemacht. Max Hölz hat dieses blinde Vertrauen schenken auch in seinen Zuchthausjahren noch geübt, während ich mit den Jahren im entgegengesetzten Extrem mich entwickelte. Mißtrauen ist bei unbekannten "Revolutionären" mehr am Platze als Vertrauen. Diese Erfahrung habe ich in meinem Leben hundertmal gemacht.
Nach den Klingenthaler Vorgängen siedelte Max über die Grenze nach der Tschechei und wurde dort verhaftet. Nach seiner Freilassung (die Tschechei lieferte ihn trotz Ansuchen der Sächsischen Regierung nicht aus) ging er nach Wien und kam

---

[4] Aus den handschriftlichen Tagebüchern des Oelsnitzer Revolutionärs Georg Dittmar (in Privatbesitz); auf die Originalschriftweise wurde verzichtet, sie wurde der heute gängigen Syntax und Orthographie angeglichen.

dann wieder auf kurze Zeit nach dem Vogtland zurück. Ich organisierte dann - da er flüchten mußte - seine Durchreise nach Oelsnitz und die Weiterreise nach Hof. Von Hof aus wollte er mit dem Schnellzug nach Berlin. Obwohl alles mit der größten Vorsicht vorbereitet war und hier nur ganz wenige Genossen informiert waren, merkte ich, daß die Oelsnitzer Polizei Bescheid wußte. Im Omnibus, in welchen Max in Lauterbach zusteigen wollte, war Oelsnitzer Polizei und auch noch einige verdächtige Zivilisten. Deswegen ordnete ich an, daß die Reise unterbrochen wird und Max Hölz in Begleitung von Max Bauer und seiner Frau zu Fuß nach Hof laufen. In Hof war die Sache ebenfalls verraten. Auf dem Bahnhof wimmelte es von Kriminalisten. Ich hatte damals den unausgesprochenen Verdacht, daß Max Bauer die Polizei verständigt hat. Dieser Verdacht fand seine Verstärkung, als mir Bauer die Vorgänge in Hof berichtete und mir mitteilte, daß trotzdem er (Bauer) als der angesehen wurde, welcher Hölz nach Hof führte, nicht verhaftet wurde. Als mir Bauer dann noch mitteilte, daß er der Staatsanwaltschaft gegenüber den "Mitteilsamen" machen wolle, "um die Staatsanwaltschaft auszuhorchen über ihre Pläne", ging ich auf diesen Vorschlag ein, obwohl mir die "Pläne" der Staatsanwaltschaft bekannt waren, die doch in nichts anderem bestanden als Hölz zu fangen. Bauer war auch einige Tage später in Plauen. Das Ergebnis blieb mir dunkel. Es wird Aufgabe späterer Zeiten sein, ob sich in den Akten nicht ein Lichtblick findet über diese dunklen Angelegenheiten. Deswegen habe ich nur meinen Genossen, wenn sie mir in ihrem Zorn mitteilten, daß ihr erster Akt während der Revolution das Verbrennen der Gerichtsakten sei, geantwortet: "Erst prüfen", weil ich neben dieser Erinnerung noch eine ähnliche habe, welche eventuell durch das Blättern in solchen Akten, "tüchtige" Genossen ins rechte Licht zu stellen, imstande sein kann. (...)

Vom Jahre 1926 ab beginnt die Zeit, wo ich öfters in Sachen Hölz nach Groß-Strelitz, Berlin u.s.w. mußte, um die kritische Lage zwischen ihm und der Zentrale schlichten zu helfen. Max Hölz war damals in dauerndem Kriegszustand mit der Zentrale. Bald handelte es sich um einen neuen Anwalt, dann um die selbständige Finanzierung des Anwaltes, für den die Zentrale die Mittel verweigerte, dann hatten ihm einige Syndikalisten einen Brief geschrieben und ihm den Kopf verdreht, dann kam ihm eine Broschüre in die Finger, wo die Zentrale im mitteldeutschen Aufstand von ihm abrückte u.s.w. Alle diese Sachen gaben ihm Grund, gegen die Zentrale zu wettern, Bedingungen zu stellen und letzten Endes in den Hungerstreik gegen die Zentrale zu treten. Die meisten Hungerstreiks, die Max Hölz im Zuchthaus durchführte, waren am wenigsten gegen Zuchthausverwaltung und Strafvollzug gerichtet - dagegen hatte er das wirksamere Mittel der Obstruktion, in den meisten Fällen gegen die Zentrale. Ich habe hier nicht zu untersuchen, ob berechtigt oder unberechtigt. Das soll Max Hölz, wenn er Lust hat, selber tun. Für die damalige Zeit jedenfalls waren die vogtländischen Ortsgruppen von der Berechtigung seines Kampfes überzeugt und standen ihm zu jeder Zeit treu und hingebungsvoll zur Seite. Sein Druck dort wurde von uns hier sehr oft durch organisatorische Druckmittel unterstützt. Ich kann hier ganz ruhig gestehen, daß ich sehr oft der Initiator bei derartigen Beschlüssen war. Zum anderen sei aber auch nicht unerwähnt, daß ich manche bedenkliche Sachen, die Max Hölz vorschlug und bei ihrer Durchführung organisatorische Konsequenzen hätten zur Folge haben müssen, entschieden ablehnte und sie sozusagen in die "gesetzlichen" Bahnen leitete. Nicht anders war es mit Ratschlägen, welche in oft kritischen Situationen von seinen "Falkensteinern" gemacht wurden. Wenn ich auch immer bereit war, mit Max Hölz durch dünn und dick zu gehen, so wahrte ich dabei doch immer die Grenzen, welche mir als Parteimitglied gezogen waren. Durch diese vorsichtige und doch immer wirksame Art des Vorgehens wurde ich, ohne daß ich es wollte, der engste Vertraute von Hölz, und meine Stimme wurde anerkannt, sowohl von ihm, als von den Falkensteiner Genossen, nicht zuletzt auch von den Mitgliedern der Zentrale, mit denen ich in jenen Jahren sehr oft zu tun hatte.

Diese Tätigkeit für Hölz hatte für mich den Vorteil, daß ich "Hand und Geist" in den oberen Parteiregionen kennenlernte, ohne die Atmosphäre so in mich aufzunehmen, daß ich infiziert wurde. Ich bin auch zu jener Zeit immer der gewissenhafte Parteimensch geblieben, der - es sei vorsichtig und auch noch umschrieben ausgedrückt - hinter die Kulissen geblickt hat und trotzdem zu jederzeit mit helfen konnte, diese Kulissen wegzureißen und das Bühnenbild ohne Kulissen zu zeigen.

Den Höhepunkt dieser Tätigkeit für Hölz bildete die Zeit vom Essener Parteitag an bis zu seiner 1928 erfolgten Entlassung. Ohne Übertreibung kann man sagen, daß Hölz zu jener Zeit wenig Freunde im Apparat der Partei hatte. Seine Forderungen wurden nicht verstanden. Seine Haltung - die doch mustergültig war von der Verurteilung bis zur Entlassung aus dem Zuchthaus - oft abfällig beurteilt, oft der brave Margies gegenüber dem ungezogenen Hölz erwähnt und oft - oft prophezeit, daß Hölz eines Tages der Partei den Rücken kehrt. In der Zeit des Essener Parteitages war Hölz wieder im Hungerstreik gegen die Zentrale.

Als Delegierter des Parteitages erhielt ich eines Tages einen langen Brief und gleichzeitig das Telegramm, in welchem ich öffentlich gegen die Zentrale Stellung nehmen sollte. Was das bedeutet hätte, war wohl klar. Ich tat es nicht, sondern verhandelte mit Thälmann und Ebert mit dem Ergebnis, daß die im Telegramm gestellte Forderung - sofort mit zwei Vertretern der Zentrale zu ihm zu fahren - bis nach dem Parteitag vertagt wurde und dann ich und Schumann und Schlör nach Groß-Strelitz fahren, um die strittigen Sachen aus der Welt zu schaffen. Unter dieser Bedingung versprach ich Thälmann und Ewert, bei ihm durchzusetzen, daß er den Hungerstreik sofort abbricht. Ungläubig erwiderten beide, daß dies ausgeschlossen sei. Hölz lasse sich von mir nicht beeinflussen. "Nun, wir werden sehen", erwiderte ich. Ich setzte ein Telegramm auf, etwa folgenden Inhalts: "Nach Parteitag kommt Delegation. Hungerstreik sofort abbrechen. Weigerungsfall ziehe Hilfe zurück. Rückantwort für zwölf Wörter bezahlt. Dittmar."

Gegen abend erhielt ich Antwort: "Einverstanden Max." Ich zeigte Thälmann das Telegramm. Lächelnd erwiderte er: "Schorsch, das hätte ich nicht gedacht, daß dein Einfluß auf Hölz so stark ist." Von dort an war ich als Vertreter von Hölz, vorwiegend in kritischen Situationen, bei der Zentrale sanktioniert.

Traute Hoelz-Slanska[5]
Über den Grenzübertritt der Roten Garde und Hoelz im April 1920 in die CSR

Hoelz und seine Truppe konnten sich in dem ungleichen Kampf nicht halten. Mit dem Rest seiner Kampfgefährten nach Osten abgedrängt, geriet er bei der deut-

---

[5] Nach einem Manuskript, das ich von Dr. H. Mrowetz erhielt. P. G.

schen Gemeinde Klingenthal, gegenüber von Kraslice (Graslitz), hart an die tschechoslowakische Grenze. Das war am 11. April 1920 um fünf Uhr früh. In den Morgenstunden desselben Tages überschritten 9 Rotgardisten zu Pferde und mit dem Automobil die Grenze. In Graslitz wurden sie verhaftet und interniert. Bezirkshauptmann Schwarz und Oberleutnant Fischer fuhren mit dem konfiszierten Auto zur Grenze nach Markhausen, wo sie mit Hoelz verhandelten.

Hoelz ersuchte den Bezirkshauptmann, er solle sich telegraphisch an die tschechoslowakische Regierung wenden und anfragen ob er mit seiner Abteilung die Grenze überschreiten könne, denn er wollte der nachrückenden Reichswehr keinen Widerstand mehr entgegensetzen und derart Blutvergießen vermeiden. Grenzübertritt wurde niemals bewilligt, nicht einmal auf Ausweis, so daß selbst die, in Sachsen arbeitende und in der Tschechoslowakischen Republik wohnhafte Arbeiterschaft nicht zur Arbeit gehen konnte, weil die Grenze gänzlich gesperrt war.

Der Bezirkshauptmann schickte einen sechs Seiten langen Bericht nach Prag. Aus diesem ergibt sich, daß außer der Polizei und Gendarmerie auch italienische Legionäre mobilisiert wurden, daß einige von ihnen mit Hoelz sympathisierten, daß sich in der Abteilung nicht nur Deutsche, sondern auch eine ganze Reihe tschechischer, ungarischer, russischer Staatsangehöriger befanden.

Die Stimmung in Graslitz, so berichtet die Polizei, war 80% für Hoelz. Darüber schrieb der Veteran Edmund Hüningen: "Wir, die Kommunisten und Tausende von böhmischen Arbeitern waren begeistert von Hoelz und seiner Schar. Als er hier in der Tschechoslowakei verhaftet wurde, sammelten wir eine große Summe zur Verteidigung und Unterstützung. Auch der sozialdemokratische Abgeordnete Goliath organisierte Protestdemonstrationen zu Maxens Befreiung."

Franz Dörfler aus Bublava bei Graslitz schrieb: "Damals war ich anwesend am Sachsenberg bei meinem Schwager Emil Wesp, wo Max Hoelz in der Scheune im Heu versteckt war. Die böhmischen Arbeiter halfen, wo sie nur konnten. (...) Ich weiß auch, wie die gefangenen Rotarmisten gebunden auf einem Lastauto vor dem Gasthaus Knoth, Sachsenberg, lagen, wo die Reichswehr Siegesfeiern hielt und ab und zu mit Gummiknüppeln auf die Wehrlosen einschlug.

Auf der tschechischen Seite vor dem Zollamt, etwa 30 Meter entfernt, war ein tschechischer Posten, der aufgeregt auf und ab ging. Als er das sah, riß er das Gewehr von der Schulter, legte auf die Reichswehr an mit der Warnung, daß er sofort schießen würde, wenn sie weiter schlagen würden. Dieser Posten wurde darauf vom tschechischen Kommandanten abgelöst und ich habe ihn nicht wiedergesehen."

Max Hoelz und ein ganze Reihe seiner Gefährten entgingen der Reichswehr und Polizei und gelangten auf tschechischen Boden, von Graslitz nach Eger, von da nach Karlsbad, aber bei Marienbad wurde er von den Gendarmen erkannt und verhaftet und in Ketten nach Karthausen überführt. Mit ihm waren 24 Rotgardisten. Hoelz schreibt darüber: "Das Essen in Karthausen war nicht schlecht, doch es gab so wenig, daß man davon nicht satt werden konnte. (....) Die Arbeiterorganisationen und die Werktätigen von Jitschin zeigten sich im hohen Maße solidarisch. Sie versorgten mich und meine Freunde mit Geld, veranstalteten Sammlungen und schickten uns sogar kleine Liebesgaben ins Gefängnis. (...) Nach unserer Freilassung aus Karthausen, als wir abfuhren, war der Bahnhof voller Arbeiter, die uns in Massen Blumensträuße mit roten Schleifen, feuerrote Nelken brachten. Es war eine Ovation für uns, geleitet von dem Stadtrat Goliath. Die Anhänger der tschechi-

schen Rechtsradikalen, der Kamar Partei, die aus Wut im Bahnhof eine Gegende-
monstration veranstalten wollten, mußten schnell das Feld räumen, da die Sozialisten in Jitschin in der Überzahl waren."

Traute Hoelz-Slanska[6]
Wie kam es dazu, daß Max Hoelz im Gefängnis in Breslau eine neue Ehe schloß?

Das Regime und die Behandlung im Gefängnis in Breslau war für Hoelz eine
schwere Prüfung, besonders, weil ihm systematisch alle Verständigungsmittel und
Beziehungen zur Außenwelt genommen wurden. Da entschloß sich die Leitung der
Internationalen Roten Hilfe unter ihrem Präsidenten Wilhelm Pieck dazu, durch eine Zweckehe eine Verbindung mit Max Hoelz zu schaffen. Diese Ehe hatte folgende Gründe: Max Hoelz wollte aus dem Gefängnis heraus, seine Kraft für die Sache
der Revolution mobil zu machen, er wollte zeigen, daß sein Kampf hinter Mauern
und Gittern (Proteste, Obstruktion, Hungerstreik) ein Beispiel für alle anderen eingekerkerten politischen Gefangenen sein soll. Er wollte Vorkämpfer sein für die
gesamte Amnestiekampagne. Außerdem wollte er zeigen, daß die Zuchthausmaß-
nahmen ihn nicht mürbe gekriegt haben und er noch als Gefangener im Kerker ge-
fährlicher ist als draußen. Es war logisch, daß ihm sofort alle Verständigungsmittel
nach draußen genommen wurden. Wenn man auch alle Besuche verbieten und alle
Briefe beschlagnahmen konnte, die einer Ehefrau konnte man auf die Dauer nicht
untersagen und verbieten. Seine Frau wurde also die Verbindung zwischen dem
kämpfenden Hoelz und den Genossen draußen.
In diesem Sinne, als eine Unterstützung des Kampfes für eine Generalamnestie und
eine spezielle Aufgabe, wurde mir von Breslauer Freunden, A. Dombrowski,
Glückauf und Rudert, die Heirat mit Max Hoelz nahegelegt. Nun sollte Max aber
seine zukünftige Frau erst einmal selbst sehen. Zusammen mit seinem damaligen
Anwalt Ernst Hegewisch erhielt ich die erste Besuchserlaubnis. Das Betreten des
Zuchthauses war erschreckend, graue, dicke Wände, Gitter, Aufseher, das laute
Rasseln der Schlüssel. Den ersten Eindruck, den Hoelz auf mich machte, kann ich
kaum beschreiben, dieses Gefängnis hatte mich zutiefst erschreckt. Dann saßen wir
uns gegenüber... Hoelz sah mich an, nun ich bin ziemlich klein, er sagte: "Das ist
ja eine Konfirmandin." Dann stellte er mir viele Fragen, zuletzt diese: "Wenn ich
Dir einen Befehl gebe und die Partei gäbe Dir einen anderen - welchen wirst Du be-
folgen?" - "Natürlich den der Partei !" - "Dann geh, ich kann Dich nicht gebrauchen!" rief er aus. Also aus dieser Heirat würde nichts werden, stellte ich erleichtert
fest. Aber ein paar Tage später mußten der Anwalt Hegewisch und ich wieder ins
Zuchthaus kommen. Max hatte darum gebeten. Er empfing mich mit den Worten:
"Genossin Traute, Du hattest ganz recht, natürlich den der Partei." - Das war ty-
pisch Max. Erst eine temperamentvolle Antwort, dann überlegte er und kam zu einem anderem Schluß, der ihm richtig erschien und den er sich nicht schämte einzugestehen.
Danach fuhr ich nach Berlin, um in der Roten Hilfe alles weitere zu erfahren.
Freundlich, vertrauenswürdig und verständnisvoll besprach Wilhelm Pieck mit mir
diese Aufgabe und legte mir nahe: "Ja, mach das für die Partei und für die Amne-

---

[6] Nach einem Manuskript, das ich von Dr. H. Mrowetz erhielt. P. G.

stie." Am nächsten Tage wurde ich im Reichstag in den Räumen der Kommunistischen Partei zu Ruth Fischer gebracht, damit sie mich kennen lernte. "Das ist die zukünftige Traute Hoelz." stellte man mich vor. Ruth Fischer hatte einen Fuß auf einem Stuhl und knüpfte ihr Schuhband, ihr Hinterteil breit mir zugekehrt, sah sich nicht einmal um: "Nun schön", sagte sie. Das war alles. Im Jahre 1924 habe ich Max Hoelz im Zuchthaus Kletschkau in Breslau geheiratet. Dabei waren zwei Rechtsanwälte, der Zuchthausdirektor, der Lehrer und eine ganze Reihe Aufseher anwesend. Der Standesbeamte hatte den unvergeßlichen Namen Niedergesäß und vollzog die Trauung innerhalb einer Viertelstunde. An mein schwarzes Taftkleid, das ich von einer Freundin ausgeborgt hatte, erinnere ich mich noch sehr gut, es war zu weit und rutschte. Den Trauring hatte ich selbst vorher gekauft und Max durfte ihn mir an den Fingern stecken, damit war auch die ganze Hochzeit vorbei. Vor den Toren standen ein paar hundert Genossen, man konnte undeutlich ihre Rufe hören. Das war der Hochzeitsmarsch. 10 Jahre später in Prag im Untersuchungsgefängnis Pankrac erlebte ich meine zweite Trauung hinter Gefängnismauern. Ich war in Prag verhaftet worden und sollte an Hitler ausgeliefert werden, der einen Preis von 50.000 Mark auf mich ausgesetzt hatte. Die Heirat mit Richard Slansky machte mich zur Tschechoslowakin und verhinderte die Auslieferung. Wieder waren zwei Advokaten anwesend und der Gefängnisdirektor, der Pfarrer, Arzt und vier Aufseher. Hier mußte ich das Ehegelöbnis in tschechisch nachsagen, wobei ich stotterte. Zum größten Staunen aller produzierte Richard Slansky einen goldenen Trauring für mich. Einen dünnen, altmodischen Ring, den ihm ein Sträfling für ein paar Zigaretten am Morgen des Hochzeitstages zugesteckt hatte. Den Ring trage ich noch, er geht kaum mehr vom Finger und hat die Jahreszahl 1856 eingraviert. Pankrac war von berittener Gendarmerie umstellt und während der Trauung konnten wir den Gesang der Prager Arbeiter hören, die vor den Toren manifestierten. Dr. Sekanina brachte ein Blumensträußchen, das durfte ich mir in die Zelle mitnehmen.

Nach der Heirat in Pankrac mit Richard Slansky wurde ich bald in Freiheit gesetzt - nach der Heirat mit Max Hoelz in Breslau, wurde ich neun Tage später unter dem angeblichem Verdacht der Gefangenenbefreiung eingesperrt.

Arthur Dombrowski[7]
Weihnachten in der Zelle von Max Hoelz

Von den 500 Strafgefangenen im Kletschkauer Gefängnis zu Breslau war es Max Hölz, der nicht nur das Interesse aller Insassen, sondern auch das der Besucher auf sich zog. Von dem "roten General" sprach jeder in der Anstalt, obwohl ihn nur wenige Gefangene näher kannten und die Zahl derer, mit denen er mal ein Wort wechseln konnte, gering war.

Die außerordentlich starke Bewachung brachte es mit sich, daß Max Hölz vollkommen isoliert war. Obwohl er schon mehr als vier Jahre eingekerkert war, saß er immer noch in Einzelhaft. Als einzige Konzession errang er nach langen Kämpfen die Erlaubnis, mit einem kriminellen Mitgefangenen zusammen in die Freistunde

---

[7] *Sächsische Arbeiterzeitung*, Nr. 60 vom 24. Dezember 1926.

zu gehen. Als einige Genossen 1923/24 nach Kletschkau kamen, versuchte Max Hölz vergeblich, die Gelegenheit zu erhalten, in Gemeinschaft mit diesen in die Freistunde zu gehen. Dies wurde ihm abgelehnt; er sollte weiter von der Welt, mit der ihn jeder Pulsschlag verband, getrennt werden.

Im Oktober 1924 kam ich zum zweiten Male nach Kletschkau. Im Dezember hörte ich durch Mitgefangene, daß Max alle Anstrengungen machte, um zu erreichen, daß ich ihm als Begleiter für die Freistunde beigegeben werde. Eines Tages ließ mich der Direktor in das Vorzimmer rufen und teilte mir mit, Hölz habe den Antrag gestellt, mit mir gemeinsam in die Freistunde zu gehen. Gleichzeitig ließ er durchblicken, daß ihm dieser Antrag schlaflose Nächte bereitet habe und er aufatmen würde, wenn ich erklärte, daß ich - da ich mit zwei anderen Genossen bereits in die verlängerte Freistunde gehe - auf eine Aenderung des bisherigen Zustandes keinen Wert lege. Selbstverständlich erklärte ich dem Direktor, daß der Antrag von Max Hölz sich mit meinem längst gehegten Wunsch begegne. Nach diesem fehlgeschlagenen Versuch, mich zu beeinflussen, lehnte der Direktor den Antrag von Max Hölz rundweg ab. Aber Hölz wußte auch hier Rat. Wenige Tage vor Weihnachten stellte er den Antrag beim Strafvollzugspräsidenten, man möge ihm gestatten, mit seinem Genossen Dombrowski Weihnachten zusammen zu verleben. Um dem Verdacht zu begegnen, daß er mit mir irgendwelche Pläne schmiede, erklärte er sich damit einverstanden, daß der bisherige Freistundenbegleiter Schwarz bei unseren Zusammenkünften dabei sei. Damit hatte Genosse Hölz, der nicht nur in offener Feldschlacht, sondern auch im Kampfe gegen die Gefängnisbureaukratie ein guter Stratege ist, die Einwände seiner Feinde im voraus niedergeschlagen. Wohl oder übel mußte daher der Strafvollzugspräsident zur großen Ueberraschung und zum Schrecken der Anstaltsleitung Maxens Antrag genehmigen. Die Anstaltsleitung hatte es aber für notwendig gehalten, die Genehmigung des Antrages uns solange als möglich zu verheimlichen.

Der sogenannte *Heilige Abend* und die damit verbundene, von Wohlwollen und Herablassung triefende Feier kam heran. Ich nahm in der Absicht teil, bei dieser Gelegenheit durch Maxens Freistundenbegleiter zu erfahren, ob sein Antrag genehmigt sei. Die Abteilungen rückten einzeln mit ihren Höckern nach der Baracke, in der die Feier vor sich gehen sollte. Gewöhnlich kam dann als letzter, begleitet von zwei bis an die Zähne bewaffneten "erprobten" Beamten auch Max Hölz an. Mein Warten war aber diesmal vergeblich. Der Genosse kam nicht. Es scheint wohl Krach gegeben zu haben, dachte ich, deshalb bleibt er oben. Doch meine Vermutung war falsch. Am Ende der Veranstaltung ließ mich der Strafvollzugspräsident rufen und teilte mir mit, daß er mir gestattet habe, die Weihnachtsfeiertage mit Max Hölz zusammen zu verleben. Auch Hölz wurde durch zwei Beamte heruntergeholt und es wurde ihm die gleiche Mitteilung gemacht.

Am nächsten Morgen wurde ich noch vor Verteilung des Frühstücks aus meiner Zelle herausgelassen und begab mich nach Station A III. Vor Maxens Zelle wartete ich auf den Wachtmeister und den Gefangenen Schwarz, der als dritter Mann dabei sein sollte. Als ich durch den "Spion" blickte, war Max bereits ungeduldig und rief: "Der Wachtmeister soll den Schwarz holen." Endlich kam Schwarz. Die Zelle wurde geöffnet und ich stand vor Max, der mir beide Hände kräftig schüttelte. "Das hat lange gedauert" sagte er und schilderte mir, welchen Kampf es ihn gekostet hatte, daß er wenigstens für mehrere Tage mit einem Genossen zusammenkommen konnte. Nun tranken wir gemeinschaftlich Kaffee. Ich hatte den von der Anstalt an die Gefangenen gelieferten Stollen mitgebracht. Als ich ihn auspacken wollte, schimpfte mich Max aus und sagte, daß er besseren Kuchen bekommen habe. Ich mußte kräftig zulangen. Bald war unser Gespräch im bestem Fluß. Wir unterhielten uns zuerst über Bücher, die wir in letzter Zeit gelesen haben. Ich erwähnte *Der Narr in Christo Emanuel Quint* von Gerhart Hauptmann. Auch Max hatte es gelesen. Es hatte ihn stark ergriffen. "Gewiß war Quint ein Narr", sagte er, "aber die Art, wie er selbstlos seine Person in den Dienst seiner Idee stellte, war es, die ihm das Vertrauen und die Liebe der Armen erwarb. Darauf kommt es an, nicht, auch Revolutionär und auch Kommunist, sondern so stark Revolutionär und Kommunist zu sein, daß jede, auch die geringste Handlung davon zeugt. Wenn du heute in der Oper bist oder beim Weibe schläfst, darfst du dich den Genüssen nicht restlos hingeben. Mitten in der größten Freude und Teilnahme an allgemeinen menschlichen Genüssen muß immer noch ein Funke in dir glühen: Du bist Revolutionär." Dann sprach Max von den Mängeln unserer Agitation. "Wir appellieren zuviel an den Intellekt, anstatt an das Gefühl und an alles das, was im Menschen liegt und schlummert. Wir müssen den ganzen Menschen bei unserer Propaganda erfassen. Das verstehen die Russen so gut. Wir haben es noch nicht gelernt."

Dann diskutierten wir über die politischen Ereignisse seit seiner Inhaftierung und ich war überrascht, wie gut Max, der keine kommunistische Tageszeitung erhielt, orientiert war. Er war vollkommen auf dem laufenden. Besonders interessierte ihn der Bericht der englischen Gewerkschaftsdelegation über die Reise in Sowjetrußland. "Wenn ihr das geschickt auszunutzen versteht", sagte er, "dann müßt ihr unbedingt an Einfluß gewinnen." Sehr befriedigt war Hölz über die Entwicklung in England. "Sag den Genossen, die sich in Mitteldeutschland bei ihrer antigewerkschaftlichen Einstellung häufig auf mich berufen, daß ich von der Richtigkeit unserer Gewerkschaftspolitik durchdrungen bin. Unterstreiche, daß ich vollkommen konform mit der Partei gehe."

Mit großer Offenheit sprach Max über seine früheren eigenen Fehler. "Ich habe längst eingesehen, daß eine noch so tapfere Schar von Revolutionären nichts erreichen kann, wenn nicht die objektiven Voraussetzungen für eine Revolution vorhanden sind und die Mehrheit der Arbeiterklasse hinter der Partei, welche die Revolution führen muß, steht. Ich hatte vollkommen die Rolle der Partei verkannt, deswegen mußte mein Unternehmen trotz anfänglicher Erfolge scheitern." Dann sprachen wir über die Tageskämpfe und Max meinte, alle unsere Aktionen hätten darunter gelitten, daß wir nicht verstanden hätten, sie zu steigern. "Bei den Amnestiekampagnen sind durchaus nicht alle legalen Möglichkeiten erschöpft worden." (Das war vor der Unterschriftensammlung der RH.) "Ich würde mich verpflichten, in kurzer Zeit mit einem Stab von Agitatoren eine Volksbewegung zu schaffen, die so stark ist, daß ihr auch die Regierung nicht widerstehen kann und sie den größten Teil der politischen Gefangenen freigeben müßte."

So verging im anregenden Gespräch der Tag im Fluge. Wir verzichteten beide auf die Freistunde, um uns nicht trennen zu müssen. Am Nachmittag hatte ich noch Gelegenheit, die Art, wie Genosse Hölz methodisch arbeitet, kennenzulernen. Er arbeitet wie ein Redakteur und Archivar. Die wichtigsten Ausschnitte aus den Zeitungen hatte er alphabetisch geordnet. Wissenschaftliche Bücher las er nicht, sondern studierte sie mit einem Fleiß und einer Gründlichkeit, die jedes Hindernis überwindet. An den Wänden hatte er ein selbstgefertigtes Wörterbuch angeklebt. Wenn er auf neue Fremdwörter stieß, ruhte er nicht eher, als bis er die richtige Definition seinem Fremdwörterverzeichnis einverleibt hatte.

Schnell, allzu schnell verflossen die beiden Weihnachtstage. "Wir müssen öfter zusammenkommen", sagte er, "ich werde durchsetzen, daß wir Neujahr wieder beisammen sind und daß wir die letzten Tage, die du noch hier bist, gemeinsam in die Freistunde gehen. Denn, nachdem das Eis gebrochen, nachdem wir zwei Tage beieinander waren, mit welchen Gründen will man verhindern, daß wir täglich eine Stunde uns sprechen?" Max behielt recht. Trotz der "Bedenken" des Direktors war der Strafvollzugspräsident genötigt, seinen Antrag zu genehmigen. Das war natürlich keine Gnade oder ein Akt des Wohlwollens, denn Max hatte laut Strafvollzugsordnung Anspruch darauf, täglich während der Arbeitszeit mit seinen Mitgefangenen zusammen zu sein. Die Genehmigung seines Antrages war also nur eine ganz kleine Abschlagszahlung auf ein ihm zustehendes größeres Recht.

Und so hatte ich Gelegenheit, noch den Neujahrstag sowie den letzten Sonntag meiner "Strafzeit" in Maxens Zelle zu weilen und vierzehn Tage lang mit ihm je eine Stunde zu plaudern.

Ueber den Revolutionär Max Hölz noch etwas zu sagen, halte ich für überflüssig. Seine Taten in Mitteldeutschland, sein Verhalten vor Gericht, der Kampf, den er noch hinter Zuchthausmauern gegen die Klassenjustiz führt, sind Zeugen seines revolutionären Heroismus. In den vierzehn Tages unseres Zusammenseins habe ich vor allen Dingen den prächtigen Menschen Max Hölz kennengelernt. Er ist ehrlich und geradlinig, offen bis zur Rücksichtslosigkeit und Brutalität, wo er Feigheit, Kompromisse und Unehrlichkeit wittert, und doch ist er von einer Empfindsamkeit, einer Kraft des Erlebens und Fühlens, die ihresgleichen sucht. Ohne Uebertreibung kann ich es sagen, es gab keinen unteren Beamten in Kletschkau, der nicht mit Liebe und großer Achtung von Max sprach. Selbst diese oft primitiven Subalternnaturen fühlten instinktiv, daß Hölz nicht der von der bürgerlichen Presse verschriene "Mordbrenner", sondern ein Mensch von außerordentlichen Qualitäten war.

Die Verschleppung von Max Hölz von Breslau nach Groß-Strelitz hat nicht zuletzt ihre Ursache in den großen Sympathien, die er sich auch in der Welt der roten Mauern Kletschkaus erworben hatte und die den Schützern des Klassenstaates gefährlich dünkten.

Traute Hoelz-Slanska[8]
Egon Erwin Kisch besucht Max Hoelz im Zuchthaus

In dem Zuchthaus Groß-Strelitz kam es zu einer besonders geglückten Unterbrechung seiner Leiden durch den Besuch von Egon Erwin Kisch.

Im Jahre 1925 saß Max Hoelz im Zuchthaus Groß-Strelitz in Schlesien, wo ein besonders rabiater Sadist, Herr Gefängnisdirektor Adamietz, die Leitung inne hatte. Die Besuche dort waren die scheußlichsten Erlebnisse und Nervenbelastungen.

---

[8] Nach einem Manuskript, das ich von Dr. H. Mrowetz erhielt. P. G.

Schon die Reise dorthin war umständlich und anstrengend. Eines Tages wurde ich am Tore abgewiesen, Hoelz hätte Obstruktion getrieben und die Besuchserlaubnis sei aufgehoben worden. Als ich verlangte, den Direktor zu sprechen, erschien ein Leutnant und zehn mit Karabinern Bewaffnete und der Leutnant befahl mir, sofort den Toreingang zu verlassen, sonst müßte er mich wegen Widerstand gegen die Staatsgewalt verhaften. "Ein kleiner Regenschirm gegen zehn Karabiner, da sei wohl von großem Widerstand gegen die Staatsgewalt nicht zu reden!" entgegnete ich ihm. Aber ich mußte gehen. Als ich das Kisch erzählte, ersuchte er selbst um Besuchserlaubnis und erhielt sie für sich und für mich.

Das war eine besonders große Ausnahme. Im vergitterten Besuchszimmer waren anwesend, der Gefängnisdirektor Adamietz, der Lehrer, der Geistliche und vier Aufseher. In der Mitte stand ein breiter, schwerer Eichentisch. Als wir Platz genommen hatten, brachten zwei weitere Wärter Max Hoelz herein, der überglücklich war, Egon Erwin Kisch zu sehen.

Nun gab der Direktor Verhaltungsmaßregeln und Vorschriften für den Besuch zum Besten und unsere Unterhaltung begann sehr vorsichtig und im Rahmen des Erlaubten. Egon verstand es, das Gespräch zu lenken und war auf einmal, Gott weiß wie, bei seinen Reisen im Orient und Indien angelangt. Sein Erzählertalent faszinierte alle. Der Lehrer, der Direktor, Hoelz stellten x Fragen, schließlich war Kisch bei den Yogis und Schlangenbeschwörern und Zauberern angelangt. "Hast Du diese Kunststücke wirklich gesehen?" fragte Hoelz. "Nicht nur gesehen, einige sogar abgeguckt", antwortete Kisch. Alle waren ganz Ohr, Adamietz wandte ein: "Das ist doch aber kaum möglich!" - "O doch, wenn Sie mal eine Probe davon sehen wollen, könnte ich Ihnen ein paar zeigen. Aber das geht hier wohl nicht?" Das war der richtige Köder, natürlich wollte man sich hier in dem weltabgeschiedenen Groß-Strelitz so eine grandiose Gelegenheit nicht entgehen lassen.

Alle Augen waren auf den Zuchthausdirektor gerichtet, der, ob er wollte oder nicht, war bereits im Banne von Kisch und gab die Erlaubnis.

Und Erwin zauberte. Zuerst ein paar übliche Kunststücke. Die Uhr des Lehrers lag auf dem Tisch, auf einmal war sie weg und Kisch holte sie aus dem Ohr eines Aufsehers raus. Er zerriß Zehnmarkscheine in der Luft und brachte sie heil und ganz wieder herunter. Dann borgte er sich Münzen vom Direktor, drückte sie auf die Eichenplatte des Tisches, das Geld kam unter der Platte wieder zum Vorschein. Noch einmal und wieder mußte er dies dem aufmerksamen Publikum vormachen. Dann borgte er sich eine lange scharfe Nadel aus und nun kam der Höhepunkt. Er rammte sich diese Nadel in die Wange und brachte sie aus der anderen Gesichtshälfte wieder unblutig zum Vorschein. Er stach sie sich in den Schädel und zog sie aus dem Haar hervor. Jeder wollte die Nadel sehen und kontrollieren. Ordnung und Aufsicht waren längst verschwunden und in Hoelzens Taschen verschwanden Briefe, Kassiber, Zigaretten, Schokolade - alles mögliche konnte ich ihm bequem zustecken. Niemand achtete auf den "gefährlichen" Hoelz, alle waren von Kisch verzaubert, alle konnten nicht genug sehen und hören. Die Besuchszeit war längst überschritten. Egon Erwin Kisch hatte das Unmögliche möglich gemacht, hatte die preußische Zuchthausordnung weggezaubert.

Als wir gehen mußten, es war schon Mitternacht, bedankten sich alle bei Kisch, am meisten Hoelz, der von diesem "zauberhaften" Erlebnis noch lange hinter der grauen Mauern zehrte.

Ariadna Hoelz-Tur
Max Hoelz hat seine Ideen mit Taten verwirklicht

Moskau, 1. IV. 1989

Sehr geehrter Genosse Giersich.

Ich habe Ihren Brief erst vor kurzem erhalten, da ich auf einer längeren Dienstreise war. Nun will ich so schnell wie möglich auf Ihre Fragen antworten.

Zu meinem großen Bedauern habe ich kaum etwas interessantes zu Ihrer Ausstellung beizusteuern. Sie wissen sicher, es existierte damals eine Regel: Alles, was nach dem Tode von so einem bedeutenden Menschen, wie Max Hoelz war, verbleibt, gehört der Geschichte und nicht seiner Familie. Deshalb mußte ich alles, was mit ihm verbunden war, sorgfältig sammeln, ordnen und den Genossen der Komintern für das Archiv übergeben. Alles: Seine Tagebücher, seine zahlreichen Notizen, alle Photos, Zeitungsartikel, das Manuskript seines unbeendeten Buches, selbst meine und seine Briefe. (...)

Sie wollen eine genaue Darstellung haben, wann Max Hoelz an welchen Orten in der Sowjetunion weilte und was er getan hat. Ich war mit Max seit Juni 1931 verheiratet. Unser gemeinsames Leben war immer mit anstrengender Arbeit angefüllt, und es ist wirklich unmöglich, so vieles in einem Brief zu erzählen. Darum ganz kurz, konzentriert:

Im Sommer 1931, als Max Hoelz seinen Lehrgang in der Leninschule abgeschlossen hatte, begannen wir eine große Reise durch das Land, zu den Großbauten des ersten Fünfjahrplanes: nach Georgien (Tblissi, Kutaissi, Bagdadi usw.), nach Armenien (Baku mit der mächtigen Naphtaindustrie), nach Charkow, Kiew und andere Städte. Hunderte Begegnungen mit Arbeiterbrigaden, zahlreiche Kontakte mit verschiedenen Leuten - und jeden Tag spricht Max Hoelz in Betrieben. Das hat ihm die Möglichkeit gegeben, die Lebensweise des Sowjetvolkes kennenzulernen, mit eigenen Augen zu sehen, wie das Modell des ersten sozialistischen Staates geschaffen wird. Und jeden Abend, nach dem anstrengenden Tag, hat Max Hoelz seine neuen Eindrücke notiert. Das war Material für Zeitungsartikel und für sein zukünftiges Buch, in dem er die Wahrheit über die Sowjetunion erzählen wollte.

Ich habe während dieser Reise seine Reden übersetzt, ihm bei seinen Begegnungen mit verschiedenen Leuten geholfen und unterstützte ihn auch beim Lesen der Post und der russischen Zeitungen.

Nach unserer Rückkehr blieben wir ganz kurz in Moskau. Unser Weg führte uns dann nach Sibirien (Ende 1931), nach Kusnezk, um dort an dem Aufbau eines der größten Objekte des ersten Fünfjahrplanes teilzunehmen. Es waren keine leichten Zeiten damals. Wie Genosse Erich Honecker in seinem Buch *Aus meinem Leben* schreibt, es waren Zeiten "... als es viel Arbeit gab und wenig zu essen". Aber damals "... wurde mit beispiellosem Heroismus der Grundstein gelegt für den späteren Sieg der Sowjetvölker über die faschistischen Eindringlinge und die Befreiung auch unseres Volkes von der braunen Barbarei".

In Kusnezk hat Max Hoelz eine wichtige politische Arbeit mit deutschen Arbeitern und Spezialisten geführt. Es war natürlich ungeheuer schwer, mit diesen Menschen zu reden und sie zu überzeugen, am Bau produktiver zu arbeiten. Die meisten waren antisowjetisch eingestellt. Aber es gab auch gute Genossen, die für den sozialistischen Aufbau so gut wie möglich arbeiten wollten. Ich meine, auch diese Genossen haben sich nicht vorstellen können, daß es möglich sei, unter solchen schweren

Bedingungen, oft mit ganz primitiver Technik (so wurden fast alle Erdarbeiten ohne Bagger gemacht), in solch kurzen Fristen ein so riesiges und technisch vollkommenes metallurgisches Kombinat zu bauen. Aber sie haben sich geirrt: Schon am 2. April 1932 arbeitete der erste Hochofen.

Jedenfalls war es für Max keine leichte Aufgabe, die deutschen Spezialisten zu überzeugen, ihr Bestes für den Bau zu leisten.

In Kusnezk hat Max Hoelz vieles in seinen Tagebüchern aufgeschrieben, hat auch sehr viele Photos gemacht. Aber das war nicht nur das Material für sein Buch. Die im sozialistischen Lande erworbenen Kenntnisse hat Max Hoelz als eine Vorbereitung für neue Klassenkämpfe in Deutschland betrachtet. Er hat gehofft, daß diese Kenntnisse und seine Erfahrungen (positive wie negative) in weiterer Zukunft beim Aufbau im sozialistischen Deutschland ihm nützlich sein würden.

Das neue Buch wollte er nicht als eine Reihe von Reportagen schreiben (wie es zum Beispiel unser Freund E. E. Kisch gemacht hat), sondern als ein Ergebnis seines eigenen Lebens, seiner Erfahrungen. So fuhr er im Februar 1932 nach Temir-Tau, um dort als Bergarbeiter in den Erzgruben zu arbeiten. Ich konnte ihm nicht nachfolgen, denn im Schacht arbeiten nur Männer. Für eine Frau war dort nichts zu tun. Außerdem wurde in Kusnezk jeder Facharbeiter gebraucht und ich habe dort als Dreherin in einer Maschinenwerkstatt gearbeitet. So mußte ich dort bleiben. Aber einmal ist es mir gelungen, Max in Temir-Tau zu besuchen. Erst fuhr ich mit dem Zug, dann ritt ich mit dem Pferd durch die Taiga - es war mein erster Versuch im Reiten. Zu meinem Entsetzen habe ich mich in Temir-Tau davon überzeugen müssen, daß die Arbeit im Erzschacht unmenschlich schwer war. In dieser "Hölle unter der Erde", ohne irgendeine Mechanisation. Dort konnten nur sehr junge und sehr kräftige Leute arbeiten. Wie Max das alles aushalten konnte, bleibt für mich ein Rätsel. Aber er hat in seinem Brief behauptet: "In dem Schacht lerne ich in jeder Hinsicht sehr viel - politisch, technisch, psychologisch."

Tatsächlich, nur auf so eine Weise konnte Max Hoelz die Arbeiter im Schacht richtig kennen lernen, genau wissen, unter welchen Bedingungen diese Menschen arbeiteten und lebten, was sie dachten, was sie gesprochen haben - während der Arbeit und zu Hause - wonach sie strebten, an was sie glaubten. Das war für ihn die beste Methode, um später etwas Gutes zu schreiben. Und dabei mußte er auch sein Russisch vervollkommnen, da dort kein Mensch deutsch sprach.

Im Sommer 1932 kehrten wir nach Moskau zurück, und im Herbst begann Max Hoelz seine Notizen über den sozialistischen Aufbau in der Sowjetunion zu ordnen, um sein Buch zu schreiben. Aber dabei dachte er immer an seinen Einsatz in Deutschland. Er hat mir damals gesagt: "Wenn es nach Deutschland geht, mußt du dein Studium sofort unterbrechen. (Zu dieser Zeit habe ich schon an einer Arbeiterschule studiert.) Das kann sehr schnell gehen, und dann mußt du einen deutschen Paß bekommen, um mit mir zu gehen." Ich war natürlich dazu bereit.

Aber die politischen Verhältnisse in Deutschland waren zu diesen Zeiten schon sehr kompliziert. Im Januar 1933 wurde Hitler Reichskanzler. Vor der KPD standen sehr schwere Aufgaben - alle Arbeiterorganisationen zum gemeinsamen Kampf gegen den Faschismus zu organisieren. Anfang Februar 1933 hat sich die KPD für den Übergang in die Illegalität vorbereitet und Ende Februar erfolgte die Besetzung und Schließung des Karl-Liebknecht-Hauses, dann der von den Faschisten organisierte Brand im Reichstagsgebäude.[9]

Max Hoelz war immer ein Mensch der Attacke, eine energische Natur. Er konnte nicht ruhig sitzen, er mußte schnelle Entscheidungen treffen, tatkräftig und entschieden handeln. Für ihn war es unerträglich, in Moskau zu sitzen, während seine Genossen schwere Klassenkämpfe in Deutschland führten. Aber die Entscheidung über seine Rückkehr nach Deutschland wurde immer noch nicht getroffen. Warum? Auf diese Frage weiß ich die Antwort nicht. Das war für ihn unerträglich.

Ständig hat er auf diese Entscheidung gewartet. In so einem Zustand konnte er sich auf die Arbeit für sein Buch nicht recht konzentrieren.

Um nicht als Nichtstuer in Moskau zu sitzen, hat er das Angebot, in den Sowchos Doskino bei Gorki zu fahren, angenommen. Dort wollte er aus eigener Anschauung Eindrücke von der sozialistischen Landwirtschaft sammeln. Seinen Überzeugungen gemäß war er im Sowchos als ein einfacher Landarbeiter tätig. In Gorki hat er viel über seine Arbeit geschrieben.

Dort in Gorki geschah das Schrecklichste: bei einem sinnlosen Unglücksfall ist Max Hoelz am 15. September ums Leben gekommen. Davon berichteten mir am 16. September die Genossen der Komintern. Mit diesen Genossen fuhr ich sofort nach Gorki. Dort lag Max Hoelz inmitten eines Meeres von Blumen. Tausende Menschen nahmen von ihm Abschied. Vor dem offenen Grab sprach im Namen der KPD Fritz Heckert. Viele Tausend Menschen haben Max Hoelz zum Friedhof begleitet. Aber das alles ist Ihnen gewiß bekannt.

Max Hoelz hat sich niemals um seinen persönlichen Wohlstand gekümmert. Sein ganzes Leben war der revolutionären Idee, dem revolutionären Kampf gewidmet. Alles übrige war für ihn nebensächlich. Warum kamen die Leute zu ihm? Was hat sie angezogen? Natürlich war er ein guter Redner mit eigenartigem Intellekt. Seine grenzenlose Ergebenheit zur revolutionären Idee gab ihm eine große Überzeugungskraft, die aus ihm wie ein magnetisches Feld mit hoher Spannung strömte. Aber das war nicht das wichtigste. Max Hoelz hat seine Ideen in Taten verwirklicht, seine Worte mit selbstaufopfernden Handlungen unterstützt. Bis zum letzten Schlag war sein Herz mit Liebe zu den Leuten erfüllt. So ist er in meinem Gedächtnis geblieben.

Nun bin ich vom langen Schreiben ganz müde und mache Schluß. Entschuldigen Sie bitte die zahlreichen Fehler in meinem Deutsch, aber ich habe so viele Jahre fast keine Möglichkeit gehabt, deutsch zu schreiben oder zu sprechen. Hoffentlich habe ich doch auf Ihre Fragen geantwortet.

Ich schicke Ihnen meine Telephonnummer und meine Adresse. Mein Familienname (so, wie er im Paß geschrieben ist) ist Hoelz (in russischer Transkription: Gelz, Ariadna Sergejewna). Tur - das ist mein literarisches Pseudonym.

Mit sozialistischem Gruß

A. Gelz

---

[9] Am 23. 2. 1933 wurde das Karl-Liebknecht-Haus, die Zentrale der KPD, besetzt und geschlossen. Am 27. 2. 1933, gegen 21.00 Uhr, brennt der Reichstag in Berlin. Der Holländer Marinus van der Lubbe wird verhaftet und am 10. Januar 1934 hingerichtet, enthauptet. Reichspräsident von Hindenburg lehnte eine Begnadigung ab. Siehe: *Marinus van der Lubbe und der Reichstagbrand.* Edition Nautilus, Hamburg 1983.

Hoelzens Fehler waren Fehler der Partei

Aus einem Brief des bekannten Historikers Prof. Rudolf Lindau an Dr. Mrowetz

Werter Genosse!

In Beantwortung Deines Briefes vom 2. 1. 49 statt einer ausführlichen Antwort, da ich leider keine Zeit habe, anbei die Abschrift der von Hans Gossens erwähnten Broschüre.

Das, was an Max Hölz fehlerhaft war (und das war nicht wenig), ist wesentlich auf die Unfertigkeit der Partei in jenen Jahren zurückzuführen. Einen solchen Tatmenschen wie Max Hölz zu disziplinieren, vermochte die Partei seinerzeit noch nicht. Aus seiner ideologischen Schwäche erwuchsen seine gegen die Disziplin der Partei gerichteten Eigenmächtigkeiten. Aber als Vorbild revolutionärer Entschlossenheit, die sich selbst nicht schont, wird er immer weiterleben.

Mit sozialistischem Gruß

Gez. Lindau[10]

---

[10] Quelle: Der Brief befindet sich im Privatbesitz von Dr. H. Mrowetz - Berlin/ Schöneweide.

Bildgalerie

Max-Hoelz-Ehrungen

Oben: Max-Hoelz-Kapelle des Roten Frontkämpfer-Bundes Falkenstein 1928

Unten links: Max-Hoelz-Ausstellung in Falkenstein 1973

Unten rechts: Namensgebung der Max-Hoelz-Oberschule in Falkenstein am 14. Oktober 1978 durch Traute Hoelz-Slanska

Montage und Demontage

Vor der Enthüllung des Max-Hoelz-Denkmals in Falkenstein am 14. Oktober 1989

Die Max-Hoelz-Büste, geschaffen von NPT Frank Diettrich (Karl-Marx-Stadt), enthüllt von der Lebensgefähr-tin Max Hoelz', Elena Serebrowskaja

Das Denkmal nach der Demontage der Büste durch die Falkensteiner CDU Februar 1990

Im Zuge von Bauarbeiten am Gebäu-de des Falkensteiner Schlosses wur-de auch der Stein entfernt

Am 5. Oktober 1989 erhielt ein Truppenteil der Nationalen Volksarmee in Leipzig den Ehrennamen "Max Hoelz"

Sonderpostkarte zum 100. Geburtstag von Max Hoelz

In diesem Gebäude fanden die ersten Versammlungen der von Max Hoelz mitgegründeten Falkensteiner KPD-Ortsgruppe statt

Blick in die Ausstellung zum 100. Geburtstag von Max Hoelz (Gestaltung: Rolf Schubert, Peter Giersich, Gerhard Steiniger)

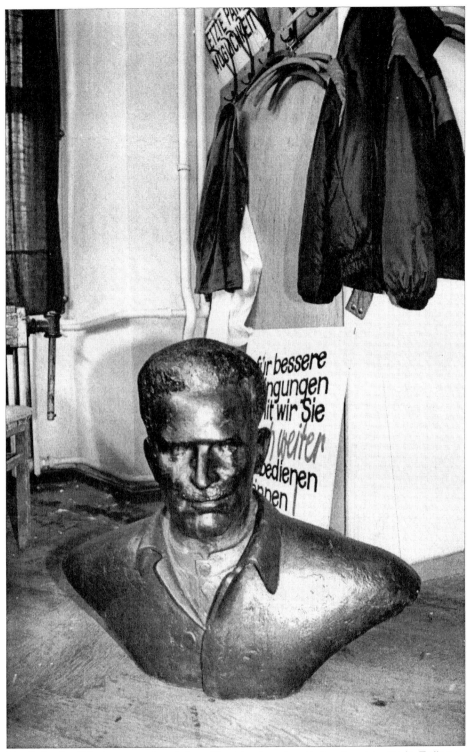

Hoelz in der "Verbannung" auf dem Dachboden des Heimatmuseums in Falkenstein

Der Pfeil im oberen Bild weist auf das Gasthaus "Goldener Stern", in dem die Rote Garde angeblich Löffel geklaut haben soll.

Das Haus steht noch in Falkenstein an der Hauptstraße, die Gaststätte existiert nicht mehr.

Blick in eines der in der Nacht vom 11. zum 12. April 1920 abgebrannten Häuser

Mit dieser Postkarte - tausenfach verbreitet - wurden Max Hoelz und seine Genossen als Brandstifter denunziert. Die Wirkung hält bis in unsere Tage an.

Das Schloß des Baron von Trützschler, Nachfahre des 1849 von preußischem Militär wegen Teilnahme am badischen Revolutionskrieg füsilierten Wilhelm von Trützschler, in Falkenstein 1920

Der geknackte Geldschrank im Schloß - für die Presse hergerichtet

1997 Sparkasse und Heimatmuseum Falkenstein

Aufruf
an die besitzende Klasse.

Nachdem uns bekannt geworden ist, daß von verschiedenen Seiten darauf hingewirkt wird, reaktionäre Truppen (Reichswehr) nach dem Vogtlande zu ziehen, um die Herrschaft der Arbeiterklasse zu brechen und die Aktionsausschüsse aufzulösen, geben wir folgendes bekannt:

Sobald uns gemeldet wird, daß Truppen im Anmarsch sind, werden wir sofort folgende Maßnahmen ergreifen:

Proklamation des Generalstreiks, Stillegung aller Betriebe, auch der lebenswichtigen. Sollte diese erste Maßnahme nicht genügen, um den Einmarsch der Truppen zu verhindern, so würden wir auch nicht davor zurückschrecken, die Maschinen in den Betrieben zu zerstören, und als äußerstes und letztes Mittel würden wir gezwungen sein, die Villen, überhaupt alle Häuser der besitzenden Klasse, sowie die Gebäude der Behörden, Staatsgebäude usw. in Brand zu setzen oder in die Luft zu sprengen.

Was dadurch heraufbeschworen würde, können sich die betreffenden Klassen selbst ausmalen. Wir warnen daher jedermann, reaktionäre Versuche zu unterstützen, und machen wir für die daraus entstehenden Konsequenzen die in Frage kommenden Kreise verantwortlich.

Solange die alte Regierung und die Reichswehrtruppen nichts gegen die Herrschaft der Arbeiter unternehmen, werden wir selbst mit allen Kräften für die Aufrechterhaltung der Ruhe und Ordnung sorgen.

Achtung!

Als Maßnahme gegen den eventuellen Einmarsch der Truppen hat sich ein Brandkomitee gebildet, das beim Herannahen der Truppen sofort in Tätigkeit tritt.

Achtung!

Wenn gegen einen Vertreter der Arbeiter oder gegen einen Arbeiter überhaupt, sowie gegen den Genossen Hoelz ein Anschlag (Attentat) usw. verübt wird, dann tritt das Rachekomitee in Tätigkeit und wird unter der besitzenden Klasse aufräumen.

Der rote Vollzugsausschuß.

Sitz: Schloß Falkenstein.

Albert Mayer
Konditorei und Café
Tel. 41

Falkenstein i. V., den

Bescheinigung.

Herr Albert Mayer ist berechtigt und beauftragt ca. 200 Zentner Mehl nach Falkenstein einzuführen.

d. 5. 4. 20
Max Hoelz

Aufrufe, Briefe, Bescheinigungen, Proklamationen - Dokumente aus den Tagen des Roten Vollzugsausschusses im Vogtland

Erklärung.

Die revolutionären Arbeiter des gesamten Vogtlandes und der angrenzenden Gebietsteile erklären in der Zuschrift, daß die konfiszierende Regierung des Auslandes Sachsen den Kaufpreis für die Auslieferung des Genossen **Max Hoelz** auf **30000 Mark** ausgesetzt hat, in einer Zeit, in der die Arbeiter Deutschlands aufgerufen wurden, der Schlange der Reaktion den Kopf zu zertreten, eine ungeheuere Provokation, eine Aufstachelung zu der revolutionären Partikularität, besonders des Vogtlandes, und sie sind gezwungen, daraus alle Konsequenzen zu ziehen. Der Genosse Hoelz ist einer der markantesten Führer des unselbständigen Proletariats, und Tausende von revolutionären Arbeitern sind sich überzeugt von der Reinheit seiner Ziele, seiner Ideale. Der Genosse Hoelz unterscheidet sich von anderen Arbeiterführern nur durch eine ausgeprägte Klarheit seines Willens und durch eine ungebeugte Energie.

Im Vogtland ist weder die Räterepublik ausgerufen,

noch ist irgendwie die Enteignung (politisch und wirtschaftlich) angebahnt worden. Die irgendwelche Eingriffe gesehen hat, sind doch Zustände des Kampfes, der mit der Proklamierung und Gewaltherrschaft von keiner der gefährlichen konfiszierenden Reichsregierung eingeleitet wurde, oder waren sie notwendig aus Gleichheit der Menschen Rat und der bewährten Führer Eigenmächtigkeit, die das gewöhnliche Leben heute entwickelt. Im Gebiete aber ist im Vogtland nur geschehen, was offensichtlich im Rahe angefühlt der bedrohten revolutionären Gebiete notwendig war; die Brunquelle und das Eigentum, die in einer Weise beansprucht waren, daß der Arbeiterschaft erst heute die Größe der Gefahr recht zum Bewußtsein kommt, sind einmütig werden sich in Willen sind in Händen der Arbeiter.

Und diese Waffen wird die revolutionäre Arbeiterschaft des Vogtlandes freiwillig nicht wieder aus den Händen geben.

Wir wissen, und der Aufruf der sächsischen Regierung läßt es deutlich erkennen, daß der Hölle verhaßten ist, der Arbeiterschaft die Waffen zu entwinden. Das bedeutet, daß man das eben geschützte Ausland wieder hereißen will, bedeutet, daß man die Arbeiterschaft schlumpslos dem Willen der Reaktion, Mord und Zoll, dem weißen Terror preisgeben will. Wir können niemals fürchten, Zustand des Vogtlandes zu bieten, aber wir sind uns notwendig für bereiter, daß es denn für uns nur eines geben kann, den Kampf mit allen Mitteln, Kampf auf Leben und Tod, Kampf bis zum Sieg oder zur Niederlage, Kampf unter allen Umständen, auch mit der verzweifelten Mittel, bis für dieses Zeit die Sende der revolutionären Arbeiterschaft des Vogtlandes. Noch ist kein Tropfen Bürgerblut geflossen, aber wir, die wir stets dem Leben abgelöschten haben, werden nicht aus der Ruhe gehen, **ohne den Teil der Bourgeoisie, ohne Unterschied des Alters und des Geschlechts, mitzunehmen, den wir erreichen können.** Ein Teil der konfiszierten Schutz und Ehrenquellen ist in den Händen zuständiger Genossen innerhalb unserer Gebiete. **Diese Genossen haben geschworen, den Tod der revolutionären vogtländischen Arbeiter zu rächen durch Mitenlade auf die Häupter der deutschen Bourgeoisie, wie auf diejenigen bekannten Führer in der deutschen Arbeiterbewegung, deren Verrat offen erkannt wird.** Die revolutionären Arbeiter des Vogtlandes haben bewiesen, daß sie handeln können — **wir werden handeln.**

Man hat uns gesagt, daß die Aufhebung des Privateigentums an Produktionsmitteln (höchst gespannt) Voraussetzung ist für den Rahmen der sozialistischen Ordnung, muß hat man gesagt, daß die Befreiung der Arbeiterklasse nur das Werk der Arbeiterklasse selbst sein kann und man wieder uns der Waffen entreißen, um sie besser zu geben. Die die Befreiung der Arbeiterklasse, sollen alltraurige Zeit nicht wollen können. Wir leiden seit Monaten, seit Jahren angefocht, und wer hat nicht mehr tatbereite, ob der vielen Enttäuschungen zu erringen, ohne tatbereit zu geworden. **Wir wurden schaudern, glühenden Herzens auf den weltstürmenden Sozialismus, wie kämpfen für ihn, für solche entbehrt, und wenn man uns aus den Glauben an den** Sozialismus aus den Herzen reißen will, dann allerdings soll man Revolutionstruppen schicken, dann werden wir ausgehungerten, ausgemergelten vogtländischen Arbeiter den einzigen Sieg gönnen, der uns gegönnt bleibt:

den Weg in den Tod!

Für die revolutionäre Arbeiterschaft des Vogtlandes
und angrenzender Gebietsteile
die Ortsgruppen der Kommunistischen Partei Deutschlands
(Spartakusbund):

Falkenstein, Grünbach, Ellefeld, Auerbach, Hinterhain, Lengenfeld, Klingenthal, Oelsnitz, Adorf, Zeulenroda, Gera, Greiz, Reichenbach, Ruppertsgrün, Crimmitschau, Werdau, Schönfels, Zwickau, Niederplanitz, Oberplanitz, Oberhohndorf, Crossen, Thalheim, Oelsnitz i. Erzgeb., Ortmannsdorf, Heinrichsort, Lößnitz, Aue, Schlema.

Falkenstein, den 6. April 1920.

B e k a n n t m a c h u n g.

Betrifft: Eigenmächtige Waffenaneignung.

Es hat sich herausgestellt, dass bei den verschiedenen Haussuchungen, die zur Entwaffnung der Bourgeoisie unbedingt notwendig sind, sich verschiedene Rotgardisten eigenhändig Waffen (Revolver, Stichwaffen) angeeignet haben.
Die Bewaffnung des Proletariats, eine der wichtigsten Abschnitte der Revolution, darf jedoch auf keinen Fall sich in einer Weise vollziehen, die jeder Organisation entbehrt, sondern muss geordnet und planmässig vor sich gehen.
Es besteht die Gefahr, dass durch das eigenhändige Aneignen von Waffen, dieselben auf Umwegen wieder, in die von Arbeiterhänden befleckten Hände der Reaktion gelangen. Diese Vermutung ist in mehreren Fällen bereits bestätigt worden. Es werden deshalb alle Rotgardisten, die sich auf eigene Faust Waffen angeeignet haben, aufgefordert, dieselben bis spätestens Mittwoch, den 7.4. nachmittag 5.Uhr der Waffenkammer gegen Empfangsschein abzugeben. Als unberechtigt angeeignet gelten alle Revolver und Pistolen, bei denen der Inhaber keinen vom Aktionsausschuss ausgestellten <u>Waffenschein</u> besitzt. Jeder Mann bei dem nach der festgesetzten Zeit, noch Revolver ohne Waffenschein gefunden werden wird vor das Tribunal des Vollzugsausschusses gestellt, und als Plünderer abgeurteilt.
Es wird erwartet, dass jeder Rotgardist, den Zweck und Sinn obiger Massnahme begreift und dementsprechend handelt.

[handschriftliche Zeilen]

Max Hoelz

Ausweis Nr. _____

Inhaber dieses ist berechtigt,
Waffen zu tragen.

Falkenstein, den _____

1920

Der Vollzugsausschuß.

"Aufruhrschäden" und "Erpressung"

K l i n g e n t h a l i.Sa.
==

Ich fordere Sie auf, bis Sonnabend, den 10. April ds.cr.

den Betrag von

Mark : 150 000 .- (hundertfünfzigtausend)

im Schloss Falkenstein in bar als eine einmalige Beihilfe zur Finanzier-

ung der roten Armee, abzugeben, bis spätestens 6 Uhr abends.

Im Weigerungsfalle werde ich meiner Forderung Nach-

druck zu verleihen wissen.

gez. Max Hoelz

Schloss Falkenstein, den 8. April 1920. E 1o.

Plakatsäule mit Aufrufen, Erklärungen und Mitteilungen im April 1920 in Falkenstein

Einzug der Roten Garde in Klingenthal am 13. April 1920

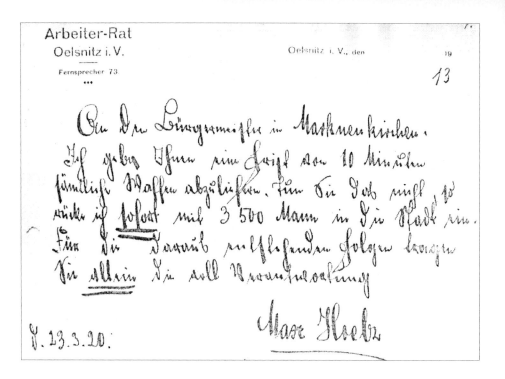

Max Hoelz war ein Meister des Wortes - mit übertriebenen Angaben zur zahlenmäßigen Stärke der Roten Garde erreichte er so manches ohne Blutvergießen

Unter dem Drucke des Zwanges gebe ich hiermit bekannt, daß zur Verhütung der Wegführung mehrerer angesehener Bürger als Geißeln ein Lösegeld von 100000 Mk. aus städtischen Mitteln bezahlt worden ist, daß dieser Betrag aber von den hiesigen Fabrikanten sofort der Stadtgemeinde zurückzuerstatten ist und daß sofort alle Waffen in der Polizeiwache des Rathauses abzuliefern sind.

Es ist angedroht worden, daß Jeder, in dessen Besitz Waffen gefunden werden, erschossen wird.

Markneukirchen, den 24. März 1920.

Kurth, Bürgermeister.

Georg Dittmar aus Oelsnitz/V. war
engster Freund und Kampfgefährte
von Max Hoelz - er kam 1945 im KZ
Bergen-Belsen um

In der Nacht vom 12. zum 13. April rückten 1.000 Mann Reichswehr ins Vogtland ein

Reichswehrsoldaten vor dem Falkensteiner Schloß

Max Hoelz 1914 als Ulan

Postkartenaufschrift: "Kommunistenführer Hoelz aus Falkenstein"

Max Hoelz auf Solidaritätspostkarten der Roten Hilfe Deutschlands

ampfbericht der Roten Armee!

Hauptquartier, den 28. März 1921.

An der Eislebner Front setzte scharfes ewehr- u. Maschinengewehrfeuer ein. Unsere uppen hatten sich aber bereits zurückgezogen und sich in der Umgegend konzentriert. Die veißen Truppen, welche Mansfeld und Leimbach besetzt hielten, rückten gegen Eisleben vor und gegen Mittag griffen sie mit Mienenwerfern an und beschossen unsere längst geräumten Stellungen. Kleine Kavalleriepatroillen hatten kleinere iefechte zu bestehen, weche ihnen nur Verluste eintrugen. Die weißen Truppen besetzten die Grunddörfer und nahmen eine nicht unbeträchtliche Anzahl Geißeln mit sich.

Heute Morgen bei Tagesanbruch griff die Heeresgruppe Hölz den Vorort Ammendorf an, besetzte den Ort und drang bis dicht an die Stadt Halle vor.

Die Schupo wurde aus ihren Stellungen verdrängt und mußte sich in ihre festen Stützpunkte zurückziehen. Wasserwerk und Schloß an der Beesenerstr. bildeten einen guten Stützpunkt. Der Feind hatte außerordentliche Verluste, während auf unserer Seite außer kleinen Verwundungen keine Verluste zu verzeichnen sind.

Mitteldeutsche Kämpfe im März 1921 im Mansfelder Land

oben: entgleister Zug bei Gröbers

links: Max Hoelz führt Krieg gegen die Bourgeoisie

Ein Ölgemälde von der Hand Max Hoelz, gemalt im Zuchthaus in den drei Farben der Großen Französischen Revolution

Ausweis als Deputierter des Leningrader Stadtsowjets

Traute Hoelz mit einer von dem Unterbezirk
Vogtland gestifteten Fahne, die sie den russischen
Arbeitern überbrachte.

Kriegstrauung mit Klara Buchheim,
der Tochter eines Falkensteiner Fuhrunternehmers

Im Zuchthaus Breslau heiratete Hoelz
1925 die Tochter eines schlesischen
Arztes, Traute Loebiger, die als seine
"Zuchthausfrau" unermüdlich für seine
Freilassung kämpfte

Ariadna Hoelz-Tur als junge Frau - sie
lebt heute in Moskau

Rechts: Elena Serebrowskaja, Le-
bensgefährtin von M. Hoelz, an seiner
Grabstätte in Gorki

Tausende begrüßten am 28. Juli 1928 in Berlin ihren Max, der versprach, auch weiterhin ein "Kesselheizer der Revolution" zu sein

Zahlreiche Agitationsreisen für die KPD und die Rote Hilfe Deutschlands führten Max Hoelz kreuz und quer durch Deutschland - hier mit Arbeitersamaritern in Stettin

Karl Albrecht mit Max Hoelz und Elena Serebrowskaja 1930 in Sotschi
Mitgliedsbuch der sowjetischen Sektion der Internationalen Arbeiterhilfe

Max Hoelz bei Delegierten des Fernöstlichen Sowjetkongresses 1932

Die Arbeiter von Slatusk übergaben Max Hoelz dieses Eßbesteck, angefertigt aus dem ersten in der Sowjetunion gegossenen Edelstahl

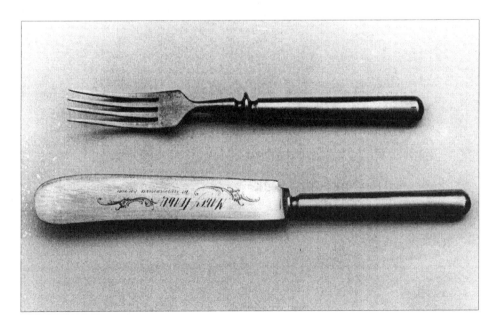

Titel der russischen Ausgabe "Ein Jahr Kampf in den Reihen der KJD"

Titel der von Egon Erwin Kisch herausgegebenen "Zuchthausbriefe"

Tschechische und russische Ausgabe der Autobiographie "Vom 'Weißen Kreuz' zur roten Fahne"

Betriebe, Schulen, Kolchosen und auch Schiffe trugen in der Sowjetunion den Ehrenname "Max Hoelz"

September 1933: aufgebahrt im Haus der Gewerkschaften in Gorki

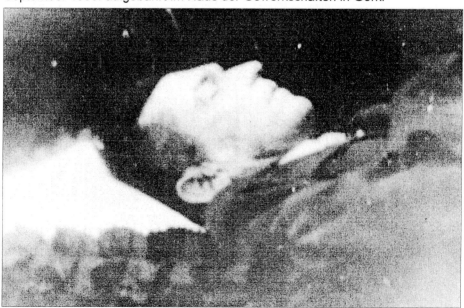

IV. Kapitel
Historiker und Historisches über Max Hoelz

Günter Hortzschansky

Max Hoelz - Kämpfer für Freiheit und soziale Gerechtigkeit, für die Macht der Arbeiter und Bauern[1]

Am 14. Oktober dieses Jahres jährt sich zum einhundertsten Male der Geburtstag von Max Hoelz, dem Landarbeitersohn und Techniker, dem Teilnehmer am ersten Weltkrieg und entschiedenen Gegner der imperialistischen Kriege, dem mutigen Rebellen und aufrechten Kommunisten. Auf den Tag genau vor 56 Jahren fand dieser leidenschaftliche Streiter für den Sozialismus den Tod. Hoelz hinterließ tiefe Spuren im Gedächtnis des revolutionären deutschen Proletariats und über dessen Reihen hinaus.

Viele Jahre stand sein Handeln im Blickpunkt nicht nur der deutschen Öffentlichkeit, entzündeten sich an seinem Namen heftige Diskussionen. Verurteilten ihn die Herrschenden in Deutschland als gemeinen Verbrecher und Mörder, so sahen die revolutionären Arbeiter, vor allem die des Vogtlandes und Mitteldeutschlands, in ihm den entschlossenen Vorkämpfer für eine bessere Welt.

Aber auch in der Arbeiterbewegung, in der kommunistischen Bewegung selbst gab es kein einheitliches Bild von Max Hoelz, waren viele seiner Taten umstritten. ... Leben und Kampf von Max Hoelz sind reich an Widersprüchen, sein Charakter hatte Ecken und Kanten. Doch gilt bis zur Gegenwart, was der III. Kongreß der Kommunistischen Internationale 1921 über ihn aussagt. Er hob hervor, daß die Kommunisten Gegner des individuellen Terrors und von einem von der politischen Leitung des Proletariats unabhängig geführten Freischärler-Kriege sind. (...) Haltung und Taten Max Hoelz' in den Jahren danach widerspiegeln dessen Reifeprozeß, weisen ihn deutlich als einen proletarischen Revolutionär aus. (...)

Eine Begegnung im Oktober 1917 gibt ihm einen wichtigen Anstoß. Als Soldat in Galizien erhält der Gefreite Max Hoelz den Befehl, einen Gefangenen zu bewachen. Es war Georg Schumann, ein Anhänger der Spartakusgruppe... Trotz Verbot unterhielten sich Bewacher und Häftling viel. "Er machte aus seiner sozialistischen revolutionären Gesinnung kein Geheimnis", schrieb Max Hoelz über Georg Schumann, "und war bemüht, uns politisch Indifferente für seine Weltanschauung zu gewinnen. Das, was ich von Schumann hörte, war für mich etwas Überwältigendes, Neues, Unerhörtes, war ein Blick in eine ganz andere Welt, von deren Vorhandensein ich bisher keine Ahnung hatte. Ich verstand und begriff vieles nicht, was er sagte, aber es regte mein Denken an und wies mir den Weg zu einer neuen Weltanschauung, von der ich früher nicht einmal zu träumen gewagt hätte." (...)

In seiner Heimatstadt hatte sich sozialer Zündstoff angehäuft. 4.000-5.000 der 17.000 Einwohner der Stadt waren ohne Arbeit, das heißt, mit den Familienangehörigen war die Mehrheit unmittelbar von der Erwerbslosigkeit betroffen. Der Bür-

---

[1] Auszug aus: *Beiträge zur Geschichte der Arbeiterbewegung*, 31. Jhg., 1989, Nr. 6 (Referat auf dem wissenschaftlichen Kolloquium in Auerbach/Vogtl. am 15. Sept. 1989 anläßlich des 100. Geburtstages von Max Hoelz).

germeister stellte sich taub gegenüber den berechtigten Forderungen der Notleidenden. Die Erwerbslosenunterstützung für eine fünfköpfige Familie betrug 57,- Mark
in der Woche, der Unterhalt kostete - bei Lebensmitteln nur die kargen rationierten
Mengen berechnet - 68,10 Mark. Das bedeutete Hunger, die Unmöglichkeit, ausreichend Brennmaterial oder gar Kleidung zu kaufen. Wer schon vor 1914 aus dem
Arbeitsprozeß ausgeschieden war und wer noch keine Arbeit hatte aufnehmen können, bekam eine Armenunterstützung in Höhe von 5,- bis 7,- Mark wöchentlich.
Der Wochenverdienst mancher Beschäftigten lag noch unter der Erwerbslosenunterstützung. Für diese Ärmsten der Armen setzt sich Max Hoelz ein. (...)
Dieser selbstlose Einsatz für die sozialen Belange der Werktätigen und sein uner-
schrockenes Auftreten - das sind zu dieser Zeit die wichtigsten Ursachen der großen Popularität von Max Hoelz im Vogtland. Sein persönlicher Einsatz weckt Klassenbewußtsein wie Kampfbereitschaft vieler, trägt zum Anwachsen des Einflusses
der KPD bei. Kühne Handstreiche, plötzliches Auftreten im wiederbesetzten Falkenstein kennzeichnen ihn ebenso wie sein agitatorisches Wirken für die KPD.
Eine Zeitlang muß er das Vogtland verlassen. Ein Steckbrief ist gegen ihn erlassen,
für seine Ergreifung wird eine Prämie ausgesetzt. Unter falschem Namen wirkt
Hoelz in Nordbayern und Mitteldeutschland, spricht in öffentlichen und Mitglie-
derversammlungen ...

In Oberfranken erreicht Max Hoelz die Nachricht vom Kapp-Putsch. ... Max Hoelz
glaubt, die Situation sei reif, den Kampf um die Diktatur des Proletariats aufzunehmen. Er hält an dieser Linie fest, als nach der erfolgreichen Niederschlagung
des Putsches durch die einheitlich handelnde Arbeiterklasse die Kämpfe abflauen
und auch noch, als die KPD, die erkennt, daß keine realen Voraussetzungen für einen erfolgreichen Machtkampf bestehen, eine andere Orientierung gibt. Die Leitung des Bezirks Erzgebirge-Vogtland der KPD fordert ihn auf, von seinem Kurs
Abstand zu nehmen. Aber Hoelz weigert sich, dem Folge zu leisten, meint weiter,
vom Vogtland her die revolutionäre Bewegung in ganz Deutschland in Gang bringen zu können. Die Bezirksleitung muß ihn aus der Partei ausschließen. Eine so

schwere Disziplinlosigkeit kann keine revolutionäre Partei dulden, schon gar nicht, wenn dadurch die Gefahr besteht, Arbeitermassen in aussichtslose bewaffnete Kämpfe zu treiben. Hoelz sieht das nicht ein, glaubt sich im Recht, äußert sich erbittert über die Führer der KPD. Aber er fühlt sich weiter als Kommunist. (...)
Der Aufenthalt von Max Hoelz in der Sowjetunion ist der bislang am wenigsten erforschte Abschnitt seines Lebens. Der erste sozialistische Staat gibt ihm die Möglichkeit, seinen Gesundheitszustand zu verbessern, der durch Kriegsverletzungen, die Strapazen der Haft, aber auch durch seine rastlose Tätigkeit stark angegriffen ist. Vor allem aber sind diese Jahre gekennzeichnet durch seinen unermüdlichen Einsatz für den sozialistischen Aufbau der Sowjetunion, für die politische und ökonomische Stärkung der Arbeiter-und-Bauern-Macht - sei es durch sein Auftreten als Redner in Versammlungen, durch seine Tätigkeit als Beauftragter der Partei und der Komintern an Zentren des sozialistischen Aufbaus oder in der Produktion selbst. Er publiziert in sowjetischen Zeitungen und führt einen regen Briefwechsel, vor allem mit Betrieben und mit Brigaden, die seinen Namen tragen. (...)
Über seinen Aufenthalt in der Sowjetunion machte sich Max Hoelz Aufzeichnungen - manchmal nur ganz knappe Notizen, manchmal längere Darlegungen. Dabei gibt es manche, auch größere Lücken in seiner Niederschrift. Am 6. Oktober 1930 notierte er in Moskau: "Hier sprach ich täglich in Versammlungen und Konferenzen. Ich kam kaum zur Besinnung, und mit meiner Gesundheit kam ich ganz auf den Hund!" Wenige Seiten weiter lesen wir: "Am 2. Dezember war ich auf der Arbeitsstelle der Berliner Bauarbeitergruppe. Die Genossen beklagten sich über einige Mißstände, die bald abgestellt waren." (...) Am 4. Januar 1931 spricht er im Klub eines Betriebes bei Moskau. Max Hoelz schildert die Lage in Deutschland und appelliert an die Arbeiter, schnell Rückstände in der Planerfüllung aufzuholen. Als seinen Eindruck hält er fest, daß die Arbeiter 50 Prozent mehr leisten würden, wenn die Kommunisten und Komsomolzen es besser verstünden, die in diesen Menschen ruhenden Energien und Begeisterungen zu wecken. Im Ergebnis seines Auftretens bilden sich am Abend Stoßbrigaden, die miteinander in einen sozialistischen Wettbewerb treten. (...)
Sehr positiv sind seine Eindrücke von Swerdlowsk. Dort trifft er mit Angehörigen kleiner Völkerschaften zusammen, die ihre Dankbarkeit für die Sowjetregierung zum Ausdruck bringen, die ihre nationalen Sitten und Gebräuche achtet. Auf dieser Fahrt stellt er in verschiedenen Betrieben schlechte Arbeitsleistungen und -disziplin fest. Er setzt sich mit sowjetischen Technikern auseinander, die keine Produktionsberatungen mit den Arbeitern durchführen und nichts tun, um den Bitten von Arbeitern nach Unterstützung bei der Qualifizierung nachzukommen. In Charkow beeindruckt ihn der starke Arbeitsenthusiasmus der Arbeiter. In einem Artikel aus dieser Zeit äußert er sich über seine guten Eindrücke in dem großen Industriewerk Kolomsawod. Hier sei ein Muster für vorbildliche Zusammenarbeit zwischen sowjetischen und ausländischen Arbeitern. "Während die Kapitalisten in ihren Ländern auf dem Rücken der Arbeiter Hanswurstiade spielen und geniale menschliche Schöpferkraft ins Lächerliche verzerren, beweisen die Sowjetarbeiter im Bunde mit den besten Elementen unter den ausländischen Arbeitern und Spezialisten der ganzen Welt, wie die moderne Technik unter der sozialistischen Herrschaft für die Menschheit zum Segen wird."
Das Bekenntnis von Max Hoelz zum Sozialismus - so wie er ist, mit allen seinen

Mängeln und Schwächen - ergibt sich entscheidend aus seiner realen Sicht auf den Kapitalismus, aus der Einsicht in dessen Wesen, aus der Erkenntnis, daß in ihm eine grundsätzliche Verbesserung der Lage der Werktätigen nicht möglich ist. (...) Einige Monate arbeitet Max Hoelz selbst im Schacht, um Leben und Sprache der sowjetischen Arbeiter besser kennenzulernen. Die Arbeit ist äußerst hart, die Arbeiter müssen sich schinden, schreibt er in einem Brief vom April 1932. "Sie sind wirkliche Helden des sozialistischen Aufbaus. (...) Hier im Schacht, bei dieser schweren Arbeit (...) kommt einem erst zu Bewußtsein, daß Arbeit für den sozialistischen Aufbau eine Sache der Ehre und des Ruhmes ist. Ich habe diese Bergleute liebgewonnen, und ich arbeite sehr gut mit ihnen zusammen." In einem Schreiben an die Max-Hoelz-Fabrik äußert er sich ausführlich über die schwere Arbeit der Bergleute und erklärt dann: "Wir wissen, daß wir mit jeder Schaufel, die wir in den Wagen werfen, den hungrigen Hochöfen in Kusnezkstroj etwas zu fressen geben können, dem sozialistischen Lande Traktoren und Maschinen. Wir wissen, daß wir mit jedem Erzklumpen, den wir aus den Leibern der sibirischen Berge losreißen, die Verteidigung unserer teuren Sowjetunion stärken. (...) Unsere Arbeit und unser Leben hier sind hart und schwer. Aber unsere Herzen und Sinne sind froh und glücklich, weil wir wissen, daß unsere Arbeit nicht faulen Ausbeutern das Leben schön und angenehm macht, sondern daß die Übererfüllung unserer Gegenpläne dazu beiträgt, auch unsere Arbeit schneller zu mechanisieren und leichter zu machen. (...) Die Maschinen in den Händen der Kapitalisten haben Millionen Menschen arbeitslos und brotlos gemacht. Aber die Maschinen im Besitz der Arbeiter- und Bauernklasse im Sowjetlande haben die Arbeitslosigkeit liquidiert und machen den Werktätigen die Arbeit leicht und zu einer Quelle des Reichtums, der Freude und der neuen proletarischen Kultur." (...) - Im Sommer 1933 reist Max Hoelz in die Nähe der Stadt Gorki, um dort auf einem Gut, das einer Autofabrik gehört, zu arbeiten und seine Gesundheit wiederherzustellen. Kurz vor seiner Abreise hat er sich begeistert über die wirtschaftlichen Erfolge der Sowjetunion geäußert. Vor seinem Einsatz spricht er mit einem leitenden Mitarbeiter des Autowerks. Im Ergebnis dieses Gesprächs notiert er: "Es ist immer dasselbe Lied. Mangel an geschulten Kadern! Die Schwierigkeiten sind riesig groß, und gerade deshalb sind alle die erzielten Erfolge um so höher zu werten." Am 10. August nimmt er die Arbeit in einer Feldbaubrigade auf. Daneben hält er weiter Vorträge, ist Redner auf Meetings. Am 15. September soll er in einer Fabrik am anderen Ufer der Oka sprechen.
Am 16. wird sein Leichnam im Wasser gefunden. Wahrscheinlich hat er bei dem Versuch, in einem Boot bei Unwetter den Fluß zu überqueren, den Tod gefunden.[2] Er war ein Mensch, der andere für die großen Ideale des proletarischen Freiheitskampfes begeistern konnte. (...) - Wenn wir heute Max Hoelz ehren, dann ehren wir den mutigen Kämpfer gegen Imperialismus, Faschismus und Krieg, den leidenschaftlichen Verfechter der Freundschaft des deutschen Volkes mit den Völkern der Sowjetunion; ehren wir ihn als einen derer, die für das wirkten, was in unserem Staat Wirklichkeit geworden ist, eine sozialistische Gesellschaft, eine Gesellschaft des Friedens und sozialer Sicherheit.

---

[2] Vgl. dazu: Karl I. Albrecht, *Der verratene Sozialismus - Der Mord an Max Hoelz*. Nibelungen-Verlag, Berlin - Leipzig 1943, S. 311 ff.

Manfred Gebhardt
Bolschewistische Amseln - Max Hoelz und die Frauen[3]

Als ich vor einiger Zeit der fast 90jährigen Lotte Jacobi, der einst gefeierten Berliner Fotografin, ein Buch über Max Hoelz nach New York schickte mit der Bemerkung, sie habe ihn doch noch persönlich gekannt, antwortete sie dem Überbringer: "Gekannt, junger Mann, geliebt habe ich ihn!"
Immer, wenn ich die ehemalige Sekretärin von Hoelz' Anwalt Dr. Apfel, Valerie Lübbe, in ihrem Westberliner Altersheim besuchte und wir auf Hoelz zu sprechen kamen, blitzte etwas in ihren Augen auf, und sie erinnerte sich an die glücklichen Stunden, als er ihr einige Kapitel aus seiner Autobiographie diktierte.
Selbst Annel Rölz aus Auerbach, die als Kurier für ihn arbeitete und die seinem Charme nicht erlag, sagt von Hoelz: "Ein schöner Mann, die Frauen waren alle verrückt nach ihm, er hatte so was im Blick."
Noch heute empfinden viele meiner weiblichen Freunde, wenn sie ein Bild von Hoelz sehen, jenes bestimmte Prickeln, das den Wunsch verrät, diesem Mann im Leben begegnet zu sein.

Romanze in Leningrad
Hoelz ist vierzig Jahre alt, als er aus dem Zuchthaus entlassen wird, und er ist offensichtlich ein Typ, der bei den Frauen ankommt. Nicht sehr groß gewachsen, von gedrungener Gestalt, schwarzes, nach hinten gekämmtes Haar, ein markantes Gesicht, dunkles Bärtchen über der Oberlippe und einen Blick, der alles sieht, was eine Frau vor ihm verbergen möchte. So ist er vielen in Erinnerung geblieben.
Doch mehr als sein Äußeres war es sein Charisma, dem sich niemand entziehen konnte, die Aura, die ihn umgab, das revolutionäre Abenteuer, das sich mit ihm verband und die Spannung, in die er seine Umgebung setzte, weil man nie genau wußte, was er im nächsten Augenblick tun würde. "Ein Zauber ging von ihm aus", sagte mir die Leningrader Schriftstellerin Jelena Serebrowskaja, die nur eine kurze Zeit, von Oktober 1930 bis Januar 1931, mit Hoelz in Moskau lebte, aber die keinen Tag davon vergessen hat.
Jelena war noch sehr jung, als sie Max Hoelz im Mai 1930 begegnete. Da sie ganz gut deutsch sprach, erhielt sie den Auftrag, den berühmten Revolutionär, den ersten deutschen Träger des Rotbannerordens, zu einem Besuch an ihrer Schule einzuladen. Noch am selben Abend tauchte er bei ihren Eltern auf: "Oh", sagt sie 50 Jahre später, "ich liebe diese operative Art." Sie muß ihn immer nur ansehen, wie er spricht und seine Worte mit den Händen unterstreicht. Hoelz spürt das. Natürlich, das Mädchen ist in ihn verliebt. Ende Oktober holt er sie nach Moskau, wo er zu dieser Zeit die Leninschule besucht. Er überläßt ihr sein Zimmer im Hotel Metropol, in dem sie die Abende gemeinsam verbringen. Im Dezember lassen sie sich als Mann und Frau registrieren. Begriffe wie Hochzeit, verheiratet sein, eine Ehe führen, entsprechen dem Wesen dieser Verbindung nur sehr ungenau, obwohl man es so ausdrücken könnte. Kein Fest, keine Feier, nicht einmal Blumen gibt es. Danach leben beide weiter wie bisher. "Ich war da, wenn er nach Hause kam. Ich hatte ihn lieb und wollte das Beste für ihn."

---

[3] Aus: *Das Magazin* (Berlin), Nr. 9/1989.

Nach kaum drei Monaten gemeinsamen Lebens in Moskau fuhr Jelena nach Leningrad zu ihren Eltern zurück. Sie begann eine Lehre im Max-Hoelz-Werk, dem ersten Produzenten von Linotypesetzmaschinen in der Sowjetunion. War die Romanze zu Ende? Und war es überhaupt eine Romanze? Für Jelena blieb es ein unvergeßliches Erlebnis, eine schwärmerische Liebe und zugleich der Beginn ihres bewußten politischen Lebens. Eine Erinnerung, die ihr auch nach 50 Jahren noch teuer ist.

Nicht einen Brief, den er ihr schrieb, nicht einen Gegenstand, den er berührte, nicht eine Zeitungsnotiz, die von ihm berichtete, sind ihr verlorengegangen. Alles hat sie bewahrt und behütet durch die Wirren der Zeit, durch die Schrecken des Krieges, durch ein ganzes Leben. Er war ihr Held - das war er mit Sicherheit viel mehr als ihr Mann - und für alles, was er tat, hat sie eine Erklärung, die ihm seinen Glanz läßt und ihre Erinnerungen nicht beschädigt. Noch heute, mit über siebzig, bezieht sie aus diesen drei Monaten einen Teil ihrer Kraft und ihrer Persönlichkeit. Selbst das Scheitern der Ehe - und gescheitert war sie wohl, lange bevor sie amtlich geschieden wurde - nimmt sie auf sich: "Ich war noch ganz jung und zu dumm... Ich wußte noch nicht, was eine Frau einem Mann geben kann... " Und er, der legendäre Held, für den die politische Arbeit immer an erster Stelle stand vor Liebe, Ehe und Familie? Was war die Beziehung zu Jelena für ihn, den Vierzigjährigen? Wir haben seine Briefe aus dieser Zeit, doch sie machen es uns nicht leichter, ihm ins Herz zu sehen. Wie in jeder seiner Beziehungen vermischen sich Persönliches und Politisches, Liebe, Verlangen nach Wärme und Zärtlichkeit mit der Erfüllung politischer Aufgaben. In einem Brief schreibt er Jelenas Vater: "Wir haben uns registrieren lassen. Das war notwendig, damit Jelena ohne Schwierigkeiten einen deutschen Paß bekommt." Und einen Monat später an Jelena: "Lena, Moskau ist viel kälter, wenn Du nicht hier bist... Auf den nächsten Besuch in Leningrad, besonders bei Euch, freue ich mich schon jetzt. (...) Ich küsse Dich - kleine Hölzin, Rot Front, Max Hoelz!"

Haben sie sich nun registrieren lassen, damit Jelena einen deutschen Paß bekommen und zur politischen Arbeit nach Deutschland fahren kann oder weil sie einander liebten? Und warum schickte er die kleine Hoelzin zu den Eltern zurück, wenn Moskau ohne sie kälter und häßlicher ist? Empfand er im nahen Zusammenleben mit ihr den Altersunterschied stärker als im ersten Verliebtsein?

Blumen für "Adusik"

Sicher nicht. Denn gleich nach Lenas Abreise erinnert er sich einer Bekanntschaft, die er im Sommer 1930 in Sotschi gemacht hatte. Ein blondes Mädchen von vielleicht 16 Jahren hatte ihm damals als Dolmetscherin geholfen: Ariadne Pugawko, genannt Ada. Sie war ganz glücklich gewesen, einem so berühmten Mann begegnet zu sein. Sie gefiel ihm, das spürte er sofort, und er unterstützte ihr Bemühen, auf die deutsche Schule nach Moskau zu kommen.

Nun, Anfang Februar, meldete er sich plötzlich bei ihr. Er hat einen politischen Auftrag für sie. Das ist zu dieser Zeit für ihn, wenn auch noch kein Liebeswerben, so doch eine starke Sympathiebekundung. Bald darauf stellte er sie seinem Freund Egon Erwin Kisch als seine zukünftige Frau vor. "Ich war erschrocken", sagt sie heute, "ich konnte mir das nicht vorstellen. Aber es war offensichtlich, daß er eine Frau suchte."

Am 10. Februar 1931 fuhren sie, begleitet von Moskauer Funktionären und Journalisten, im Salonwagen zum VIII. Uralkongreß nach Swerdlowsk. Nach der Reise ist es klar, Hoelz hat sich in die kleine Ada verliebt. Er wünscht sich, daß sich ihre freundlich-dienstliche Beziehung zu einer Liebesbeziehung entwickele, daß aus der gemeinsamen Arbeit ein gemeinsames Leben würde. "Und dann", sagt Ariadne heute, "saß ich am Abend in meinem winzigen Zimmer, in dem nichts stand als ein Bett und ein Stuhl, nicht mal ein Tisch hatte Platz, und ich wußte plötzlich, daß ein Leben ohne Max kein Leben mehr für mich sein würde." Am nächsten Tag fährt sie zu ihren Eltern, holt ihre Sachen und folgt Hoelz nach dem Süden. Mit einem Kurscheck als Ariadne Hoelz.

Ende Dezember 1931 unterrichtet Hoelz Wilhelm Pieck davon, daß er mit Ada nach Sibirien geht, um in Kusnezk am sozialistischen Aufbau mitzuwirken. In den folgenden Monaten teilen sie Hunger und Kälte, Arbeit bis zur Entkräftung und ruhelose Nächte, politische Kämpfe und dazwischen die wenigen Augenblicke persönlichen Glücks. In diesem Kampf gegen sibirische Kälte, gegen Schlamperei auf den Baustellen, gegen Intrigen in den eigenen Reihen und gegen die Feinde der Sowjetmacht muß sich ihre Liebe bewähren. Ada schildert Hoelz in dieser Zeit als "einen rührend besorgten Partner, der morgens, wenn ich aufstand, schon den Tee zubereitet hatte". Und auch später, in seinem letzten Sommer in Gorki sind Adas Briefe für Hoelz oft die einzige Freude. Sie nennt ihn "Mäxiko" und unterschreibt mit "Adusik" oder "Krolik" (Kaninchen). Und er schreibt ihr oft und schickt ihr Blumen. In einem der letzten Briefe, die ihn erreichen, schreibt sie am 10. September 1933, fünf Tage vor seinem bis heute nicht restlos geklärten Tod: "Gestern erhielt ich einen Brief von Dir und habe mich sehr über die Blumen gefreut. Es ist so kalt und grau in Moskau, und die Blumen haben mir einen frischen grünen Gruß mitgebracht. Ich habe doch keine Blumen hier. Bald wirst Du wieder hier sein. Dieser Gedanke macht mich glücklich und froh. Ich bin ohne Dich so furchtbar einsam hier. Ich warte ungeduldig auf den Augenblick, wenn Du hier sein wirst. Mit einem Kuß - Dein Adusik."

Als Hoelz stirbt, ist Ada gerade 18 Jahre alt. Die ebenso junge Jelena erfährt von seinem Tod aus der Zeitung. Beide Frauen leben heute - inzwischen Mitte 70 - in der Sowjetunion, beide heirateten später wieder, Jelena einen Polarforscher und Ariadne einen bekannten Schriftsteller.

Nach fast 60 Jahren haben beide Frauen nur glückliche Erinnerungen an Max Hoelz. Sie denken an ihn wie an ein helles Feuer, dessen Schein ein Leben lang leuchtete und dessen Glut sie noch wärmte, als der Herd schon längst erloschen war. Nach so vielen Jahren hat sich alles verklärt, die Küsse, die Schwüre, die Strapazen des Kampfes, die Härte der Arbeit, selbst Hunger und Kälte.

Zuchthausfrau Traute

Hoelz' Beziehungen zu Frauen waren in jungen Jahren vom evangelischen Keuschheitsbund, dem *Weißen Kreuz*, geprägt; in einer kurzen Kriegsehe mit der Falkensteiner Fuhrmannstochter Klara, die nach seiner Verhaftung 1923 sang- und klanglos geschieden wurde, fand er keine Erfüllung; seine Zuchthausfrau Traute Löbinger opferte zwar im Auftrag der Partei Jahre ihres Lebens für seine Befreiung und sprach in Hunderten Versammlungen, sie mochte aber den "Typ Hoelz in bezug auf Libido - Eros - Sexus nicht leiden", wie er schrieb, so wandte sich Hoelz nach den Zuchthausjahren immer jüngeren Frauen zu. Hatten die Erlebnisse ein Trauma bei ihm hinterlassen? Wollte er mit vierzig die fünfzehn Jahre, die er im Krieg, im revolutionären Kampf und in der Zelle verbracht hatte, nachholen? Vielleicht findet sich eine Antwort auf diese Fragen in einem Brief aus dem Zuchthaus Breslau, in dem er sich einem Freund gegenüber öffnet: "Eine der Ketten", schreibt er da 1925, "an denen sich meine Rebellenpsyche täglich wund scheuert, ist die Tatsache, daß meine Haft begann zu einer Zeit, wo ich physisch und seelisch plus Sexus noch unverbraucht war. Es gibt Stunden und nicht wenige, in denen mich ein wahnsinnig glühendes Verlangen durchströmt. (...) Wo sie (seine Zuchthausfrau Traute Löbinger - M. G.) am Sonntag wieder erschien, hätte ich sie brennend gern in meine Bärentatzen gerissen und drauflosgebrüllt: 'Brüder zur Sonne zur Freiheit!' Da war mir die bolschewistische Amsel als Genossin und Weib gleich wertvoll. (...) Das schwierigste der Unterdrückung meiner Empfindungen ist das Faktum, daß das bloße sexuelle Verlangen nie allein auftritt, sondern stets in Verbindung mit einem anderen, rein seelischem Verlangen. Und zwar dem Verlangen, einem Menschen etwas Besonderes zu sein. Gewiß, der Kampf für unsere kommunistische Sache ist auch etwas ganz Besonderes, ist etwas, das mich ganz beherrscht und dem ich mit Haut und Haaren, mit Leib und Seele vollständig verschrieben bin. Anders wäre es ein Unding für mich, meine Einkerkerung zu ertragen. Aber ganz vollkommen ausfüllen kann einen Menschen wie mich diese Zielstellung nicht. Ich brauche daneben noch und gerade, und um alle und die tiefsten Kräfte in mir für die kommunistische Sache mobil zu machen, einen Menschen, der mich körperlich und seelisch befruchtet, in dem ich mich selbst wiederfinde und der alles mit mir empfindet und teilt, sowohl die Höhen als auch die Tiefen meines Wollens und Handelns.

Das Verlangen, einen anderen Menschen ganz auszufüllen und von ihm ausgefüllt zu werden, ob ich überhaupt jemals einen solchen Menschen, eine solche Genossin für mich finde - später draußen -, das mag der Teufel wissen."

Hoelz, die legendäre Gestalt, aus den Klassenkämpfen im Vogtland und in Mansfeld, der kühne militärische Führer bewaffneter Arbeiter, der von seinen Feinden gefürchtete harte Kämpfer, der, nach der Niederlage 1921 zu lebenslanger Haft verurteilt, selbst im Zuchthaus seinen Kampf nicht aufgab, auch wenn er bis an die Grenzen des Ertragbaren gequält wurde - dieser Hoelz war auch ein empfindsamer, sensibler, liebebedürftiger Mensch. Wenn er seine ethischen Vorstellungen über die Liebe entwickelt, dann klingen Saiten bei ihm an, die anzurühren er sich im revolutionären Kampf oft versagen mußte, aber die ein Teil dieser Persönlichkeit sind.

Zu oft erfahren wir von unseren Helden, den proletarischen Kämpfern, nach denen Fabriken und Straßen, Schulen und Ferienheime, Brücken und Stadien benannt werden, nur, wann und wo sie gekämpft, welche Rolle sie bei welchem Aufstand gespielt, welche Rede sie auf welchem Parteitag gehalten haben, wofür sie gelitten haben und gestorben sind. Aber fragen wir uns, wie sie das alles durchstehen konnten ohne Liebe, ohne Stunden der Hingabe an einen geliebten Menschen, ohne das Glück einer Umarmung, einer Liebesnacht? Gerade sie, von denen wir immer und überall Tatendrang und Außergewöhnliches erwarten, sollten wir uns auch in der Liebe nicht als biedere Bürger denken. Max Hoelz jedenfalls ist für ein solches Bild nicht geeignet.

Karl Retzlaw
Befreiungsversuche Max Hoelz' aus dem Knast[4]

Bei einem der täglichen Treffen sagte mir Ruth Österreich-Jensen, daß Thomas mich dringend sprechen möchte. Als ich bei ihm war, begann er sofort, ich solle prüfen, ob eine Möglichkeit bestehe, Max Hoelz zu befreien. (...)
Thomas sagte mir, daß er sich bereits an Mitglieder des Zentralkomitees der Partei gewandt habe, doch diese hätten erklärt, daß die Partei keinen Weg wüßte, Hoelz freizubekommen. Ein Wiederaufnahmeverfahren sei schon eingeleitet, aber es könnte jahrelang dauern und sein Ausgang sei ungewiß.
Ich organisierte den Befreiungsversuch sehr sorgfältig. Hoelz saß um diese Zeit im Gefängnis Berlin, Alt-Moabit. Er konnte jeden Tag abtransportiert werden. Die Sache eilte also. Ich hatte als beste Möglichkeit eine Vorführung des Gefangenen zum Wehrministerium in der Bendlerstraße erwogen. Es kam öfters vor, daß in bestimmten Verfahren Gerichtsoffiziere sich Gefangene zu Vernehmungen in die Bendlerstraße vorführen ließen. In diesen Fällen wurden die Gefangenen von zwei Kriminalbeamten mit einem Vorführungsbefehl zur Bendlerstraße und wieder zurückgebracht.
Den Wortlaut des Vorführungsbefehls und den Briefbogen des Wehrministeriums besorgte mir der Leutnant, den ich bereits erwähnte. Die Zimmernummer entnahm ich dem Telefonbuch, und das Aktenzeichen lautete "Hoelz" und die Jahreszahl.
Aus dem "Ordnerdienst" der Partei hatte ich fünf Genossen ausgesucht, die sofort begeistert bereit waren, mitzumachen. Zweien gab ich je einen Ausweis, die noch Noskes Unterschrift trugen, und je eine Kriminalbeamten-Marke. Zwei Genossen sollten die gemieteten Autos fahren. Das eine Auto fuhr mit zwei "Kriminalbeamten" vor dem Gefängnis Alt-Moabit vor und wartete, in Richtung Westen stehend, das zweite hielt einige hundert Meter weiter an der Ecke Stromstraße. In diesem Wagen wartete ich. Hoelz sollte hier umsteigen.
Zur Zeit der Vorsprache der beiden "Kriminalbeamten" beim Gefängnisvorsteher hatte es der Leutnant in der Bendlerstraße so eingerichtet, daß er von 10 bis 11 Uhr vormittags in der Nähe des Telefons sein konnte. Der Leutnant hatte selbst den Tag und die Uhrzeit, als die am besten geeignete, angegeben. Er konnte um diese Zeit allein im Zimmer sein, falls der Gefängnisvorsteher anrufen sollte, um sich zu vergewissern, daß die Vorführung in Ordnung gehe. Da Hoelz schon verurteilt war, war der Untersuchungsrichter nicht mehr zuständig.
Alles funktionierte auf die Minute. Der Vorsteher rief nicht an. Er gab die Einwilligung und geleitete die beiden "Kriminalbeamten" zur Zelle Hoelz. Hoelz wurden Handschellen angelegt, auch "echte", und er wurde mit der vorgeschriebenen Formel darauf aufmerksam gemacht, daß er keinen Fluchtversuch machen dürfe. Auch der Vorsteher verwarnte Hoelz noch einmal, keine Schwierigkeiten zu machen. Hoelz hatte seine Zelle im sichersten Parterreflur, nur wenige Zellen von der ersten Gittertür entfernt, hinter der Tag und Nacht ein Wächter saß. Diese Gittertür war die erste Tür im inneren Flügel, nach dieser Tür mußten noch mehrere Türen passiert werden. Hoelz ging erst schweigend mit, die Hände nach vorn in Handschel-

---

[4] Aus: Karl Retzlaw, *Spartakus Aufstieg und Niedergang*. Verlag Neue Kritik, Frankfurt am Main 1974, S. 226 ff.

len, zu beiden Seiten gingen meine "Kriminalbeamten". Einige Schritte vor dem Gitter ließ sich Hoelz der Länge nach zu Boden fallen, erfaßte die Gitterstäbe und begann zu schreien: "Ich bin Hoelz, man will mich auf der Flucht erschießen!" Er schrie so laut, daß es durch den ganzen Bau schallte. Die beiden Genossen versuchten vergeblich, seine Hände vom Gitter zu lösen und redeten auf ihn ein, mitzukommen. Hoelz war ein athletischer Mann von großer Kraft, er war stärker als jeder der beiden "Kriminalbeamten". Es gelang ihnen nicht, seine Hände vom Gitter loszureißen. Hoelz schrie währenddessen immer wieder "Man will mich ermorden!" Andere Häftlinge in den Zellen begannen unruhig zu werden, sie pfiffen und schlugen an die Zellentüren. Es entstand ein großer Lärm in dem Gefängnis.

Dem Gefängnisvorsteher kamen jetzt Bedenken, er rief mehrere Wärter von anderen Fluren herbei und ließ Hoelz in die Zelle zurückführen. Meine beiden "Kriminalbeamten" schilderten mir nachher, daß sie in Schweiß gebadet und nervös waren. Der Vorsteher ersuchte die beiden, dem Vernehmungs-Offizier zu bestellen, er möge Hoelz hier im Gefängnis vernehmen. Meine beiden "Kriminalbeamten" erhielten ihren Vorführungsbefehl zurück und wurden hinaus geleitet. Sie kamen mit dem Wagen zur verabredeten Ecke und erzählten mir die ganze Geschichte. Sie zitterten noch am ganzen Körper vor Aufregung. So mußte ich allein zu der Wohnung fahren, in der Thomas wartete.

Anderntags ging ich zu der Fabrik, in der Frau Hoelz arbeitete und erwartete sie nach Arbeitsschluß. Ich erzählte ihr von dem mißlungenen Befreiungsversuch und erklärte ihr, daß es nicht möglich gewesen war, sie vorher einzuweihen.

Ich kann nicht sagen, ob der Gefängnisvorsteher sich nachträglich erkundigt hat, als kein Offizier zur Vernehmung kam. Der Leutnant blieb unbehelligt. Es kam auch nichts in die Presse. Hoelz wurde aber einige Tage später in das Zuchthaus in Münster/Westfalen überführt und einige Zeit darauf wurde er wiederum umquartiert und kam ins sicherste Zuchthaus nach Breslau.

Es blieb nicht bei diesem ersten erfolglosen Versuch, Hoelz zu befreien, zwei weitere Versuche mißglückten ebenfalls.

Einige Wochen später sagte mir Thomas, daß er die Sache Hoelz noch einmal mit mir besprechen müßte. Er ließ mich einige Briefe lesen, die Hoelz im Zuchthaus Breslau an den Moskauer Sowjet und an die russische Regierung geschrieben hatte. Frau Hoelz hatte diese Briefe herausgeschmuggelt und sie in der russischen Botschaft abgegeben. Hoelz wandte sich niemals an die Zentrale der KPD. Er war gar nicht Parteimitglied.

Die Russen liebten diesen Typ des aktiven Revolutionärs, von dem sie selbst sagten, daß er in der ersten Phase der Revolution unschätzbare Dienste leiste, in der zweiten Phase aber sehr schädlich sei, weil er sich nicht in den nun notwendigen Aufbau einfügen kann oder will.[5] Sie ernannten Hoelz zum Ehrenmitglied des Moskauer Sowjets. Als Ehrenmitglied des Moskauer Sowjets adressierte er seine Briefe direkt an diesen und an die russische Regierung. Die Briefe waren in den gröbsten Ausdrücken geschrieben und enthielten absurde Beschuldigungen gegen das Zen-

---

[5] Nicht nur Russen, auch ein Franzose "liebte" einen derartigen Typ: Michael Bakunin. Er beteiligte sich an der Ferbruarrevolution 1848 in Paris; der Präfekt der Barrikaden, Caussidiere, über Bakunin: "Welch ein Mensch, welch ein Mensch! Am ersten Tag der Revolution ist er einfach unbezahlbar, doch am nächsten Tag muß man ihn füsilieren!" (B. K.)

tralkomitee der KPD. "Sie lassen mich im Stich, weil sie mich fürchten", schrieb er. In einem Brief hieß es: "Die Zentrale weiß, daß ich sie absetzen werde, wenn ich frei komme, darum läßt sie mich im Zuchthaus umkommen." In einem weiteren Brief verlangte Hoelz die "Kriegserklärung an die deutsche Regierung, falls diese ihn nicht freilasse". Es war offensichtlich, daß Hoelz den "Gefängniskoller" hatte. Hoelz war geschickt genug, in seinen Briefen nur die Mitglieder des deutschen Zentralkomitees anzugreifen und nur sie der Feigheit und Uninteressiertheit zu beschuldigen. Gleichzeitig betonte er in den Briefen seine Ergebenheit gegenüber dem revolutionären Rußland. Das machte anscheinend Eindruck auf Moskau. Der Moskauer Sowjet und die Regierung aber gaben die Briefe Hoelz' an das Exekutivkomitee der Kommunistischen Internationale mit der Weisung, sich positiv mit der Sache zu befassen. Das Exekutiv wiederum schickte die Briefe an Thomas. Die Sowjet-Regierung hatte zur Zeit keine "Austauschgefangenen" vorrätig, und schließlich war Hoelz deutscher Staatsbürger.

Ich fuhr zu Hegewisch, dem Rechtsanwalt von Max Hoelz, zeigte ihm einige Kopien der Briefe von Max Hoelz. Hegewisch, der ebenfalls ein überzeugter Sozialist war, hatte auch einige Briefe im gleichen Stil von Hoelz erhalten, und er sagte, daß Hoelz ihm gegenüber bei einem Besuch im Gefängnis die gleichen Vorwürfe und Forderungen erhoben habe. "Mit Recht," rief Hegewisch, der plötzlich in Zorn geriet und zu meinem Erschrecken Hoelz in allen Punkten Recht gab und auf das Zentralkomitee der KPD zu schimpfen begann. Er kannte einige Mitglieder persönlich, er war auch schon einige Male beauftragt, Mitglieder der Partei vor Gericht zu vertreten. Die Sache Hoelz schien den Anwalt sehr mitgenommen zu haben. Es sollte noch schlimmer kommen.

Ich vereinbarte mit dem Anwalt, zusammen nach Breslau zu fahren und zu Hoelz ins Gefängnis zu gehen. Wir trafen uns einige Tage später in Breslau in einem Hotel und berieten, wie es einzurichten wäre, daß ich Hoelz allein sprechen könne, während er, Hegewisch, sich mit dem Gefängnisdirektor unterhalten sollte. Hegewisch sagte, daß für mich keine andere Möglichkeit bestehe, an Hoelz einige vertrauliche Worte zu richten.

Am folgenden Morgen gingen wir zum Gefängnis und wurden zum Direktorzimmer geführt. Der Direktor kannte Hegewisch bereits. Ich mußte mich ausweisen, und wir verhandelten um Sprecherlaubnis. Der Direktor machte Schwierigkeiten. Hegewisch sollte in Gegenwart des Direktors mit Hoelz sprechen, aber für mich läge von der Strafvollzugsbehörde keine Genehmigung vor, etc. Nach ergebnislosem Verhandeln sagte ich, daß ich zur Hauptpost gehen und das preußische Justizministerium in Berlin anrufen möchte. Das war dem Direktor recht. Hegewisch und ich verließen das Gefängnis. Unterwegs sagte ich Hegewisch, daß ich mich nur mit ihm noch einmal beraten möchte, natürlich könnte ich das Ministerium nicht anrufen, wir mußten bluffen. Ich schlug vor, es zu riskieren, dem Direktor zu sagen, ich hätte telefoniert, er könne sich ja überzeugen und noch einmal anrufen. Wir gingen nach einer Stunde ins Gefängnis zurück. Der Direktor verzichtete auf eine Rückfrage in Berlin. "So ein Anruf ist viel zu teuer, wir müssen sparen", sagte er. Er ließ Hoelz nicht ins Sprechzimmer kommen, sondern er geleitete uns zur Zelle von Hoelz. Mir war gar nicht wohl zumute, als die verschiedenen Türen hinter uns wieder verschlossen wurden und zwei Gefängniswärter uns begleiteten. Ich wurde ja noch steckbrieflich gesucht. Man merkte mir aber keine Nervosität an.

Im Gefängnis war völlige Stille. Die meisten Gefangenen waren wohl in den Arbeitsräumen, nur die Einzelhaftgefangenen waren in den Zellen geblieben, so auch Hoelz. Die Zelle Hoelz' lag im obersten, fünften Stockwerk. Kaum hatte der Direktor die Zelle aufgeschlossen, da fielen sich Hegewisch und Hoelz in die Arme. "Du gefangener Löwe", schrie Hegewisch mehrmals, Hoelz schrie: "Mein einziger Freund." Der Direktor sagte zu mir: "Nun sehen Sie, was ich Ihnen gesagt habe, jeder Besuch regt Hoelz nur auf." Mir schien, daß Hegewisch geistig ebensowenig beisammen war wie Hoelz. Als die beiden sich etwas beruhigt hatten, sagte der Direktor zu Hoelz, daß er mir die gewünschten Auskünfte geben möge. Hegewisch stellte mich Hoelz vor und sagte, er solle volles Vertrauen haben. Als nun Hegewisch, wie verabredet, mit dem Direktor sprach, um ihn abzulenken, flüsterte ich Hoelz zu, daß ich vom Vertreter der Komintern beauftragt sei, mit ihm zu sprechen. In diesem Moment fing Hoelz an zu schreien, "verdammte Schweinehunde, Halunken" und so fort. Der Direktor war erschrocken. "Wir müssen abbrechen, ich habe Sie gewarnt, er kriegt seinen üblichen Tobsuchtsanfall." Die beiden Wärter, die etwas abseits gestanden hatten, stürzten herbei und nachdem Hegewisch und Hoelz einander wieder in die Arme gefallen waren und Hegewisch wieder "gefangener Löwe" geschrien hatte, wurde die Zelle abgeschlossen. Hoelz rief uns unverständliche Wort nach, bis wir aus dem Bau waren. Ich atmete auf, als ich die verschiedenen Türen wieder passiert hatte und vor dem Tor des Zuchthauses stand.

Ich eilte zum Bahnhof und zu Hause angekommen, schrieb ich einen ausführlichen Bericht über alles Erlebte. Thomas gab ihn an die erwähnten Stellen weiter. Einige Tage später ging ich auch wieder zum Arbeitsschluß zur Fabrik, in der Frau Hoelz arbeitete, um ihr in stark gemilderter Form von meinem Besuch in Breslau zu erzählen.

Es vergingen weitere Wochen, als Thomas mich wiederum ansprach: "Die Sache mit Hoelz macht mir Magengeschwüre, wir müssen uns noch einmal mit der Sache befassen." Thomas sagte, daß diesmal Frau Hoelz mit einer Gruppe Hoelz-Anhänger die Sache selber machen wolle. Er gab mir einen Brief, den Frau Hoelz wieder in der russischen Botschaft abgegeben hatte. Sie verlangte hierin die runde Summe von fünftausend amerikanischen Dollar in kleinen Scheinen und niemand solle sich in die Organisation der Befreiung einmischen. Ich traf mich mit Frau Hoelz. Sie sagte mir, daß sie ihre Arbeitsstelle aufgegeben habe, um sich ganz der Befreiung ihres Mannes zu widmen. Ich teilte ihr mit, daß sie die Summe erhalten werde. Einige Tage darauf gab mir Thomas ein Päckchen mit 5.000 Dollar. Das war damals ein phantastisch hoher Betrag.

Mit der nötigen Vorsicht traf ich mich mit Frau Hoelz in einem Café. Sie ging in die Toilette, um das Päckchen zu öffnen und die Scheine zu zählen. Eine Quittung sollte ich ablehnen. Ich sagte ihr, daß man volles Vertrauen zu ihr habe und daß sie nach der Aktion den Chef selber sprechen könne. Sie dürfe aber nicht noch einmal zur russischen Botschaft gehen. Alle Briefe solle sie mir geben, ich gab ihr eine Deckadresse.

Frau Hoelz hatte die Besuchserlaubnis für ihren Mann in Breslau bereits erhalten. Wir hörten nun mehrere Wochen nichts von ihr. Endlich gab Frau Hoelz bei der Deckadresse die Mitteilung für mich ab, daß sie mich sprechen möchte. Wir trafen uns, und sie gab mir das Päckchen mit den Dollarnoten zurück und eine Abrechnung. Sie hatte nur 91 Dollar verbraucht. Sie erzählte mir, daß die Gruppe zahllose

Pläne geschmiedet habe, zweimal nach Breslau gefahren sei, und daß sie sich jedoch nicht über die Art der Befreiung habe einigen können. Frau Hoelz erzählte weiter, daß sie selber bei ihrem Besuch im Zuchthaus einen schweren Schock erlitten habe; Hoelz sei sehr eifersüchtig gewesen und habe sie und die Gruppe unflätig beschimpft. Sie war ziemlich verstört und sagte abschließend, daß sie mit Hoelz und seiner Sache nichts mehr zu tun haben möchte. Von den Dollar habe sie weder Hoelz noch der Gruppe etwas gesagt.

Ich berichtete Thomas, und er schickte mich noch einmal zu Frau Hoelz, um ihr Geld zu bringen, damit sie in aller Ruhe nach einer passenden Arbeit suchen könne.

Ungefähr zwei Jahre später begegnete ich Frau Hoelz zufällig auf der Straße in Berlin. Sie sagte mir, daß sie nicht mehr Hoelz heiße. Sie habe sich scheiden lassen und einen Kollegen geheiratet, den sie auf ihrer Arbeitsstelle kennengelernt hatte. Sie sagte, sie werde eine Familie haben und sie wolle für diese sorgen. Diese Frau Hoelz habe ich in bester Erinnerung; sie war eine tapfere und intelligente Arbeiterfrau.

Später, als die KPD-Propaganda aus Hoelz eine Heldenfigur gemacht hatte, wurde eine Traute X. beauftragt, sich um Max Hoelz zu kümmern. Mit dieser Frau schloß Hoelz im Gefängnis eine neue Ehe. Traute Hoelz sprach nun in zahlreichen Versammlungen in ganz Deutschland über den Helden und Rebellen Max Hoelz. Als Hoelz 1928 frei kam, ging er ohne sie nach Moskau.

Karl Hubbuch: Max Hoelz spricht (1930)

Wilhelm Pieck
Ein nicht abgesandter Brief[6]

Deine Briefe in der letzten Zeit ... enthalten ein solches Mass schmutziger Gesinnung, das mir einen Besuch unmöglich macht. Ich will Dir daher in diesem persönlich gehaltenen Brief als Mensch zu Mensch sagen, was ich von Deinem Verhalten denke. Es sind nicht die üblichen Schimpfereien, die ich einem im Gefängnis sitzenden oder einem im Zorn befindlichen Genossen nicht übel nehme oder nachtrage, es sind die wohl überlegten Gemeinheiten, die Du der Partei anhängst. Du bezeugst damit, dass Dein ganzes Gerede von der Liebe zur Partei nur fauler Zauber oder eben auch nur Einbildung ist. Indem Du die Jauchekübel der KAPD. benutzt und vor Kurzem noch die Absicht hattest, ihren Dr. Broh als Kübelgiesser auch noch heranzuholen, beweist Du, dass Du mit der KAPD. in Gesinnung und Charakter mehr verwachsen bist als Dein Verstand mit den politischen Anschauungen der KPD. Die KPD. kann bei ihrer gesunden Konstitution wohl einen Max Hölz ertragen, aber dieser muss sich auch im Gefängnis als Kommunist bewegen und darf sich keine Gesinnungslumpereien erlauben.

Auch die revolutionäre Bewegung braucht gewiss jeden Kämpfer, aber nicht jeder Kämpfer ist auch zugleich zu ihrem Führer berufen. Dazu gehört nicht nur Mut und Opferwilligkeit, sondern neben den politischen Fähigkeiten auch Selbstbeherrschung und innere Sauberkeit. Du hast in der letzten Zeit bewiesen, dass Dir die letztere Eigenschaft abgeht.

Max Hölz, Du wirst verstehen, dass ich von einem Besuche Abstand nehme. Ich betrachte Dich nicht als einen geisteskranken Menschen und beurteile infolge dessen auch Deine Handlungen. Diese sprechen dafür, dass Du ein Mensch bist, der um des Erfolges willen auch vor Gemeinheiten nicht zurückschreckt. Räche Dich deshalb nicht durch einen vielleicht noch schmutzigeren Brief, sondern prüfe, ob das, was Du mit Deinen Briefen getan hast, Deiner wirklichen Gesinnung entspricht. Sollte dieses der Fall sein, dann versuche, trotz aller äusseren Hemmnisse Dich zu einer wirklichen kommunistischen Gesinnung und Kampfesart - auch in persönlichen Dingen - durchzuringen.

Franz Jung
Max Hoelz lag mir weniger[7]

Ich fuhr also mit dem Auftrag der drei Organisationen (KP, USPD, KAPD), einen Streik im Mansfeldschen zu entfesseln, zu einem Generalstreik auszuweiten, der über ganz Deutschland dann hätte ausgedehnt werden sollen - Signal für einen Generalangriff auf die Regierung, das war die Parole. Ich hatte die verschiedenen Verbindungen bekommen, eine Liste von Vertrauensleuten, die ich aufzusuchen

---

[6] Brief von Wilhelm Pieck an Max Hoelz vom 27. 12. 1922 - wurde nicht abgesandt auf Anraten von Mitgliedern der Zentrale. Stiftung Archiv der Parteien..., Band 14, Blatt 325.
[7] Franz Jung, *Der Weg nach unten.* Hermann Luchterhand Verlag, Neuwied am Rhein/Berlin-Spandau 1961, S. 198 ff. - Wir danken an dieser Stelle dem Sohn von Franz Jung, F. Peter Jung, Miami/Florida, für die Abdruckgenehmigung.

hätte in Halle, Hettstedt und Kloster-Mansfeld. Spezialisten sollten zu mir stoßen, die die weitere Aktion übernehmen würden. Mein Auftrag war, unmittelbar nach dem Anlaufen der Aktion nach Berlin zurückzukehren. (...)

Zu meiner Unterstützung - sollte ich bald erfahren - waren als Drahtzieher hinter meinen zunächst noch harmlos genug scheinenden Bemühungen drei Leute eingesetzt: Bela Kun, der anscheinend eigens aus Moskau gekommen war, um den Versuch einer neuen Revolution in Deutschland zu starten, Max Hölz und Karl Plättner. Die beiden Letzteren hatten jeder einen Trupp trainierter Gefolgsleute hinter sich, auf Terror diszipliniert und straff organisiert, darunter auch Leute mit einer gediegenen Zuchthauserfahrung. (...)

Lassen Sie mich diese Aufzeichnungen jetzt zu Ende bringen: In Halle war Bela Kun bereits bei der Arbeit. Ich konnte nicht zu ihm vordringen. Die in das Gewerkschaftshaus einberufene Obmänner-Versammlung war gerade abgesagt worden, als ich auf dem Wege war, meine Verbindungsleute dort aufzusuchen. Gerüchte von einem Komplott waren in Umlauf. Bela Kun hatte Vorbereitungen getroffen, das Gewerkschaftshaus von seinen Leuten in die Luft sprengen zu lassen, die dort versammelten dreihundert Delegierte als Opfer. Um Bewegung in die Massen zu bringen, spontane Demonstrationen: Generalstreik gegen die Provokateure der Reichswehr und der Regierung und so. Der Plan war durchgesickert, vielleicht sogar verraten worden an die SPD und an die fraktionelle Opposition der USPD. Der Kampf zwischen den Fraktionen war im vollen Gange. In den Zugangsstraßen zum Gewerkschaftshaus standen die Arbeiter in Gruppen und warteten auf Bela Kun, der als Hauptredner angesagt war, sie hätten ihn totgeschlagen. Demonstrationen waren angelaufen. Bela Kun hielt sich versteckt in einem Laubengelände am Rande der Stadt. (...)

Von Bela Kuns Hauptquartier waren keine Befehle mehr ausgegangen. Die Lage war völlig unübersichtlich geworden; der Streik würde wahrscheinlich nicht zustande kommen. Das war der Auftakt. Ich fuhr wieder nach Hettstedt.

Dort war schon vorher Max Hölz mit seinen Gefolgsleuten eingetroffen. Hölz hielt nicht viel von Versammlungen. Wir ließen, wie vorgesehen, eine am Vormittag abrollen. Hölz erschien dort auf dem Podium, als die Diskussion bereits im Gange war. Es sprach gerade ein junger Mann, der angezogen war wie ein Forstadjunkt, irgendein Angestellter von einem Gut aus der Nachbarschaft, zur Ruhe mahnend. Hölz trat ihm in den Hintern und schmiß den Mann vom Podium, großes Gelächter; die Versammlung war aus, es wurde nicht abgestimmt.

Im Garten des Wirtshauses war ein Tisch aufgestellt. Ich registrierte dort die Leute, die sich bereit erklärten, sich in eine Kampftruppe einteilen zu lassen. Es kam eine kriegsstarke Kompanie zusammen. Ich teilte die Gewehre aus, die bisher im Rathaus gelagert waren. Das Rathaus war schon bisher ein Stützpunkt der KPD gewesen. Zur Verteilung kamen außerdem noch Munition und Kisten mit Dynamit, organisiert aus dem Materialdepot der umliegenden Kaligesellschaften. Ehe die Kompanie noch von den vorher bestimmten Leuten übernommen werden konnte, hörten wir, vom unteren Stadtzentrum her, die Straße nach dem auf einer Anhöhe gelegenen Wirtshaus entlang Gewehrfeuer. Die Reichswehr war mittlerweile in Hettstedt eingerückt. Meine Leute stürmten auseinander, mitten in einen Wirbelsturm geraten, allenthalben lagen Gewehre herum. Und ich saß schließlich allein am Tisch mit den Listen.

Inzwischen hatte sich die Hölz-Gruppe in der Stadt betätigt. Hölz hatte am Markt-platz eine Fahrradhandlung besetzt, den Inhaber auf die Straße gejagt; seine Leute rüsteten sich mit Fahrrädern aus. Als Warnung hatte er gleichzeitig die daneben befindliche Sparkasse gesprengt. Die Fassade war niedergebrochen, der Dachstuhl eingestürzt. Nachrichten von der anrückenden Reichswehr ließen keine Zeit mehr, die Depots zu zerstören und sich nach dem Gelde umzusehen. Max Hölz war abge-rückt, über den den Stadtkern umgebenden Höhenrücken hinweg und in die Weite verschwunden. Für mich wurde es jetzt auch Zeit, dem immer näher rückenden Gewehrfeuer auszuweichen. Der Weg nach oben über die Höhen war bereits verrie-gelt. (...)

Im mitteldeutschen Revier, bis zu den Leuna-Werken, wo die Plättner-Gruppe zu operieren hatte, knisterten Funken des Aufstandes. Die Plättner-Gruppe, die zeit-weilig auf über hundert Waffenträger angewachsen war, lieferte der Reichswehr zwischen Halle und Bitterfeld regelrechte Gefechte, erbeutete Maschinengewehre und Minenwerfer. Die kriegsgedienten Reichswehrleute liefen davon wie die Ha-sen, sobald ernsthaft auf sie geschossen wurde. (...)

Max Hölz lag mir viel weniger. Ich fand ihn arrogant und auf Schaustellung be-dacht.[8] Seine Autorität als Räuberhauptmann aus dem Vogtland würde nicht lange vorgehalten haben, wenn man ihn allein gelassen hätte. Bei aller Großsprecherei verstand er nicht, sich durchzusetzen, weder nach oben noch nach unten. In dem Augenblick, als er politisch unbequem geworden war, schrumpfte er zusammen.

Wir hätten ihn damals leicht außer Landes bringen können, wenn er nicht darauf bestanden hätte, von einem von Parteivertretern zusammengesetzten Ehrengericht persönliche Beschuldigungen gegen seinen Hauptkonkurrenten Karl Plättner zu er-heben. Es ging um die Frage: Wer hat die Platinlöffel aus den Leuna-Werken er-beutet? Wer hat den Anspruch auf die Beute? Wer hat jetzt die Platinlöffel gestoh-len? Die Leuna-Werke waren ohne Zutun von Hölz und Plättner in den Streik ge-treten. Hölz bestand auf einer Abfindung für seinen Anteil an der Leuna-Beute. Auf dem Wege von oder zu einer dieser Aussprachen, die Franz Pfempfert als Mittels-mann arrangiert hatte, wurde Hölz vor dem Pfempfertschen Buchladen in der Kai-ser-Allee verhaftet. Die Platinlöffel tauchten später in Holland auf, wo sie von ei-nem langjährigen Freunde Lenins für die Parteikasse der KAPD verkauft worden sind. Es hat mich nicht erstaunt, daß Jahrzehnte später jemand in New York er-zählte, in seinem Kreise wäre man damals überzeugt gewesen, ich hätte die Löffel gestohlen und das Geld versoffen. (...)

Max Hölz wurde, nachdem er erst zum Tode verurteilt worden war, später sehr bald amnestiert, ging nach Sowjetrußland und ist dort umgekommen, wie nicht anders zu erwarten war.

---

[8] Es ist Hans Manfred Bock zuzustimmen, der über diese Charakterisierung schreibt: "Franz Jung zeichnet Hoelz in seinen Erinnerungen als 'arrogant' und auf Schaustellung' bedacht. (...) Durch Jungs Erinnerungen geht allerdings ein ausgesprochen medisanter (schmähsüch-tiger) Zug.", in: *Syndikalismus und Linkskommunismus von 1918-1923. Zur Geschichte und Soziologie der Freien Arbeiter-Union Deutschlands (Syndikalisten), der Allgemeinen Arbei-ter-Union Deutschlands und der Kommunistischen Arbeiter-Partei Deutschlands.* Verlag Anton Hain, Meisenheim am Glan, 1968, S. 302. Empfehlenswert das Kapitel: Max Hoelz als Typus des linksradikalen Aktivisten, a. a. O., S. 308 ff. (B. K.)

Wirklich sympathisch war mir Plättner. Sein Anteil am Osteraufstand war größer als der von Hölz, wenn auch weniger in der Öffentlichkeit breitgetreten. Karl Plättner verstand sich darauf, in der Provinz Kassenüberfälle zu organisieren, wenn gerade kein politischer Auftrag akut war und Ebbe in der Parteikasse. Um die Plättner-Gruppe hatte sich ein besonderes Hilfskorps gebildet, das sich aus den Ehefrauen und Bräuten der Bandenmitglieder zusammensetzte, geeignet zur Auskundschaftung eines Objektes wie zur späteren Verschleierung des Überfalls. Plättner erschien zu irgendeiner Besprechung stets in Begleitung von zwei, drei Mädchen, bemerkenswert unscheinbar, typische Frauen aus dem Volk - seine Schutzgarde. Hölz hätte für diesen Zweck Schauspielerinnen eingesetzt.

Ich habe Karl Plättner nicht wiedergesehen. Er hielt sich länger als Hölz in Freiheit, kam später ohne Amnestieverfahren ins Zuchthaus und schrieb dort ein merkwürdiges Buch mit tiefenanalytischen Einblicken: *Eros im Zuchthaus*.[9]

Plättner soll im Frühjahr 1933 im Riesengebirge beim Übertritt in die Tschechoslowakei von der Grenzwache erschossen worden sein.

---

[9] Es sollte im Paul-Witte-Verlag, Hannover, 1930 erscheinen, ist allerdings bibliographisch nirgends nachgewiesen. Karl Plättner zitiert im Vorwort seines Buches *Der Mitteldeutsche Bandenführer - Mein Leben hinter Kerkermauern* den Polizei-Vizepräsidenten in Berlin, Dr. Bernhardt Weiss (*Polizei und Politik*): "Ein Schulbeispiel für politische Raubüberfälle größten Stils haben wir in den Jahren 1920/21 bei den Taten der sogenannten Plättner-Bande erlebt. Bevor Plättner im Frühjahr 1921 an den Kampfhandlungen des großen Kommunistenaufstandes in Mitteldeutschland teilnahm, hatte er bereits viele Monate vorher mit seinen Genossen - meist Angehörige der damaligen Kommunistischen Arbeiterpartei - weite Strecken von Mitteldeutschland, Thüringen, Braunschweig, Sachsen und Brandenburg unsicher gemacht, indem er Postanstalten, Banken, Zechen überfiel und die Kassen gewaltsam plünderte. Die Beute der Plättner-Bande an barem Gelde hat die Summe von einer Million Goldmark weit überstiegen. Da Plättner und seine Leute die erbeuteten Geldmittel nicht zu eigenem Wohlleben, sondern zu politischen Zwecken verwandten, und da ihre Straftaten der Erreichung eines politischen Zieles, der Revolutionierung Deutschlands, dienten, müssen die Raubüberfälle als politische gelten. Das schließt natürlich nicht aus, daß zur Plättner-Bande hier und da auch gemeine Verbrecher zählten.", aus: ASY- (Anarcho-Syndikalistischer) Verlag G. m. b. H., Berlin S 14, 1930, S. XII. - Verblüffend ist, daß Plättner Hoelz mit keinem Wort erwähnt und Hoelz umgekehrt Plättner nicht wahrnimmt. Es kann nur vermutet werden, daß der "kleine Berliner Genosse", von dem Hoelz spricht, Plättner war, der sich hin und wieder als "Hoelz" ausgab, und, "Bei keiner der Truppen, die unter meiner Leitung kämpften - weder im Vogtlande, noch in Mitteldeutschland - befanden sich Frauen... Ich hatte den Eindruck, daß die Rotgardisten - auch bei mir war das der Fall - Frauen während der Kämpfe nicht gern um sich sahen". (*Vom 'Weißen Kreuz' zur roten Fahne*, Mitteldeutscher Verlag, Halle/Leipzig 1984, S. 207) - 1919 schrieb Plättner eine Broschüre, *Das Fundament und die Organisation der sozialen Revolution / Der Aufbau und Ausbau der Betriebsorganisationen im Sinne der Räte-Verfassung*, Verlag: K.-P.-D.-Bezirkssekretariat Sachsen-Anhalt; Reprint: Karin Kramer Verlag, Berlin 1973; außerdem: *Propaganda der Tat! Der organisierte Schrecken! Kommunistische Parade - Armeen oder organisierter Bandenkampf im Bürgerkrieg*, o. O, o. J. (1921); *Rühle im Dienst der Konterrevolution. Das ostsächsische Sportkommunistenkartell, oder: Die revolutionäre Klassenkampfpartei*, Hettstedt, o. J. (B. K.)

Karl I. Albrecht
Der Mord an Max Hoelz[10]

Neben Thälmann und Neumann war es vor allem Max Hölz, der als deutscher Kommunist in der Sowjetunion in einer breiteren Öffentlichkeit bekannt wurde. Max Hölz, in den Kreisen der III. Internationale als besonders aktiver und draufgängerischer Revolutionär bekannt, wurde in der UdSSR, als er 1929 nach Entlassung aus dem Zuchthaus Brandenburg, wo er 8 Jahre verbracht hatte, auf Einladung Stalins nach Moskau kam, als Märtyrer und Held des Bolschewismus gefeiert. Er wurde in unzähligen Versammlungen in allen Teilen des riesigen Territoriums der Sowjetunion als Redner herausgestellt. Außerdem wirkte er als Schiedsmann in Streitfragen zwischen deutschen in der UdSSR. tätigen Arbeitern und der Leitung der Werke.o hatte er Gelegenheit, sowohl mit den Parteifunktionären und Verwaltungsbeamten in der Provinz als auch mit russischen Arbeitern, Bauern und Angehörigen der Intelligenz in direkten Verkehr zu kommen. Auf diese Weise bekam er mehr zu sehen, als dem Kreml lieb war.

Aus all dem, was Max Hölz sah, miterlebte und hörte, begriff er, daß es in der Sowjetunion ganz anders aussah, als man es ihm einstens in Deutschland und später in Moskau vorgespiegelt hatte. Bei seinen Versuchen, bessere Arbeits- und Lebensverhältnisse für die deutschen Arbeiter zu erwirken, lernte er Einzelheiten des Sowjetlebens kennen, die ihm vorher völlig unbekannt geblieben waren. Er sah bald mit dem ihm eigenen Spürsinn, daß der russische Arbeiter um ein Vielfaches schlechter lebt und viel schwereren Arbeitsbedingungen unterworfen ist, als die Arbeiter in der übrigen Welt.

Max Hölz nahm nicht gern ein Blatt vor den Mund. Also erklärte er ganz offen bolschewistischen Parteidienststellen gegenüber in seiner bekannten grobehrlichen Art, ein Arbeitsloser in Deutschland lebe um vieles besser als ein qualifizierter, vollbeschäftigter, sowjetischer Arbeiter oder Spezialist.

Auf Grund seiner Tätigkeit als Mittler zwischen den unzufriedenen deutschen Arbeitern und der Parteileitung sah Hölz aber auch, daß von den Herrschenden nichts Positives zur Abhilfe der ungeheuren Mißstände und zur Besserung der Lage der Werktätigen der Sowjetunion unternommen wurde.

Im Laufe der Jahre war es ihm klar geworden, daß nicht die geringste Hoffnung bestand, dieses elende Sklavenleben des Sowjetarbeiters bessern zu können, da die Komintern lediglich an ihre Weltrevolution, keineswegs jedoch an das Schicksal der Arbeiterschaft dachte.

Max Hölz hatte mir und anderen Freunden gegenüber oft seine Empörung über diese Verhältnisse in drastischen Worten zum Ausdruck gebracht.

Auf der anderen Seite äußerte sich seine bittere Enttäuschung in einer tiefen Niedergeschlagenheit. Er war verzweifelt darüber, daß er in seinem langjährigem Irrtum, der Bolschewismus würde der deutschen Arbeiterschaft eine bessere und schönere Zukunft bringen, für die Gewalthaber des Kreml in Deutschland Propa-

---

[10] aus: Karl I. Albrecht, *Der verratene Sozialismus. Zehn Jahre als hoher Staatsbeamter in der Sowjetunion.* Nibelungen-Verlag, Berlin-Leipzig 1943 (1. Auflage November 1938), S. 311 ff.

ganda gemacht und den sinnlosen Aufstand im Vogtland 1920 organisiert und geleitet hatte.

Natürlich war diese Gesinnungsänderung auch der GPU-Leitung nicht entgangen. Max Hölz wurde immer schärfer überwacht und sein Verkehr, insbesondere seine Post, einer genauen Kontrolle unterworfen. Er selbst war darauf aufmerksam geworden, als wiederholt Briefe, die an ihn gerichtet waren, in ziemlich plumper Art geöffnet und wieder geschlossen in seine Hände gelangten.

Er hatte sich darüber bei der Komintern sowie der GPU-Leitung beschwert, hatte jedoch schon wenige Tage später feststellen müssen, daß die Kontrolle verschärft wurde.

Wie ich später, nach seinem Tode und nach meiner Befreiung, erfuhr, hatte Max Hölz nach meiner Verhaftung und dem spurlosen Verschwinden einer Anzahl anderer deutscher Kommunisten begonnen, für seine persönliche Sicherheit und für sein Leben zu fürchten.

In jener Zeit habe ich ihn zum letzten Mal - unter sehr unerfreulichen Umständen - gesehen. Es war während meiner Haftzeit im Taganka-Gefängnis, als die GPU mit allen Mitteln versuchte, mich zur Aufgabe meiner deutschen Staatsangehörigkeit zu pressen.

Ich wurde damals eines Tages ins Sprechzimmer des Kommandanten gerufen und fand dort - ich traute meinen Augen kaum - Max Hölz und zwei andere ausländische, seit langen Jahren mit mir gut befreundeten Kommunisten.

Wir sahen uns mehrere Sekunden stillschweigend an. Max Hölz war sichtlich sehr verlegen. Verbittert, wie ich damals war, stellte ich an ihn die Frage, ob er endlich sich die Zeit genommen habe, den "Spion" zu besuchen!

Hölz erwiderte, daß er nie gekommen wäre, wenn er mich für einen Verräter oder Verbrecher halten würde. Er bat mich, ihn ruhig anzuhören, und sprach dann viel über die "schwere Lage der internationalen Arbeiterschaft", über die "Pflichten jedes ehrlichen Kommunisten, heute mehr denn je Opfer zu bringen", kurz, er wiederholte buchstäblich alles das, was die GPU-Funktionäre so oft und so eindringlich mir immer wieder einzureden versucht hatten. Zum Schluß legte er mir einen Brief an die deutsche Botschaft zur Unterschrift vor, in welchem ich mich von Deutschland lossagen sollte. Er erklärte, er verbürge sich dafür, daß ich nicht nur sofort in Freiheit gesetzt und völlig rehabilitiert, sondern durch Beförderung und Auszeichnung entsprechend entschädigt würde, wenn ich seine Vorschläge annehmen sollte.

Ich hatte bis dahin Max Hölz für einen ehrlichen, anständigen Revolutionär gehalten. Daß er sich hier zum Handlanger der GPU hergab, hat mir sehr wehe getan. Ich sah ihn scharf an und bemerkte dabei, daß er sehr unsicher und aufgeregt war.

Ich sagte Max Hölz, daß ich seine Vorschläge unter gar keinen Umständen annehmen könne, und erklärte ihm meine grundsätzliche Auffassung in der Frage der Staatsangehörigkeit der ausländischen Kommunisten. Ich habe diese Dinge an anderer Stelle dieses Buches genau dargelegt.

Darauf verließ mich Max Hölz verlegen und bedrückt. Erst viel später habe ich von gemeinsamen Freunden erfahren, daß die GPU Max Hölz zu diesem Besuch bei mir gepreßt hatte. Sein Untergang war damals schon besiegelt.

Das Drama seines Endes spielte sich dann sehr rasch ab. Im Mai 1932 steigerte sich die Niedergeschlagenheit von Max Hölz bis zum äußersten Grade. Anläßlich einer Besprechung mit einem hohen Funktionär des Moskauer Parteikomitees, den er um Änderung der schlechten Lage einer großen Anzahl deutscher Arbeiter in den Moskauer Elektrowerken ersuchte, kam es zu einer heftigen Auseinandersetzung. Hölz wurde auf das Zentralkomitee der Partei gerufen. Dort wurde ihm von der allmächtigen Sekretärin Stalins und Leiterin der V. Abteilung des ZK, Stassowa, energisch erklärt, er sollte sich nie mehr unterstehen, sich in die inneren Verhältnisse der Sowjetunion einzumischen, sonst würden gegen ihn besondere Zwangsmaßnahmen ergriffen. Hölz wurde aufgefordert, seine Reisen innerhalb der UdSSR einzustellen, seine Beziehungen zu der russischen Bevölkerung aufzugeben und gleichzeitig den Verkehr mit den ausländischen Arbeitern auf ein äußerstes zu beschränken.

Max Hölz erlitt daraufhin einen völligen Nervenzusammenbruch. In seiner Aufregung, entschlossen, sich nicht verhaften zu lassen, lief er, völlig verwirrt, noch am späten Abend dieses Tages in die Wohnung eines Botschaftsrats der Deutschen Botschaft. Er wollte, wie er wenige Stunden später einem meiner Freunde anvertraute, sich unter den Schutz des Reiches stellen und unter allen Umständen nach Deutschland zurückkehren, koste es, was es wolle, um die deutsche Arbeiterschaft über Moskau aufzuklären. Er hatte es satt, sich noch länger für die Propaganda der sowjetischen Machthaber ausnutzen zu lassen. Er zog es vor, in die Heimat zurückzuziehen, selbst auf die Gefahr hin, dort schwere Strafen verbüßen zu müssen.

War es nun Zufall, oder sollte es eine besondere Sicherheitsmaßnahme sein: jener Botschaftsrat weigerte sich, Hölz anzuhören. Er wollte nicht mit ihm allein sprechen und bat, sich einen Augenblick zu gedulden, bis ein weiterer Beamter als Zeuge erscheinen würde.

Max Hölz, der im Laufe der Jahre an Hand der Erlebnisse anderer deutscher Kommunisten tieferen Einblick in die Gepflogenheiten und Arbeitsmethoden der GPU gewonnen hatte, befürchtete eine der üblichen Provokationen. Er glaubte, sogar der deutsche Beamte sei vom Sowjet-Geheimdienst bestochen und nur weggegangen, um die Schergen der GPU herbeizurufen und ihn verhaften zu lassen.

Diese Befürchtungen bewogen Max Hölz, die Wohnung des Botschaftsbeamten fluchtartig zu verlassen. Er kam in furchtbarer Aufregung zu deutschen Kommunisten, erzählte ihnen, was sich zugetragen hatte, und bat um Rat. Es gelang nur schwer, ihn von überstürzten Handlungen zurückzuhalten.

Die GPU-Leitung war merkwürdig schnell über diesen Vorfall aufs genaueste informiert. Offenbar stand Hölz unter ganz besonders strenger Kontrolle. Er wurde bereits am nächsten Morgen von Gerson, dem Sekretär des Kollegiums der GPU, telephonisch zu Jagoda in das Lubjanka-Gebäude bestellt.

Die Antwort darauf war "echt Max Hölz". Er verbarrikadierte sich in seinem Zimmer 269 im Hotel Metropol und ließ sich nicht bewegen, die Tür zu öffnen. Volle drei Tage brachte Hölz, in seinem Zimmer verschanzt, zu und drohte jeden, der vor der Tür stehenblieb, niederzuschießen.

Bevor er seine "Festung" absperrte, ließ er einen Brief an Stalin abschicken, in dem er mitteilte, daß er der GPU nicht lebend in die Finger fallen, sondern sich bis zum äußersten verteidigen würde. 60 Patronen stünden ihm zur Verfügung, 59 davon seien für die Agenten der GPU bestimmt, die letzte für ihn selbst.

Erst am vierten Tag gelang es, Max Hölz zum Öffnen der Tür zu bewegen und ihn allmählich wieder etwas zu beruhigen. Doch sein Schicksal war nun endgültig entschieden, sein Tod beschlossene Sache.

Vermutlich hatte auf Max Hölz auch die Tatsache stark eingewirkt, daß zu derselben Zeit der Kommandierende General der fernöstlichen Armee, Marschall Blücher, der seine Wohnräume einige Wochen lang ebenfalls im Hotel Metropol, neben dem Zimmer von Max Hölz, hatte, und mit dem er öfters zusammenkam, unter Zimmerarrest stand.

So vergingen einige Wochen. Max Hölz, der sich etwas beruhigt hatte, befand sich eines Abends mit Freunden in den Restaurationsräumen des Metropol. Dort hatte er aus irgendeinem Anlaß eine scharfe Auseinandersetzung mit einem österreichischen Journalisten. Es kam zu Tätlichkeiten.

Dieser Vorgang wurde von der GPU dazu benutzt, Max Hölz trotz seines Widerstrebens aus Moskau fortzulocken. Man eröffnete ihm, daß der österreichische Journalist Strafantrag gestellt habe. Auf Grund eines Abkommens zwischen Österreich und der Sowjetunion müßte das Justizkommissariat diesem Antrag stattgeben und eine Gerichtsverhandlung einleiten. Das sei für die Parteileitung untragbar. Der einzige Ausweg sei, unverzüglich zu verreisen. Man würde ihn für unauffindbar erklären. Nach sechs Monaten würde die Tat verjährt sein, so daß er dann ungestört nach Moskau zurückkehren könne.

In seiner Hilflosigkeit ging Hölz schweren Herzens auf diese Vorschläge ein.

Am selben Tage noch fuhr er auf ein ihm von der GPU zugewiesenes Sowjetgut bei Nischni Nowgorod, wo er sich völlig still verhielt.

Wenige Tage später wurde einigen deutschen Kommunisten von dem geschäftsführenden Präsidiumsmitglied bei der Kominternleitung, Pjatnitzki, der Befehl erteilt, als Delegierte der Komintern und der deutschen Kommunistischen Partei unverzüglich nach Nischni Nowgorod zu fahren, um dort an der Beisetzung von Max Hölz offiziell teilzunehmen. Auf die bestürzte Frage, wieso Max Hölz tot sei, wurde ihnen kurz erwidert, er sei beim Baden ertrunken.

Die deutschen Kommunisten reisten nach Nischni Nowgorod. Bei ihrer Ankunft war Hölz bereits im Gewerkschaftshaus aufgebahrt. Eine Abordnung des Infanterieregiments "Max Hölz" hielt am Sarge die Totenwache. Lorbeerbäume und Blumen waren in großen Mengen so gruppiert, daß niemand an den Sarg herantreten konnte. Trotzdem konnte man Verletzungen im Gesicht, Einbuchtungen des Schädels und einen eigentümlichen, schmerzverzerrten Gesichtsausdruck des Toten feststellen. Einem seiner Freunde war es sogar gelungen, von dem Toten eine Aufnahme zu machen. Ich habe später dieses Bild, das man in Moskau in hohen Parteikreisen heimlich herumreichte, selbst gesehen. Das Gesicht war verzogen und entstellt und zeigte tiefe Kratzspuren. Der hintere Teil des Kopfes war durch ein Tuch in sehr merkwürdiger Weise abgedeckt.

Am nächsten Tage wurde Max Hölz unter Erweisung aller militärischen Ehren in Nischni Nowgorod feierlich beigesetzt. Soldaten seines Regiments trugen den Sarg. Die Regimentsfahne flatterte. Auf einem Kissen prangten die beiden ihm von Stalin verliehenen Orden. Wie sich das Drama seines Todes in Wirklichkeit abspielte, ist bisher genauer nicht bekannt geworden.

Wenige Tage nach der Beisetzung reisten insgeheim einige bekannte Moskauer Bolschewisten nach Nischni Nowgorod, um über die Umstände seines Todes Untersuchungen anzustellen. Es gelang ihnen nur, zwei Fischer ausfindig zu machen, die erzählten, daß sie an jenem Tage, an dem Max Hölz ertrunken war, am späten Nachmittag in der Mitte der Wolga, in unmittelbarer Nähe der großen Brückenpfeiler der neuen Brücke, einen Kahn beobachtet hätten, in dem zwei Männer auf einen dritten, der sich verzweifelt wehrte und mit einer fremdländisch klingenden Stimme um Hilfe schrie, eingeschlagen hätten. Diese Männer hätten dann den von ihnen offenbar schwer Verletzten längere Zeit unter das Wasser gehalten, wobei sie ihren Kahn an einem der Pfeiler festgemacht hätten. Sie hielten sich noch einige Zeit dort auf und verschwanden dann stromabwärts in der inzwischen einbrechenden Dunkelheit. Weder mit Versprechungen noch mit Drohungen ließen sich aber die beiden Fischer, die ungewollt Augenzeugen dieses furchtbaren Dramas geworden waren, dazu bewegen, ihre Aussagen vor Gericht zu wiederholen oder schriftlich niederzulegen und zu unterschreiben.

Max Hölz wurde, laut den offiziellen Zeitungsnachrichten, erst am dritten Tage nach seinem Tode gefunden. Seine Leiche war zwischen den eisernen Streben eines der mittleren Brückenpfeiler, etwa einen Meter tief unter der Wasseroberfläche, fest eingeklemmt gewesen. Wer die örtlichen Verhältnisse kennt, weiß, daß es ganz ausgeschlossen ist, daß eine Leiche bei der gewaltigen Strömung, die dort herrscht, quer zum Stromverlauf, in die sehr enge Strebenverbindung ohne äußere Gewalt hätte hineingeraten können. Es muß angenommen werden, daß der bereits bewußtlose Hölz in die Spalte eingezwängt worden war.

Außerdem war allgemein bekannt, daß Hölz ein vorzüglicher Schwimmer war. Ich selbst war während unseres gemeinsamen Erholungsaufenthaltes in Sotschi im Sommer 1930 große Strecken mit ihm zusammen im Schwarzen Meer geschwommen.

Seine Leiche wurde nicht nach Moskau überführt. Dort hätte man sie, wie die aller anderen populär gemachten Kommunisten, öffentlich ausstellen müssen, was in Anbetracht der deutlich sichtbaren Verletzungen die sofort aufgetauchten Gerüchte über seinen Tod bestätigt hätte. Außerdem hätte Hölz an der Kremlmauer in einem offiziellen Staatsbegräbnis beigesetzt werden müssen. Und das konnte man Stalin doch nicht zumuten.

Im übrigen war es in weiten Kreisen nicht nur der Partei, sondern auch der Bevölkerung aufgefallen, daß der Tod des überall bekannten Max Hölz nur in einer kleinen Notiz der Tageszeitungen, ohne das sonst übliche Wortgepränge, bekanntgegeben worden war.

Mich erschütterte dies Schicksal tief. Gleichgültig, wie man über Max Hölz urteilen mag - er war ein ehrlicher Kämpfer, ehrlich bemüht, die Folgen seiner Verirrung wieder gutzumachen. Seine tiefe Enttäuschung am Bolschewismus, dessen Dienst der Sinn seines Lebens gewesen war, bedeutete für ihn einen furchtbaren Schlag. Seinen gräßlichen Tod hat er sicher nicht verdient.

Beimler, Heckert und andere
Dem Andenken an den tapferen Revolutionär Max Hölz[11]

Am 15. September ertrank Max Hölz in der Nähe von Gorki in der Oka.
Max Hölz war der Sohn eines Schneidemühlenarbeiters in Moritz bei Riesa. Er

---

[11] *Rundschau Basel*, 2. Jhg., Nr. 35 vom September 1933, S. 1372.

verlebte die Jugend eines Proletarierkindes. Er kostete die ganze Schwere des Schicksals der Proletarierkinder aus und betrat das Leben nur mit den mangelnden Kenntnissen der Volksschule ausgerüstet. Er arbeitete zunächst als Tagelöhner und ging im Alter von 16 Jahren in die Stadt. Einige Monate später fuhr er nach England und arbeitete in London als Lehrling in einem technischen Büro. Er verdiente seinen Lebensunterhalt durch Nachtarbeit in einer Autogarage. Sein Bestreben war, vorwärts zu kommen. Bei Kriegsausbruch meldete sich Hölz als Kriegsfreiwilliger. Beim Zusammenbruch des Krieges war er Mitglied der USPD (Unabhängige Sozialdemokratie) im Vogtland. Bald nach der Gründung der Kommunistischen Partei trat er ihr bei und betätigte sich begeistert in ihrem Sinne. Insbesondere nahm er sich der Erwerbslosen, die im Vogtland sehr zahlreich waren, an.

Bei einem Konflikt mit dem Bürgermeister von Falkenstein mußte dieser kniefällig Abbitte leisten. Die Folge war der Einmarsch der Reichswehr, die Verhaftung des Erwerbslosenrates und die Aussetzung einer Kopfprämie auf Max Hölz.

Beim Ausbruch des Kapp-Putsches ging Max Hölz nach Falkenstein zurück und leitete an der Spitze bewaffneter Arbeiter die Abwehr des Kapp-Putsches im Vogtland. Er befreite in Plauen die politischen Gefangenen und erreichte vom Bürgertum die Bezahlung des Lohnes für die kämpfenden Arbeiter. Unter seiner Führung hielt die vogtländische Arbeiterschaft in der Abwehraktion des Kapp-Putsches bis zuletzt aus.

Als im Jahre 1921 die März-Aktion in Mitteldeutschland einsetzte, ging Max Hölz ins Mansfelder Land, um dem Proletariat bei der Abwehr der blutigen Provokation des sozialdemokratischen Oberpräsidenten Hörsing zu helfen.

Nach seiner Verhaftung wurde Max Hölz vor ein Sondergericht gestellt. Die Bourgeoisie forderte seinen Kopf. Die Sonderrichter wagten jedoch kein Todesurteil. Hölz wurde zu lebenslänglichem Zuchthaus und dauerndem Ehrverlust verurteilt. Sieben Jahre schmachtete Max Hölz hinter Zuchthausmauern. Auch dort führte er den Kampf gegen die Klassenjustiz weiter. Wiederholt trat er in den Hungerstreik. In diesen Jahren stand Hölz immer wieder im Mittelpunkt der Aktionen des deutschen Proletariates für die Befreiung der politischen Gefangenen.

Als 1928 seine Freilassung erfolgte, verließ Hölz die Kerkermauern als aufrechter Revolutionär. Doch seine Gesundheit war angegriffen. Auf Vorschlag des ZK der KPD ging er in die Sowjetunion, um sich nach der langjährigen Kerkerhaft zu erholen und politisch zu schulen. Doch immer wieder zog es ihn nach Deutschland zurück. Bei seinem letzten Aufenthalt wurde er auf einer Versammlung von Faschisten verletzt. Er mußte in die Sowjetunion zurückkehren. Die Hitlerdiktatur aberkannte ihm die Staatsbürgerschaft.

In den Reihen der deutschen Arbeiterklasse war Max Hölz einer der tatkräftigsten Revolutionäre. Der Mut, den er in allen revolutionären Aktionen unbekümmert um persönliche Gefahr gegen die Söldner der Bourgeoisie bekundete, mit dem er gegen die bürgerliche Justiz kämpfte, war ihm bis zur Stunde seines plötzlichen Todes zu eigen. Das deutsche Proletariat und mit ihm die internationale Arbeiterklasse wird stets dem mutigen Revolutionär gedenken.

Der Nachruf ist gezeichnet von: Heckert, Maddalena, Schwab, Dietrich, Beimler, Heilmann, Steinbring, Margies, Heimo.

Gorki, 18. September

Gestern fand die Bestattung von Max Hölz statt. Seine Leiche war im Gewerkschaftshaus aufgebahrt. Unter den Klängen des Trauermarsches trugen Andre Marty, Fritz Heckert, der Sekretär des Gorkier Gebietsparteikomitees, Shdanow u. a. den Sarg aus dem Gewerkschaftshaus. Am Trauerzuge nahmen große Kolonnen der Werktätigen Gorkis teil. Am Grabe sprachen im Namen des ZK der KPD Heckert, und im Namen des Exekutivkomitees der Kommunistischen Internationale Marty. Ferner sprach der Vertreter des Gebietsparteikomitees der KPdSU und der Vertreter des Gebietsexekutivkomitees der Sowjets. Am Grabe waren zahlreiche Kränze niedergelegt.

Anonym
Max Hölz in Rußland ertrunken[12]

Die Telegraphenagentur der Sowjetunion meldet kurz: Der bekannte deutsche Kommunist Max Hölz ist bei einer Bootsfahrt auf dem Oka-Fluß in der Nähe der Stadt Gorki ertrunken.

Damit endete das Leben eines Mannes, der in Sachsen, und ganz besonders im Vogtland, sich durch seine Mordbrennerei ein unsichtbares Schandmal gesetzt hat, durch das die damals irregeleiteten sächsischen Arbeiter immer und immer wieder daran erinnert werden, welche Zerstörung der Wirtschaft des Volkes, der Familie und der Seele des einzelnen Menschen eine Unterstützung der kommunistischen Gedankenwelt in sich birgt. Besonders die grauenhaften Taten dieses Max Hölz und seiner Genossen, die sich zum großen Teil aus landfremden Elementen zusammensetzten, haben nicht zum geringsten dazu beigetragen, daß der sächsische Arbeiter über sein Volk und seines Volkes Schicksal nachdachte und, wenn auch nach langen Jahren, endlich die Einsicht erlangte, daß die Rettung aus der sozialistischen verwirrten und zerstörten Gedankenwelt von anderer Seite kommen mußte: Heute marschiert das damals rote Sachsen in erster Linie hinter seinem Führer Adolf Hitler! (...)

Im März 1921 leitete er die Aufstandsbewegung in Mitteldeutschland und konnte nach deren Zusammenbruch in Berlin verhaftet werden. Wegen der Ermordung des Gutsbesitzers Heß in Roitschgen bei Halle und wegen seiner sonstigen gemeinen Verbrechen im Vogtland und in der Provinz Sachsen erhielt er lebenslängliches Zuchthaus. Eine ihm im Juli 1928 von den damaligen Machthabern unverständlicher Weise zugebilligte Haftunterbrechung benutzte er dazu, nach Rußland zu flüchten, kehrte im September 1930 zurück, um sich in den Reichstag wählen zu lassen und ging kurz darauf wieder in das Sowjetparadies zurück.

Margarete Buber-Neumann
Max Hölz ruft zu Terror und Plünderungen auf[13]

In den Nachrichten über die revolutionären Kämpfe in Mitteldeutschland tauchte immer wieder ein bestimmter Name auf, der von Max Hölz. Als wir in Heidelberg von seinen "Heldentaten" beim Aufstand in Mitteldeutschland erfuhren, hatten wir

---

[12] *Treuener Tageblatt und Anzeiger*, 77. Jhg., Nr. 219, Dienstag, 19. September 1933, S. 3.
[13] Margarete Buber-Neumann, *Kriegsschauplätze der Weltrevolution. Ein Bericht aus der Praxis der Komintern 1919-1943.* Seewald Verlag, Stuttgart (1962), S. 48 ff.

keine Ahnung von seinem wirklichen Treiben. Für uns und viele andere war er etwas wie der Schinderhannes der Französischen Revolution, der die Reichen enteignete und die Armen beschenkte. Dieser legendäre Ruf von Max Hölz war nach 1918 entstanden. Hölz, der Sohn eines Landarbeiters, kehrte damals aus dem Kriege in seine Heimat, ins Vogtland, zurück und gründete in der kleinen Industriestadt Falkenstein zusammen mit dem Leiter der dortigen USPD einen Arbeiter- und Soldatenrat. Schon bald geriet er jedoch in Konflikt mit den USPD-Leuten, die ihn kurzerhand aus dem Arbeiter- und Soldatenrat hinauswarfen. Diese linken Sozialisten lehnten Hölz als fremdes Element ganz entschieden ab. Doch nicht so die Arbeitslosen, die in größter Not lebten. Sie setzten ihre ganze Hoffnung auf die Hilfe des Kämpfers Hölz, baten ihn, eine Versammlung zu organisieren und dort die Öffentlichkeit, vor allem den Bürgermeister, unter Druck zu setzen.

Es war die erste Massenversammlung, auf der Hölz sprach. Wahrscheinlich ging ihm dabei auf, wie stark seine Wirkung auf die Menge war. Er berauschte sich an seinen Worten, war von leidenschaftlichem Haß gegen die Reichen erfüllt und rief am Schluß seiner Rede zum sofortigen Handeln auf. An der Spitze der fanatisierten Menge stürmte er sodann das Rathaus von Falkenstein. Man zerrte den Bürgermeister heraus und zwang ihn, zwischen zwei Arbeiterinnen, die ihn an den Schultern gepackt hielten, die Spitze des Demonstrationszuges zu bilden, der durch die ganze Stadt zog.

Nach diesem Vorfall wurde über Falkenstein der Belagerungszustand verhängt und gegen Hölz ein Haftbefehl erlassen. Er entfloh in die Wälder und begann, seinem Bedürfnis nach Revolte, Rache und Terror zu frönen. Sein anarchistisches Temperament trieb ihn zur direkten Aktion. Obgleich versteckt lebend, wiegelte er nach kurzer Zeit die Arbeitslosen zu einem neuerlichen Sturm aufs Rathaus auf. Mit einer Mischung aus Drohung, Erpressung und Lüge brachten sie den verschüchterten Bürgermeister dahin, daß er das Abrücken der Soldaten aus der Stadt erwirkte. Damit hatte Hölz freie Bahn. Er verhaftete den Bürgermeister, ließ eine ganze Anzahl wohlhabender Bürger der Stadt als Geiseln festnehmen und schritt dann, umgeben von einer Schar ihm höriger Arbeitsloser, zur "Expropriation der Kapitalisten" von Falkenstein, d. h. er stahl ihnen Geld und Lebensmittel. Das Geraubte verteilte er unter die Armen der Stadt. Nach diesen Erfolgen wurde er immer kühner. Er schrieb Erpresserbriefe an einen Gutsbesitzer, bedrohte diesen, er werde ihm alle Pferde wegnehmen und verkaufen, wenn er nicht sofort 10.000 Mark herausrückte. Der Gutsbesitzer sandte sogleich das verlangte Geld, und Max Hölz zahlte damit dessen Landarbeitern zusätzliche Löhne. (...)

Schon im März 1920, während des Kapp-Putsches, nehmen Hölz' Aktionen paramilitärischen Charakter an. Er sammelt ungefähr 2.000 Mann um sich, arbeitslose Heimarbeiter und allerhand dunkle Elemente, um, wie er erklärte, gegen die reaktionären Freicorps zu kämpfen. So marschieren sie auf Falkenstein. Es kommt zu Straßenkämpfen. Den Rebellen gelingt es, sich Waffen anzueignen und dann, nach guter alter Partisanenmethode, ohne wesentliche Verluste den Rückzug in die Wälder anzutreten. Im Nachbarort Auerbach findet eine große Versammlung der Arbeiter statt. Dort proklamiert Hölz die Räterepublik Vogtland und fordert alle Männer auf, sich in seine "Rote Armee" einzureihen. Begeisterte Zustimmung ist die Antwort. Sofort brechen sie auf, Max Hölz an der Spitze und entwaffnen nach erbittertem Straßenkampf, der Tote und Verletzte kostet, die Polizei von Auerbach.

Nach diesem Erfolg schlägt Hölz immer drohendere Töne an. Es gelingt ihm, den Abzug der Truppen aus Falkenstein zu erzwingen. Dann beginnt sein Regiment. Er tyrannisiert die Bürger, die in ihrer Angst sofort 45 000 Mark für die Verpflegung und Ausrüstung der Hölzschen Armee zahlen. Hölz führt darauf einen Bewegungskrieg, zieht von Ort zu Ort, und sein angeblicher Kampf gegen die Freicorps nimmt immer wüstere Formen an. Schließlich gelingt es den Soldaten der Sicherheitspolizei, die Hölzschen Banden in die Flucht zu schlagen. Ihr Führer verschwindet über die tschechoslowakische Grenze.

Zwei Tage nach Beginn des Putsches im März 1921 kehrte Max Hölz nach Deutschland zurück. Er erschien bei einer großen Versammlung in Eisleben, ergriff das Wort und erklärte den Arbeitern, die ihn stürmisch begrüßten, daß in ganz Deutschland bereits die Flammen des Aufruhrs loderten und es nun höchste Zeit für die Mansfelder sei, auch in Aktion zu treten. Mit einem Schwall revolutionärer Phrasen forderte er die Arbeiter zu Terror und Plünderungen auf, zur Besetzung der Fabriken und gab die Parole aus, daß alle Betriebe, die nicht sofort in den Streik träten, gewaltsam geschlossen würden. Mit seiner Heilsbotschaft des roten Terrors faszinierte er die Massen. Joseph Schneider[14], der eigentliche KP-Führer von Eisleben, wurde sein Adjudant und war Wachs in den Händen des Rebellen. Unter dem Druck des Hölzschen Terrors standen schon am nächsten Tage alle Betriebe still. Immer mehr Aufständische schlossen sich Max Hölz an. Bis zum 24. März beherrschten und terrorisierten sie die Stadt. Als die Polizei dann aber von außen Verstärkung erhielt, zog sich Hölz mit seiner Gefolgschaft aus Eisleben zurück.

Zusammen mit einem gewissen Plättner, einem Mitglied der KAPD, ernannte sich Hölz zum militärischen Führer im Aufstandsgebiet und ihm Untergeordnete zu "politischen" und "militärischen" Kommissaren. In kurzer Zeit besetzten die Truppen, die seinem Kommando unterstanden, das Gebiet von Eisleben bis Mansfeld. Im Einverständnis mit der kommunistischen Aufstandsleitung forderte Hölz die Arbeiter zum Eintritt in die Roten Kampfgruppen auf, bildete ein "Großes Hauptquartier" und reihte alle Männer zwischen 18 und 45 gewaltsam in seine "Rote Armee" ein. Hölz ließ Plakate mit folgender Erklärung und seiner Unterschrift an die Hauswände kleben: "Wer die Aufforderung zum Waffendienst nicht befolgt, wird erschossen!" Die Waffen bezogen Hölz und seine Truppen vorwiegend aus den Beständen, die die Arbeiter während des Kapp-Putsches den Bürgerwehren abgenommen hatten. Mit dem Erscheinen von Hölz hatte sich die Situation völlig verändert. Vorher zeigten die Arbeiter in diesen Gebieten eher eine Neigung, wieder in die Betriebe zurückzukehren, und hatten nur zögernd auf die Weisung der Berliner Zentrale der KPD reagiert, den Kampf mit allen Mitteln fortzuführen und ihn zum bewaffneten Aufstand zu steigern. Nun aber gingen sie zum Angriff gegen die Sicherheitspolizei vor, fuhren in Lastautos und anderen Gefährten von einem Ort zum anderen, riefen überall die "Diktatur des Proletariats" aus, requirierten, plünderten Geschäfte, warfen Handgranaten in Polizeireviere, richteten in allen Orten, die sie "einnahmen", Dynamitanschläge gegen Rathäuser, Steuerämter, Banken, Gerichtsgebäude, Eisenbahnanlagen und auch Privathäuser. Sie nahmen Geiseln

---

[14] Er veröffentlichte die Schrift: *Die blutige Osterwoche im Mansfelder Land. Tatsachenmaterial aus der Märzaktion.* Wien 1922. (B. K.)

gefangen, legten Brände, so in Eisleben, und beraubten die Banken, die Sparkassen, die Postämter und die Bahnhöfe. (...)

Max Hölz besaß eine erstaunliche Suggestionskraft. In diesem Rebellentyp mischten sich auf seltsame Weise Räuberromantik, Geltungsbedürfnis und der heftige Drang zum Aufbegehren mit primitiver Eitelkeit und auch manchen kriminellen Zügen. Es verschaffte Hölz zum Beispiel große Befriedigung, in den Zeitungen immer wieder seinen Namen zu lesen. Nur Meldungen, in denen *er* genannt wurde, interessierten ihn. Wie sich während der Märzereignisse zeigte, waren Hölz und viele seiner Mitkämpfer ganz und gar von militärischen Vorstellungen beherrscht, die wahrscheinlich noch aus der Kriegszeit in ihren Köpfen steckten. Daher rührte ihr hochstaplerischer militärischer Jargon, der allerdings dem kommunistischen entsprach. (...)

Wie großer Sympathien sich dieser Rebell trotz allem erfreute, beweist ein Vorfall, den ich im Berliner Großen Schauspielhaus Mitte der zwanziger Jahre erlebte. Es wurden *Die Weber* von Gerhart Hauptmann aufgeführt. In der Demonstrationsszene nach der Verhaftung von Moritz Jäger, als die Weber mit der Forderung "Jäger raus!" über die Bühne zogen, erhoben sich Hunderte von Zuschauern auf den Rängen und im Parterre des riesigen Theaters und brachen in den Ruf aus: "Max Hölz raus! Max Hölz raus!" (...)

Als ich 1935 gerade in Moskau angekommen war, besuchte uns unser Freund Amo Vartanjan, der zu jener Zeit als politischer Sekretär einer Flugzeugfabrik in Gorki arbeitete. Er erzählte, daß man eines Tages im Jahre 1933 die Parteiorganisation von Gorki benachrichtigt habe, daß aus der Oka eine männliche Leiche geborgen worden sei, die am Baugerüst eines Brückenpfeilers angeschwemmt worden war. Man identifizierte den Toten als Max Hölz und erklärte, er sei beim Baden ertrunken. Vartanjan hatte sofort das Gefühl, daß es bei diesem Unglücksfall nicht mit rechten Dingen zugegangen sein könne. Noch bevor Max Hölz mit allen Sowjetehren, unter Vorantragen seiner Orden, mit Musik und Trauerreden bestattet worden war, verbreitete sich das Gerücht, daß ihn Beamte des NKWD betrunken gemacht und dann im Fluß ersäuft hätten wie einen räudigen Hund.

Nachbemerkung: Dieser Text ist Max Hoelz gegenüber denunziatorisch. Historische Tatsachen werden falsch und verzerrt wiedergegeben. Abgesehen von den simplen "psychologischen" Charakterisierungen: "primitive Eitelkeit", "kriminell", "hochstaplerisch", wird der Kapp-Putsch, werden die reaktionäre, präfaschistische und marodierende Sicherheitspolizei und die Reichswehr in einer Art und Weise dargestellt, daß man sich wundern muß, das von einer politisch denkenden Frau zu lesen. Margarete Buber-Neumann wurde von den Bolschewisten ins Arbeitslager verbannt und von diesen an die Nazis ausgeliefert. Wer ihr Buch *Als Gefangene bei Stalin und Hitler* (Verlag der Zwölf, München 1949) gelesen hat, wird der These bzw. dem Vergleich Otto Rühles "Brauner und roter Faschismus" (in: *Otto Rühle, Schriften. Perspektiven einer Revolution in hochindustrialisierten Ländern*, herausgegeben von Gottfried Mergner, *Texte des Sozialismus und Anarchismus*, rororo klassiker, Rowohlt Taschenbuch Verlag GmbH, Reinbek bei Hamburg 1971, S. 7 ff) zustimmen. - 1938 wird die Autorin zu fünf Jahren Arbeitslager in der UdSSR verurteilt, zwei Jahre später an die Gestapo ausgeliefert. Das hieß, fünf Jahre im Frauenkonzentrationslager Ravensbrück weiter leiden, bis zur Befreiung vom Faschismus. - Daß dieser Leidensweg Wut, Haß, Enttäuschungen, ja auch Vorurteile zur Folge hatte, wer könnte das leugnen. - Allerdings schießt Margarete Buber-Neumann, wie man so trefflich sagt, "übers Ziel hinaus". Von "Terror und Plünderungen" zu reden, das ist unredlich den aufständischen Männern und Frauen gegenüber und entspricht in keinster Weise den historischen Tatsachen. Wer über den Terror (z. B. in der damaligen UdSSR) etwas Authentisches wissen will, dem sei folgendes Buch empfohlen: Isaak Steinberg, *Gewalt und Terror in der Revolution. Das Schicksal der Erniedrigten und Beleidigten in der Revolution*, Karin Kramer Verlag Berlin 1974 (Reprint). - 1962 erschien *Kriegsschauplätze...* im Seewald Verlag München, aus dem wir die Hoelz-"Würdigung" hier zitieren; 1989 erschien im Ullstein Verlag Berlin, *Die erloschene FLAMME. Schicksale meiner Zeit* und im Kapitel "Max Hölz, der Rebell" (S. 152 ff) geht die Autorin mit ihm wesentlich "fairer" um. Weshalb? Wir können sie nicht mehr fragen, da sie im Alter von 88 Jahren 1989 verstarb. (B. K.)

V. Kapitel
Max Hoelz authentisch

Der rote General berichtet:
An die Zentrale der Kommunistischen Partei[1]

Im Nachfolgenden will ich versuchen, Ihnen zur Informierung für meinen Prozeß eine Darstellung meiner Anteilnahme am Märzaufstand zu geben, soviel ich die Dinge im Gedächtnis behalten habe.

Bei einem Rückblick auf die Märztage erscheint mir notwendig, auf meine politische Einstellung vor dem Aufstand einzugehen. Ich hatte naturgemäß infolge der bereits 2 Jahre dauernden, ununterbrochenen Verfolgung das allergrößte Interesse an einer raschen Änderung der herrschenden Zustände und war der Ueberzeugung, daß dieses Ziel mit allen Mitteln gefördert werden müsse. Angeekelt und abgestoßen durch den gehässigen Bruderstreit zwischen all den verschiedensten Arbeiterparteien erachtete ich es für notwendig und richtig, durch sogenannte Einzelaktionen, wie Attentat, Befreiung von gefangenen Genossen u. a. die Begeisterung der laugewordenen Massen für die revolutionäre Sache zu entfachen Diejenigen Parteiführer wie der "Revolutions-Adonis" Criespien und sein Trabant Paul Levi, die diese Auffassung als "verbrecherisch" und der Arbeiterklasse "schädigend" brandmarken, vergessen bei ihrem Geheul, daß solche Einstellungen eben nur ein Produkt der Verhältnisse sind. Sie, die heute Gift und Galle über mein "Verbrechen" speien, sind eifrige Nachbeter eines Karl Marx, dessen Lehre, dessen Idee sie vom Rednerpult und Schreibtisch den um Befreiung ringenden Massen verkünden. Sie lehren uns aus der Marxbibel die Grundsätze ihres "Heilandes", aber sie geifern, wenn die "unverständige" Masse die Worte Tat werden läßt. Dann schreien sie "Räuber, Verbrecher, Bandit, Mordbrenner" und wollen nicht wahrhaben, 1. daß nicht das Bewußtsein das Sein des Menschen ausmacht, sondern umgekehrt, das gesellschaftliche Sein das Bewußtsein, 2. daß jeder Exzeß gefördert werden müsse, der geeignet ist, das Ansehen der herrschenden Klasse, ihre Autorität zu untergraben.

Hätte ich die Möglichkeit und Gelegenheit gehabt, mich vor den Märzkämpfen an der Vorbereitung eines Aufstandes zu beteiligen, so hatte ich das auch ganz zweifellos getan, obwohl ich mir bewußt war, daß eine Revolution nicht gemacht werden kann. Mir aber war von einer solchen Vorbereitung nicht das Mindeste bekannt. Ist es für die Schreibtisch- und Redaktionsheiligen so schwer zu begreifen, daß 1. der minder entlohnte Arbeiter größeres Interesse an einer Aenderung der Dinge, als wie der besser entlohnte, 2. daß der arbeitslose Prolet wiederum größeres Interesse an einer Aenderung der Dinge hat, als wie der minder und besser entlohnte Arbeiter, 3. daß der illegal lebende Revolutionär größeres Interesse der Dinge hat, als wie der legal lebende Revolutionär. Ganz zu schweigen von den In-

---

[1] Stiftung Archiv der Parteien..., Blatt 71-91. - Der Text "An die Zentrale..." ist fast identisch mit den Kapiteln *Der Mitteldeutsche Aufstand und 48 Stunden...* in der Malik-Ausgabe *Vom 'Weißen Kreuz' zur roten Fahne*. Einige mehr oder weniger gravierende Abweichungen sind im folgenden an den jeweiligen Stellen vermerkt. (B. K.)

teressen der hinter Kerkermauern "lebenden" Revolutionäre. Sind das nicht Katheder-Weisheiten, die jeder A.B.C.-Schütze begreift. Ergibt sich nicht mit logischer Konsequenz gerade hieraus das stürmische Vorwärtsdringen einzelner Schichten und Genossen. Der Mensch, die Menschen sind das Produkt ihrer Verhältnisse. Ist nicht auch der "Salon-Revolutionär Criespien" ein Produkt - und zwar ein ganz hervorragendes - seiner Verhältnisse. Oder würde der arbeitslose Criespien genau so reden und handeln wie der arbeitende und gutbezahlte Criespien.

Es ergibt sich nun die ganz einfache Frage: sollen die in den elendsten Verhältnissen "lebenden" arbeitslosen oder schlecht bezahlten Arbeiter ihr stürmisches Vorwärtsdringen einstellen, weil der Teil ihrer besser bezahlten und besser gestellten Klassengenossen noch zufrieden ist und deshalb langsam vorwärts will. Oder sollen umgekehrt die besser gestellten Arbeiter mit Rücksicht auf ihre schwer darbenden Brüder etwas schneller, rascher laufen?

Die bürgerliche und Criespiensche Moral verlangen das erstere. Die proletarische Solidarität aber gebietet das letztere. Von dieser Erkenntnis ließ ich mich bei allen meinen Maßnahmen und Handlungen vor und während der Märzkämpfe leiten.

Berlin - Kloster-Mansfeld

Am Montag, den 21. März erfuhr ich aus einem Berliner Abendblatt von dem Ausbruch des Generalstreikes in Mitteldeutschland. Knapp 2 Stunden später bestieg ich mit noch 5 anderen Genossen auf dem Charlottenburger Bahnhof den D.-Zug, der uns nach dem Streikgebiet bringen sollte.

Da der Preis meines Kopfes an diesem Tage bereits 55.000 M betrug, war ich bemüht die wertvolle Masse möglichst ungefährdet in ein Abteil zu bringen. Fahrräder und Fahrkarten waren von den Genossen erledigt worden. Erst im Augenblick der Abfahrt des Zuges betrat ich den Bahnsteig und erreichte ein Coupé, in dem sich 2 Agenten der Abteilung Ia., Zeitfreiwillige oder Offiziere a. D. im Flüsterton über gewisse Vorgänge unterhielten. Die Luft im Abteil war dick, sehr dick.

Ich sah den Dingen an der Endstation mit einer kleinen Beklemmung entgegen, um so mehr, da ich von meinen anderen Genossen - außer einem einzigen - keine Spur erblickte. In Kloster Mansfeld hielt der Zug plötzlich - ganz außerfahrplanmäßig. Ein Beamter erklärte, die Maschine müsse hier Wasser nehmen. Die Gelegenheit war viel zu günstig, um sie nicht auszunutzen. Ich gab meinem Genossen einen Wink mit den Pupillen und wir verließen unauffällig den Wagen. Mochten die anderen Genossen mit unseren Fahrrädern ruhig bis zur Endstation fahren, für sie war die Luft nicht so dick.

Beim Verlassen der kleinen Station bemerkte ich drei dunkle Gestalten - es war 1 Uhr nachts - die sich sofort an unsere Fersen hefteten. Mein erster Gedanke war: Aus dem Regen in die Traufe. Die 3 entpuppten sich jedoch als Streikposten, die uns ihrerseits wieder als Streikbrecher oder Spitzel vermuteten. Nachdem wir uns genügend berochen und geprüft hatten, erkannten wir unsere gegenseitige Harmlosigkeit und wanderten gemeinsam nach dem Streiklokal im Ort Kloster Mansfeld. Ich sagte zunächst den Genossen nicht, wer ich sei. Ich wollte vielmehr erst die Dinge in aller Ruhe beobachten, um Zweck und Ziel der durch den Generalstreik ausgelösten Bewegung zu erforschen. Hierbei kam mir zu Hilfe, daß ich im Sommer 1919 während meiner illegalen Agitation im ganzen Mansfeldischen Gebiet und auch im Ort Kloster Mansfeld unter dem angenommenen Namen Fritz Sturm

Versammlungen abgehalten hatte. Den Hölz kannten die Genossen nur dem Namen nach. Im Streiklokal tagte - oder besser gesagt, nächtigte - der Aktions-Ausschuß. Von irgendwelchen Waffen oder der Vorbereitung, der Absicht zu einer bewafften-Aktion war nicht das Mindeste zu spüren Die Arbeiter waren vielmehr der Ansicht, daß ein einheitlicher Generalstreik den "Sozialisten" Hörsing zwingen würde, seine grünen, bewaffneten Aufseher aus dem Mansfeldschen Kreis abzuberufen. Die Erbitterung über die Herausforderung Hörsings war allgemein und groß. Die Stimmung der Streikenden war zuversichtlich

Dienstag, den 22. März - *Hettstedt - Mansfeld - Eisleben*
In den frühen Morgenstunden stießen die anderen Berliner Genossen zu uns. Mit unseren Fahrrädern fuhren wir nach Hettstedt, wo die Situation genau die gleiche war - Generalstreik, Erbitterung gegen Hörsing und seine "Grünen", Aktionsausschuß tagte ununterbrochen. Für den Verlauf des Tages wurden Versammlungen angesetzt für Hettstedt, Mansfeld und Eisleben, in denen ich sprechen sollte und wobei über die augenblicklich erforderlichen Notwendigkeiten Beschluß gefaßt werden konnte. Die um 11 Uhr vormittags in Hettstedt stattfindende Versammlung verlief recht stürmisch, da sich in derselben ein paar Spitzel breit machten, die rechtzeitig von den Arbeitern erkannt und nach entsprechender Abfertigung mit Hochdruck außerhalb in "Gefahrzonen" gesetzt wurden.
Bei der um 2 Uhr veranstalteten Versammlung in Mansfeld versuchten einige deutschnationale Heldenjünglinge, Material für ihre schmutzigen Zwecke (Angeberdienste) zu erhaschen. Ihr Rückzug ging schneller vonstatten wie ihr Vormarsch. In beiden Versammlungen zeigte sich die Entschlossenheit und Einmütigkeit der Arbeiter. Ohne Unterschied der Parteirichtung - es waren ebensogut U.S.P. und K.P.D.-Anhänger wie auch K.A.P. und A.A.U. - beschlossen sie, sich die freche Herausforderung des "Sozialisten" Hörsing nicht gefallen zu lassen und im Generalstreik zu beharren. Jene S.P.D.- und U.S.P.-Arbeiter wußten an diesem Tag leider noch nicht, daß ihre verräterischen Führer auf einer Zusammenkunft in Eisleben - zu der sie von den Behörden geladen waren - sich selbst für die Herbeiziehung der "Grünen" ausgesprochen hatten. Diese "klassischen" Arbeitervertreter hatten es aber merkwürdigerweise - wahrscheinlich aus angeborener Feigheit - abgelehnt, ihren Namen unter einen diesbezüglichen Aufruf zu setzen.
Für abends 6 Uhr war eine größere Versammlung in Eisleben angesetzt, zugleich für die umliegenden Orte und Schächte. 10 Minuten vor 6 Uhr befand ich mich noch weit außerhalb Eislebens. Es machte mir kein geringes Kopfzerbrechen, wie ich ungehindert in die Hörsingsche Höhle des Löwen gelangen sollte. In dem Städtchen lagen 3-4 Hundertschaften, mit allen modernen Mordwaffen ausgerüstet. Nach meinem Auftreten in Hettstedt und Mansfeld war mit absoluter Sicherheit darauf zu rechnen, daß die Sipo in Eisleben alles aufbieten würde, um mich unschädlich zu machen. Nicht nur, um sich dadurch die 55000 Papierlinge zu verdienen, sondern auch, um durch meine Festnahme oder Beseitigung zu verhindern, daß ich irgend welchen Einfluß auf die Bewegung ausüben möge. Nach der Versammlung in Mansfeld fuhr ich mit einer Anzahl Mansfelder Genossen - alle per Rad - nach etwa 3 der umliegenden Schächte, zu dem Zwecke, die Betriebseinstellung derselben zu veranlassen. Während der Versammlung war gemeldet worden, daß auf einigen Anlagen ein Teil der nicht organisierten und nicht klassenbewuß-

ten Arbeiter infolge Drucks und Drohung der Werksleitung weiterarbeiten. Kurz vor 6 übertrug ich die Leitung dieser Aktion dem Genossen R. L. und fuhr, nur vom Genossen R. R. begleitet, nach Eisleben. Etwa 100 Meter vor dem Orte strampelte uns eine 25 - 30 Mann starke Sipo-Radfahrer-Patrouille entgegen. Die herrschaftslüsternen Werksleitungen hatten telefonisch eine "Hilfe der Grünen" gegen den "Terror" der streikenden Arbeiter erfleht.

Im ersten Moment war ich ziemlich bestürzt. Mir konnte es natürlich nicht gleichgültig sein, auf eine so plumpe Art den "Grünen" in ihre waffengespickten Arme zu radeln, noch dazu 5 Minuten vor einer größeren Versammlung. Ich war entschlossen, schnellstens kehrt zu machen und auf anderem Wege nach Eisleben zu kommen.

Mein Begleiter machte mich sofort auf das vollkommen Zwecklose meines Entschlusses aufmerksam. Gerade durch ein plötzliches Umkehren hätten wir uns verdächtig gemacht und wären von der Sipo augenblicklich unter Feuer genommen worden. Er machte sich die schwierige Situation recht leicht, für ihn stand weniger auf dem Spiele, weil er nicht "gesucht" und verfolgt wurde. Er konnte in dieser Lage seine Nerven leichter behaupten wie ich.

Zu langem Ueberlegen war indes keine Zeit. Es galt, rasch zu handeln. Entweder kehrt oder frisch drauflos. Ich entschied mich für das letztere.

Die Augen der "Grünen" funkelten uns im Sonnenglast ebenso verheißungsvoll entgegen wie ihre Tschakos und blitzblanken Tretmaschinen. Wir fuhren linkerhand der Chaussee, die Sipo kam uns rechterhand entgegen. 30 Meter vor ihnen bog ich scharf nach rechts und steuerte direkt auf den an der Spitze gondelnden Lieutenant zu. Auf 5 Meter Entfernung rief ich ihnen zu: "Es wird die höchste Zeit, daß Sie kommen, da vorn sieht es bös aus." Er lächelt über diese Aufmunterung und radelt tapfer weiter. Ich streife beim Vorbeifahren mit meinem Ellenbogen flüchtig seinen Arm. Der Aermste ahnt nicht, wie nahe das Glück an ihm vorbeihuscht und wie leicht er seinen "kärglichen Lohn" durch eine fette Belohnung hätte aufbessern können. In solchen Augenblicken - sie waren in den nächsten Tagen auf der Tagesordnung - wo die Uhr auf 5 Sekunden vor 12 steht, setzt der Herzschlag sekundenlang aus, während ich nach Ueberstehung solcher Momente immer das Empfinden hatte, als sei ich frisch auf die Welt gekommen.

Der weitere Teil der Straße - bis ins Innere der Stadt - war mit Einzel- und Doppelposten der "Grünen" geradezu gespickt. Wir wurden überall scharf gemustert, aber nirgends angehalten. Wahrscheinlich, weil wir so überaus "höflich grüßten". Unauffällig frugen wir ein paar Jungens, wo im Orte eine Versammlung stattfindet. Nach manchem Kreuz und Quer waren wir endlich am Ziel und wurden von den 5-6000 Arbeitern stürmisch begrüßt.

Bei dieser Gelegenheit traf ich zum ersten Male den Genossen Joseph Schneider, mit dem gemeinsam ich in den folgenden Tagen alle Aktionen leitete.

Die Eislebener Arbeiterschaft war im Höchsten erbittert gegen das herausfordernde Auftreten der besonders wohlgenährten und gut gekleideten Sipo, deren Wesen und Erscheinung im schärfsten Kontrast zu den abgearbeiteten und unterernährten Bergarbeitern stand.

Einstimmig erscholl überall die kategorische Forderung "Fort mit den bewaffneten Sklavenhalter". Ich trat in dieser Versammlung unter meinem richtigen Namen auf und nicht - wie von anderer Seite behauptet wird - unter dem Namen Sander. Ein

Genosse von Eisleben hielt es sogar für notwendig, der Arbeiterschaft zu verkünden, ich sei der Hölz aus den Vogtlande.

Das Ergebnis der Versammlung war das gleiche, ein einmütiger und einstimmiger Beschluß - im Generalstreik zu beharren, bis Hörsing seine grünen Bande abruft - wie in den vorhergehenden Versammlungen in Hettstedt und Mansfeld.

Auch in Eisleben habe ich an diesem Tage nicht das Geringste von Waffen oder der Absicht eines bewaffneten Aufstandes gemerkt. Bei auch nicht einem Arbeiter habe ich eine Waffe gesehen. Zweifelsohne steht fest, daß die Arbeiterschaft Waffen verborgen hielt. Es waren dies die Waffen, die die Bergleute während des Kapp-Putsches den Einwohnerwehren und Zeitfreiwilligen abgenommen hatten. Ebenso fest steht aber auch, daß die Arbeiter diese Waffen nicht ergriffen hätten, wenn sie nicht durch das brutale Vorgehen der Sipo dazu gezwungen worden wären.

Nach der Versammlung kehrte ich nach Kloster Mansfeld zurück, da dort der Sammelpunkt für alle aus dem Gebiet einlaufenden Nachrichten sein sollte. Für den kommenden Tag war erneut eine Versammlung in Eisleben angesetzt.

Mittwoch, den. 23 März - *1. Gefecht in Eisleben*

Noch in den Nachtstunden vom 22. zum 23. erfuhr ich durch Meldefahrer, daß nach der Versammlung in Eisleben die Sipo eine Anzahl Teilnehmer der Versammlung verhaftet und schwer mißhandelt hatte. Bei dem Versuch, ihre mißhandelten Kameraden zu befreien, war es zwischen den "Grünen" und der Arbeiterschaft zum ersten, schweren Zusammenstoß gekommen, bei dem die Arbeiter noch keine Waffen führten. Das rücksichtslose und völlig unbegründete Vorgehen veranlaßte aber die Arbeiter, sich zu bewaffnen und unter der Leitung Joseph Schneiders die umliegenden Höhen Eislebens zu besetzen. Zu dieser Maßnahme griffen die Arbeiter vor allem deshalb, um durch einen schärferen, bewaffneten Druck die Freilassung der Verhafteten und den sofortigen Abzug der Sipo zu erreichen; denn ein weiteres Verbleiben derselben mußte bei ihrem mord- und rauflustigen Charakter zwangsläufig zu schweren Zusammenstößen führen.

So lagen die Dinge am Morgen des 23. Mich zwang die veränderte Sachlage zu neuen und raschen Entschlüssen. Jetzt war das Hauptgewicht nicht auf die Veranstaltung imposanter Versammlungen zu legen, sondern ich mußte versuchen, die sich spontan bewaffnete Arbeiterschaft zu möglichst einheitlichen militärischen Aktionen zusammenzubringen. Ich entsandte sofort, am Morgen des 23., Kuriere nach Berlin, Hannover, Braunschweig, Halle und dem Vogtlande, um die notwendige Fühlung und Verbindung mit den Parteien und Genossen herzustellen. Dann schritt ich unverzüglich zur Aufstellung einer Sturmkompanie, die den Kern einer militärischen Arbeiterkampftruppe bilden sollte. Hierfür standen mir am ersten Tage 50 Gewehre und 3 schwere M.-G. zur Verfügung.

Eine Kardinalfrage bei der Durchführung militärischer Aktionen war die Verpflegung bzw. Finanzierung der kämpfenden Truppen. Meine Erfahrungen bei den militärischen Operationen während der Kapp-Tage im Vogtlande hatten mich gelehrt, daß es rein unmöglich ist, sich über ein lokales Gebiet hinausstreckende Kampfhandlungen durchzuführen, ohne ausreichend für die leiblichen Bedürfnisse der Kämpfer zu sorgen. Sobald - infolge der weiten Entfernung - seine Familie nicht mehr für seinen Magen sorgen kann, muß die Kampfleitung für die Verpflegung der Arbeiter-Soldaten sorgen. Aus diesen ganz einfachen Gesichtspunkten heraus ergaben sich mit Naturnotwendigkeit die vorgenommenen Expropriationen, d. i. Enteignung, Beschlagnahme von Geld und Gut der Expropriateure.

Ich übertrug die Herbeischaffung der unbedingt notwendigen Gelder 4 zuverlässigen Genossen, darunter die Genossen K. R., Fr. G. und R. L., die sich sofort - am Morgen des 23. - an ihre Aufgabe machten und fürs erste die Bank in Helbrand, Mansfeld "heimsuchten".

Unser Standquartier - Kloster Mansfeld - befand sich ungefähr im Mittelpunkt der 2 hauptsächlichsten Sipo-Nester. Eisleben auf der einen und Hettstedt auf der anderen Seite. Ich beschloß, mich mit meinen Leuten bis nach Eisleben durchzuschlagen, um in Verbindung mit den bewaffneten Arbeitern Eislebens zunächst den Versuch zu machen, Eisleben von den "Grünen" zu säubern. In der dritten Nachmittagsstunde stieß ich in Wimmelburg auf die Eislebener und Wimmelburger Genossen. Dieselben hatten kurz vorher schon - vor Eisleben - ein Gefecht mit der Sipo bestanden, und dabei 3 Gefangene gemacht.

In Eisleben war die Sipo auf 2 Gebäude, Seminar und städt. Krankenhaus, verteilt. Während ein M.-G. und etwa 20 Gewehre unserer Genossen die "Grünen" im Seminar beschäftigt hielten, leitete ich selbst mit etwa 90 Gewehren und 4 M.-G. den Angriff auf die Sipo im städt. Krankenhaus.

Es gelang uns, bis auf 50 bzw. 100 Meter an dasselbe heranzukommen. Von den eingenommenen Punkten aus wäre es möglich gewesen, durch einen raschen Vorstoß (Sturmangriff) den Gegner aus dem Gebäude herauszuwerfen. Nach meiner Schätzung - die keinesfalls zu hoch gegriffen war - hätte dieser Angriff auf unserer Seite mindestens 20 - 30 Mann Verluste gebracht. Damit erschien mir aber der zu erwartende Gewinn zu teuer erkauft. Ich konnte nach Lage der Dinge die beginnenden Kämpfe nur als revolutionäre Vorpostengefechte werten. Diese Erkenntnis verpflichtete mich, Erfolge nur bei möglichster Vermeidung von Menschenopfern anzustreben. Das Kräfteverhältnis war recht ungleich, wie 1-3. Der Gegner zählte über 200 Gewehre, wir nur 90. Aus diesen angeführten Gründen ergriff ich, um mein Ziel doch zu erreichen, andere Maßnahmen, die zwar keine Menschenopfer erforderten, mir aber um so schärfer - nicht nur von bürgerlicher Seite, sondern auch von Genossen - als "gemeine Verbrechen" angekreidet wurden: denn dabei ging das "dreimal geheiligte Privateigentum" in die Brüche.

Ich mußte versuchen, die "Grünen" aus ihrem Fuchsbau herauszulocken Zu diesem Zwecke sandte ich 2 mal Parlamentäre zum "Stadtoberhaupt" mit der Forderung bzw. Ultimatum, sich sofort mit dem Sipomajor Folte in Verbindung zu setzen und dahin zu wirken, daß die Sipo sofort die Stadt verläßt, andernfalls die Stadt angezündet und geplündert würde. Ich habe im Ernst nicht einen Augenblick geglaubt, daß auf diese Drohung hin Folte mit seinen "Jägern" den Ort verlassen würde. Wohl aber konnte und durfte ich - fast mit völliger Sicherheit - annehmen, die Sipo werde, um Plünderung und Brandlegungen zu verhindern, aus ihrem schützenden Bau herauskommen. In diesem Falle konnten wir ihr besser beikommen und hatten das Kampfziel ohne erhebliche Opfer erreicht.

Meine Drohung durfte nicht bloße Drohung bleiben. Ich mußte ihr den Nachdruck der Tat geben und legte pünktlich, nach Ablauf der gesetzten Frist, eigenhändig Feuer an ein Gebäude. Dann begab ich mich mit 8 Mann in das Stadtinnere (Marktplatz) und zertrümmerte eine Anzahl großer Spiegelscheiben in den größten Kaufläden. Geplündert ist von den Arbeitern nicht worden. Um unzweckmäßige

Ausschreitungen zu verhindern, hatte ich gerade dieses wenig angenehme Kommando selbst übernommen. Nach menschlicher Berechnung hätte nunmehr die für "Ruhe und Ordnung sorgen sollende" Sipo eingreifen müssen, und da sie an Zahl und Kampfmitteln den kämpfenden Arbeitern weit überlegen war, uns mit Hipp Hurra zum Tempel hinausjagen müssen.

Ich hatte aber in meiner famosen Berechnung den wesentlichsten Faktor, nämlich die bodenlose Feigheit der gutgenährten und gutbezahlten "Grünen" vergessen. Obwohl die Behörden sofort telephonisch der Sipo von den Brandlegungen, den Zerstörungen und den angeblichen Plünderungen Mitteilung machten, und das Stadtoberhaupt die "Ordnungsjünger" flehentlich um Schutz seiner bedrohten Stadt bat, blieben die grünen Helden ruhig in ihrem Bau. Sie ließen lieber den ganzen Ort, den sie "schützen" sollten, in Trümmer gehen, anstatt ihre gesicherte Burg zu verlassen. Um soviel "tapferer" aber waren sie dann, als es galt, wehrlose und waffenlose Gefangene zu mißhandeln und zu erschießen.

Bei Einbruch der Dunkelheit zog ich meine Arbeitersoldaten zusammen, stellte durch frisch herangezogene Verstärkung Feldwachen aus und bezog mit dem Haupttrupp Quartier in Helbra.

In Helbra warteten meiner nicht gerade erfreuliche Nachrichten. Die Hettstedter Sipo hatte den Aktions-Ausschuß überfallen, Bücher und Schriftstücke beschlagnahmt, Arbeiter unter nichtigen Vorwänden verhaftet. 2 Mann waren auf der Straße wie Hunde niedergeschossen worden, ein 16jähriger junger Mensch und ein 50jähriger Arbeiter. Die aus der Stadt vertriebenen Genossen erbaten dringend Unterstützung. Weiter erfuhr ich, daß die Genossen K. R., Fr .G. und Gen. M. mit der ganzen "Kriegskasse" in Quedlinburg infolge ihrer eigenen Dämlichkeit verhaftet worden waren. Ich verlor dadurch meine wertvollsten Kräfte und mußte schnellstens eine neue Finanz- und Verpflegungskommission aufstellen.

Noch in der Nacht entsandte ich eine Gruppe mit einem Lastauto nach der Dynamitfabrik Laibach und ließ dort 16 Centner Sprengstoff requirieren. Diesen brauchte ich weniger, um damit Zerstörung anzurichten, als vielmehr aus anderen taktischen Gründen. Bei dem Gefecht in Eisleben war mir bekannt geworden, daß Sipo und Bürgertum uns Minenwerfer andichteten, die wir - leider - nicht besaßen. Die aus dem Sprengstoff sofort hergestellten Bomben mußten und sollten nun, so gut es ging, den Zweck von Minenwerfern erfüllen. Die Bewaffnung meiner Truppe war in der ersten Phase der Kämpfe recht mangelhaft; daher mußte ich alle Hilfsmittel in Anspruch nehmen, selbst, wenn ich grundsätzlich dagegen war. Der praktische Kampf, - im scharfen Gegensatz zu dem viel einfacheren theoretischen Kampfe - zwingt uns oft, aus taktischen und strategischen Gründen unsere Grundsätze mit Füßen zu treten.

Donnerstag, den 24. März - *Gefecht in Hettstedt*
Durch Verstärkungen, die während der Nachtstunden und des Vormittags aus den umliegenden Ortschaften eintrafen, war meine Truppe gewachsen. Ich konnte 4 Kompagnien von je 100 Mann und außerdem noch 6 M. G.-Abteil. mit je einem M.-G. aufstellen. Die militärische Aufstellung und Einteilung erfolgte nach folgenden Gesichtspunkten: Der Gegner verfügte über gute und ausreichende Verbindungs- und Verständigungsmittel, wie Telephon, Funkstation, Lichtsignale. Die Arbeitertruppen hatten weder das eine noch das andere. Ich mußte zu anderen,

wenn auch primitiven Behelfen greifen. Die Frage der Verständigung und Verbindung zwischen den einzelnen Kompagnien, Zügen, Gruppen und M.-G.-Abteil. bei einem - von verschiedenen Seiten - vorzunehmenden Angriff auf die Sipo-Nester war eine ganz außerordentlich wichtige. Ihre geschickte Lösung war die Vorbedingung für das Gelingen der nächsten Operation. Die 20 Mann starke Radfahrerabteilung war wohl ein vorzügliches Verbindungsmittel für die Truppenbewegung auf der Landstraße und von Ort zu Ort. Sie war aber völlig ungeeignet und technisch unmöglich für Operationen in dem von Schachtanlagen durchfurchten Gelände des Aufstandsgebietes. Allen Gruppen, Kompagnien, Zügen und M.-G.-Abteil. wurde eine bestimmte Zahl junger Arbeiter als Meldeläufer zugeteilt. Dieselben waren unbewaffnet.

Bis Mittag 12 Uhr mußte die Aufstellung und Einteilung beendet sein. Wir entwickelten eine fieberhafte Tätigkeit und haben in kürzester Zeit Unmenschliches geleistet. Aus einem bunten Haufen aller möglichen Gestalten war eine festgefügte, gut disziplinierte, proletarische Sturmtruppe entstanden, nicht im Sinne des alten Wilhelmischen - oder Ebertschen Kadavergehorsams: Du mußt, sondern im wahrsten Sinne der proletarischen Selbstdisziplin "Ich will". Die revolutionären Arbeiter-Soldaten unterzogen sich jedes schwierigen, auch des gefährlichsten Auftrages mit Mut und höchstem Pflichtbewußtsein. Ich habe bei all den Gefechten und Kämpfen nicht einen einzigen Fall von zaghaftem Zögern oder Feigheit feststellen können. Viel trug dazu bei mein eigenes Verhalten. Die Genossen wußten, daß ich nie einen Auftrag erteilte, den ich nicht vorher schon selbst in gleich schwieriger Situation ausgeführt hatte. Alle besonders gefährlichen und komplizierten strategischen und taktischen Notwendigkeiten führte ich immer selbst aus. Nur dadurch sicherte ich mir das unbedingte Vertrauen der Mannschaften.

An diesem Vormittag setzte ich mich durch Kuriere und Radfahrer mit allen Aktions-Ausschüssen des Mansfelder Gebirgs- und Seekreises in Verbindung. Ich diktierte einem halben Dutzend schreibgewandten Genossen hunderte von Befehlen, Meldungen und Aufrufen. Der Drucker von Helbra arbeitete unter Hochdruck. In den Meldungen und Aufrufen forderte ich die Aktions-Ausschüsse des ganzen Aufstandsgebietes auf, sofort ihre verfügbaren, kampffähigen Genossen nach Helbra und Kloster Mansfeld zu leiten. Ich richtete mein Hauptaugenmerk vor allem auf Zusammenfassung aller erreichbaren Kämpfer. Der nun einmal Tatsache gewordene Aufstand konnte militärisch und politisch nur dann weittragende Erfolge zeitigen, wenn es mir gelang, eine Truppenmacht von mindestens 10000 Mann zusammenzubringen. Hätte ich diese Absicht in den ersten 3 Tagen verwirklichen können, so wäre das weitere Anwachsen der Truppe ganz zwangsläufig, ohne besondere Anstrengung erfolgt. Ein Sturmtrupp von einigen hundert Mann kann unter Umständen Vorzügliches zur Erringung lokaler Erfolge leisten. Nie aber zur Durchführung von Operationen, die sich über ein Gebiet von 100 und mehr Kilometern erstrecken. Dafür müssen in erster Linie Reserven vorhanden sein. Es gehört leider noch immer mit zur politischen Ideologie recht vieler Genossen, zu glauben, es genügt, im Ort die politische und militärische Macht an sich zu reißen und auszubeuten. Die Genossen halten dies schon für furchtbar revolutionär. Diese Einstellung war eine der Hauptsachen, warum der Aufstand 20 und 21 nicht größere Ausbreitung gewann. Wohl wuchs meine Truppe von Tag zu Tag, aber nur um Hunderte, nicht um Tausende. Trotz fieberhaftester Anstrengung brachte ich es nie über 1500 Mann. Damit kann man schließlich einen kühnen Handstreich riskieren, nie aber Kämpfe von Bedeutung.

Auch an diesem Vormittag sandte ich zahlreiche Kuriere mit Meldungen, Aufrufen und Berichten nach Berlin, Braunschweig, Hannover, Halle und a. Orte. Ich suchte dauernd die notwendige Verbindung mit den Parteien und Organisationen herzustellen. Trotz dieser wiederholten täglichen Bemühungen erhielt ich, außer in einem einzigen Falle, nie irgendwelche Nachrichten oder Informationen von den infrage kommenden Instanzen. Nur in dem einem Falle empfing ich von der K.A.P. aus Halle, gezeichnet von einem Berliner Genossen, eine verteufelt kurze Notiz, die aus kaum 20 Worten bestand des Inhalts: daß die K.P.D. und die K.A.P. damit einverstanden seien, daß ich die militärische Abteilung über die kämpfenden Truppen führe, und daß wir bis ... - der Termin wurde genannt - unter allen Umständen durchhalten sollten.

Um die Mittagsstunde fuhr ich mit meinen Mannschaften auf Lastautos gegen Hettstedt. Die Hettstedter Sipo hatte eine beträchtliche Verstärkung erhalten und bestand aus mindestens 4 Hundertschaften, in einer Gesamtstärke von über 500 Mann. Die Zugänge zur Stadt waren von den "Grünen" versperrt. Wir hatten in kurzer Zeit die Fühlung mit ihnen hergestellt und es entwickelte sich nun ein scharfes Gefecht, das bis gegen Abend andauerte, und bei dem es uns gelang, den Gegner bis in das Zentrum der Stadt zurückzudrängen, wo er sich dann in seinem festen Bau verschanzte.

Bei diesem Gefecht ergab sich die Notwendigkeit der ersten, von uns ausgeführten Sprengungen. Ich hatte vorher in meinem Leben nie eine solche gefährliche Arbeit verrichtet, nie überhaupt Dynamit oder anderen Sprengstoff gesehen. Durch meinen Feldstecher bemerkte ich, wie auf dem Bahnhof Hettstedt eine Lokomotive unter Dampf gesetzt wurde, obwohl der ganze Bahnbetrieb lahmgelegt war. Meine Vermutung, daß die Sipo unter dem Schutze eines "fauchenden Ungeheuers" einen Vorstoß machen wolle, zeigte sich bald als richtig. In weniger als 5 Minuten hatte ich mit 2 Mann meiner Begleitung ein paar fertige Bomben unter die Schienenstränge gebracht, um sie im Moment der Gefahr zur Entzündung zu bringen. Der Sipo-Zug schlängelte sich vorsichtig an unsere befestigte Stellung heran, während auf dem Tender stehende Bahnbeamte uns "freundlichst" zuwinkten. Ich hatte kaum noch Zeit, mit einer Zigarette die beiden Bomben zur Entzündung zu bringen. Infolge meiner geringen und mangelhaften Erfahrung in derartigen Sprengungen hatte ich die Zündschnüre viel zu kurz für diesen Zweck gewählt; kaum 30 Meter war ich vom Bahndamm entfernt, als die Detonation erfolgte und neben Dreck und Steinen und Holzsplittern ein über 2 Meter langes Gleisstück in die Höhe schwirrte und knapp 1 Meter vor mir senkrecht in den weichen Ackerboden spießte. Der Zweck der Sprengung war erreicht; die "Grünen" mußten unter dem nun heftig einsetzenden Maschinengewehr- und Gewehrfeuer der revolutionären Arbeiter nach ihrem Ausgangspunkt zurückrollen.

Durch Meldeläufer zog ich die um die Stadt herum in Stellung liegenden Kompagnien zurück und sammelte alle verfügbaren Kräfte für einen Nachtangriff auf Hettstedt. Die in genügender Menge requirierten und herangeschafften Lebensmittel und Rauchwaren wurden unter die Truppen verteilt, während ich den Genossen, die mit mir den Kampf leiteten, meinen Angriffsplan auseinandersetzte und anschließend alle notwendigen Sicherungen vorbereitete.

Außer einigen ganz leichten Verwundungen hatten wir während der Plänkeleien am Nachmittag keine Verluste. So lange mir von den Parteien und Organisationen nicht absolut sichere Nachrichten, bzw. Meldungen vorlagen, daß im ganzen Reiche oder wenigstens in den maßgebenden Industriezentren der Aufstand entflammt war, durfte ich in meinem beschränkten Operationskreis noch nicht auf Tod und Leben kämpfen. Der Mansfelder See- und Gebirgskreis ist nicht Deutschland. Wenn schon in Vorpostengefechten die besten Kräfte zermürbt und vernichtet werden, dann ist der Sieg im Haupttreffen in frage gestellt. Das Ziel des beabsichtigten Nachtkampfes war, die "Grünen" einzuschließen und sie zur Waffenstreckung zu zwingen. Nicht um jeden Preis, sondern nur unter äußerster Schonung der kämpfenden Arbeiter. Dazu war zweckentsprechend List vor Gewalt zu setzen; und eher die "Heimburg" eines Spießers in einen Trümmerhaufen zu wandeln, als das Leben eines revol. Arbeiters zu opfern.

Beim Vorrücken nach der von der Sipo besetzten Schule, im Dunkel der Nacht, ergab sich für mich die Zwangslage, Sprengungen in Gebäuden vorzunehmen. Ein Teil des Bahnhofsgebäudes, 2 in der vom Bahnhof nach dem Stadtinnern führenden Straße liegende Villen, und zuletzt, die in unmittelbarer Nähe der Sipo-Schule liegende Druckerei des bürgerlichen Hetzblattes, wurden gesprengt. Auch diese 4 Sprengungen führte ich mit 2 anderen Genossen selbst aus. Es sollte nur das zerstört werden, was unumgänglich notwendig erschien. Jedem denkenden Genossen wird einleuchten, daß uns diese Sprengungen und Zerstörungen keine Freude bereiten konnten.

Wir waren uns dabei sehr wohl bewußt, daß wir alle diese Werte, die wir in Trümmer wandelten, später recht notwendig gebrauchen würden. Alle durch mich selbst oder unter meiner Verantwortung vorgenommenen Sprengungen und Zerstörungen während der Märzkämpfe hatten unzweifelhaft ihre strategische Berechtigung und geschahen immer erst nach Prüfung allen Für- und Widers. Nur in einem Falle - betr. des Herrschaftshauses- und Amtes Helbra - muß ich zugeben, daß die Sprengung nicht durchaus notwendig war.

Nach der letzten Sprengung in Hettstedt (Druckereigebäude) hatten sich die "Grünen" ausnahmslos in der Schule verbarrikadiert. Alle Sipo-Posten und Patrouillen waren von den Straßen verschwunden. Den Versuch, nunmehr das Sipo-Quartier zu sprengen, mußte ich nach dem ersten, mißlungenen aufgeben. Ich hatte nach kürzerem Feuergefecht 2 mal Parlamentäre, und zwar in beiden Fällen bürgerliche Frauen, mit schriftlicher Aufforderung, die Waffen zu strecken, zu dem Führer der "Grünen" gesandt. In beiden Fällen kamen die Parlamentäre nicht wieder zurück. Von ein paar festgenommenen Geiseln[2] erfuhr ich jetzt, daß dem Gegner durch Funkspruch bedeutende Verstärkung gemeldet war, außerdem empfing ich durch ausgesandte Radfahrer die Meldung, daß von Richtung Sandersleben Artillerie in Anmarsch sei. Es war bereits gegen 2 Uhr früh. Meine Truppe war abgekämpft und bedurfte dringend ein paar Stunden Ruhe. Ein Sturmangriff auf das Sipo-Gebäude hätte, nach Lage der Dinge, uns ganz erheblich Opfer gekostet. Ich beschloß, die Truppe unverzüglich nach Helbra zurückzunehmen.

Ausschlaggebend für diesen Entschluß war vor allem das unbedingte Festhalten an meiner, von Anfang der militärischen Operationen geübten Taktik, der allein es

---

[2] "paar Gefangene", *Vom 'Weißen Kreuz'...*, S. 159. (B. K.)

zuzuschreiben ist, daß es dem mir an Zahl, Kampf und Verbindungsmitteln weit überlegenen Gegner nicht gelang, meine Truppen aufzureiben.

Die Taktik bestand in folgendem: I. der Gegner durfte aus meinen Handlungen und Maßnahmen nie Schlüsse auf meine weiteren Absichten ziehen können. II. Solange mir keine größere Truppenmacht und vor allem keine Reserven zur Verfügung standen, durfte ich unter keinen Umständen länger als höchstens 24 Stunden an einem Ort verweilen.

Diese Taktik habe ich mit eiserner Konsequenz durchgeführt; mit dem Erfolg, daß stets, wenn der Gegner mich eingekreist zu haben glaubte, ich meine Truppe schon wieder aus der Gefahrenzone heraus hatte und er, wie in den Fällen Wimmelburg, Eisleben, Hettstedt u.a. sein Artillerie- und Minenfeuer immer nur auf ein leeres Nest verschwendete.

Daß ich damit den "Grünen" und "Grauen" stets neue Rätsel aufgab, beweist die Aussage des Sipo-Majors Folte vor dem Sondergericht, wo dieser in seiner drastischen Art erklärte: "Es war schwer, an Hölz heranzukommen, wir hatten schon vorher gehört, daß H. ein gewiefter Kerl sein soll!"

Freitag, den 25. März - *2. Gefecht in Eisleben*
Nachdem die Arbeiter-Soldaten in Helbra ein paar Stunden geruht und sich geistig wie körperlich etwas gestärkt hatten, ging es um die Mittagsstunde des Freitag zum 2. Angriff auf Eisleben. Dort war der Genosse Joseph Schneider mit etwa 1 Kompagnie starker Truppe zurückgeblieben und hatte verhindert, daß während unseres Angriffs auf Hettstedt die Eislebener Sipo der Hettstedter Sipo beistehen konnte.

In Wimmelburg - 1000 m. vor Eisleben stieß ich mit den Leuten Joseph Schneiders zusammen und besetzte dann die ausgedehnten Anlagen des Otto-Schachtes - einer Höhe vor Eisleben.

Durch den - bei einbrechender Dunkelheit - unternommenen Angriff gelang es mir, mit der Truppe bis auf den Marktplatz der Stadt vorzustoßen und das Rathaus zu besetzen. Vorher wurde die Villa des "Kaiserlichen Generaloberarztes der Marine", Dr. Evers, gesprengt, die am Eingang der Stadt gelegen war und deren Bewohner in steter telephonischer Verbindung mit dem Kommandeur der Sipo standen. Evers, ein Stockreaktionär und Arbeiterfresser reinsten Wassers, hatte in seinem Hause Orgeschwaffen und Munition in reichlicher Menge. Auch die mit fast indischer Pracht raffiniert ausgestattete Behausung des Bergdirektors, die in unmittelbarer Nähe des Marktplatzes lag, wurde aus denselben Gründen gesprengt.

Nachdem sich die durch unsern raschen Überfall überraschten "Grünen" von ihrer Bestürzung erholt hatten, belegten sie Marktplatz und Rathaus mit Minenfeuer. Das sich anschließend entwickelnde Gefecht währte bis früh 4 Uhr. Wir hatten bereits 8 Verluste (Verwundete) und konnten uns infolge des jedesmal sofort einsetzenden Minenfeuers in der Stadt nicht mehr festsetzen. Dazu erhielt ich von unsern Kundschaftern eine Meldung, die mich veranlaßte, mit der Truppe raschestens den Ort zu verlassen. Nach kurzer Rast in Sammlung in Wimmelburg führte ich die revolutionären. Arbeiter nach Sangerhausen.

Sonnabend, den 26. März - *Gefecht in Sangerhausen*
In Wimmelburg traf ich größere und kleinere revolutionäre Trupps revolution. Arbeiter, die aus allen Richtungen kommend sich uns anschlossen. Die zahlenmäßige

Stärke der kleinen Armee war an diesem Tage auf über 1400[3] gestiegen. Von Halle aus war eine vorzüglich geleitete Arbeiter-Sanitäts-Kolonne (wenn ich nicht irre unter der Leitung der Hallenser Genossin Krüger) in Wimmelburg eingetroffen. Ich erfuhr durch die von Halle u. a. Orten kommenden Arbeiter zu ersten Male etwas Genaueres über die Lage und die Vorgänge im Merseburger Gebiet. Mein ganzes Streben richtete sich von Stund' an darauf, möglichst rasch aus dem sich immer enger (zusammenziehend.) um mich schließenden Sipo- und Reichswehrgürtel herauszukommen, und mich mit den um Teutschenthal und im Leunawerk bewaffneten Arbeitern zu vereinigen. Es war faktisch die allerhöchste Zeit, daß ich den Hexenkessel Wimmelburg verließ. Ganz kurze Zeit nach unserm Abmarsch unternahmen Sipo- und Reichswehr einen konzentrischen Angriff auf Wimmelburg, und ließen dort, in echt wilhelminischer "ritterlicher" Weise, ihre Wut an vollkommen unbeteiligten und unbewaffneten Opfern aus. Noch nach vier Wochen wurden tote Arbeiter in Schlackenhaufen der umliegenden Schachtanlagen gefunden. Von Sipo-Händen ermordet und verscharrt, wie man tolle Hunde verscharrt. Das war der Lohn dafür, daß wir Arbeiter die Sipo-Gefangenen stets menschlich behandelt haben und nicht einen getötet hatten. Alle von uns gemachten Gefangenen sind unversehrt wieder zu ihrer Truppe zurückgekehrt. Ich bin aber überzeugt, daß der mitteldeutsche Aufstand das letzte Vorpostengefecht war, bei dem die kämpfenden Arbeiter sich von Humanitätsduselei leiten ließen. Es schlummern auch andere Eigenschaften im deutschen Proleten, und diese sind durch die zahllosen Brutalitäten der "Ordnungsjünger" jäh geweckt worden.

Mit 10 Lastautos, z. T. mit Anhängern, mit Bauernwagen, und ein Teil zu Fuß rückte die Truppe am Mittag des 26. März in Sangerhausen ein. Meine Absicht war, diesen Ort nur als Durchgangsstation zu benutzen. Hier sollten vor allem die Arbeiter ein ausgiebiges, warmes Mittagessen empfangen. Jeder Gasthof wurde verpflichtet, für 100 - 150 Arbeiter zu kochen.

Kaum eine halbe Stunde nach unserm Eintreffen, erhielten wir den recht unerwarteten Besuch eines Panzerzugs, besetzt mit württembergischen Zeitfreiwilligen. Obwohl die Truppe während der vergangenen Nacht im schwersten Kampfe gestanden hatte, und die meisten nicht eine Stunde Ruhe gehabt hatten, ergriff jeder Einzelne mit sichtbarer Begeisterung die Waffe. Die Besatzung des Panzerzuges war im Nu ausgeschwärmt und hielt das Gebäude um den Bahnhof herum besetzt. Die "tapferen Schwaben" verschwendeten reichlich viel Munition, während wir die allergrößte Sparsamkeit üben mußten, da wir daran erheblichen Mangel litten. Trotz alledem trieben wir die Zeitfreiwilligen nach vierstündigem Gefecht hinter die schützenden Platten ihres Panzerzuges zurück. Außer einem M. G., das wir erbeuteten, hatten die Gegner empfindliche Verluste an Mannschaften. Auf unserer Seite ein Toter, ein Verwundeter.

Erst am Abend konnten die revol. Kämpfer ihr Mittagessen mit einiger Ruhe verzehren. In später Nachmittagsstunde rückte ich von Sangerhausen ab, in der Absicht, auf dem Marsche nach Merseburg - Halle in Schraplau Halt zu machen und den anbrechenden Sonntag zu einem vollständigen Ruhetag für die abgekämpfte und erschöpfte Truppe zu benutzen. Diese Absicht konnte ich zum Glück restlos durchführen.

---

[3] "zweitausendfünfhundert", *Vom 'Weißen Kreuz'...*, S. 160. (B. K.)

Sonntag, den 27. März - *Rasttag in Schraplau*
Der kleine, mit Kalkwerken umlagerte Ort wird von einer ausgesprochen klassen-
bewußten Arbeiterschaft bevölkert, die die kämpfenden Klassengenossen mit En-
thusiasmus empfing und ausgiebig bewirtete. Am Abend wurden die Arbeitersoldaten zum ersten Mal gelöhnt. Die Löhnung besorgte die zur Truppe gehörige Fi-
nanz- und Verpflegungskommission. Jeder Mann erhielt 50 M.
In Schraplau traf ich mit den beiden Genossen Alfred Lemk und Bowitzki zusammen. Dieselben leiteten die Aktion bei Teutschenthal. Wir beschlossen, in der
kommenden Nacht alle erreichbaren Kämpfer zusammenzuziehen, dann uns mit
den Arbeitern im Leunawerk zu vereinigen und unverzüglich über Ammendorf auf
Halle vorzustoßen. Dieses Ziel sollte unter allen Umständen erreicht werden, um
uns in den Besitz der in Halle vorhandenen artilleristischen Kampfmittel zu setzen.
In der Nacht vom Sonntag zu Montag erfolgte der Marsch von Schraplau nach
Ammendorf.

Montag, den 28. März - *Gefecht in Ammendorf*
Planmäßig erreichten wir im Morgengrauen d. 28. das in unmittelbarer Nähe von
Halle liegende Ammendorf. Es war eine verteufelt kühle Märznacht gewesen, und
wir waren allesamt wie erfroren. Die Arbeiter in ihrer recht mangelhaften, dünnen
Kleidung, fast alle ohne Mäntel, hatten sich auf den Lastautos und Wagen nicht
erwärmen können. In den paar vorhandenen Gasthäusern Ammendorfs wurde
schleunigst ein steifer Grog in größerer Menge gebraut, durch dessen Hilfe die Le-
bensgeister der durchfrorenen Genossen wieder mobil wurden. Genosse Alfred
Lembk begab sich auf schnellstem Wege nach dem Leunawerk, um sofort mit der
dortigen Kampfleitung die notwendige Verbindung herzustellen, und wenn möglich alle kampffähigen Arbeiter auf Autos nach Ammendorf zu dirigieren. Unterdessen gingen wir auf einer ca. 3 Kilometer breiten Linie gegen Halle vor und stießen 1000 m. vor Halle auf ausgeschwärmte "Grüne".
Wir hielten die von uns besetzte Linie, und ich wartete ungeduldig auf die Ankunft
der Leunaarbeiter. Vor allem fehlte es überall an Munition. Verschiedene Arbeiter
hatten in ihrer Stellung kaum noch 1-2 Schuß. Genosse Lembk brachte bei seiner
Rückkunft vom Leunawerk etwa 1000 Schuß mit, und dazu die Nachricht, daß die
Genossen von dort sofort frische Kräfte senden würden.
Noch ehe aber die erhoffte und dringend notwendige Verstärkung uns erreichte,
wurden wir von 4 verschiedenen Seiten überraschend angegriffen. Auf schnellen
Lastwagen rückten auf den Straßen Merseburg - Ammendorf, Osendorf - Ammendorf, Bruckdorf - Ammendorf und Halle - Ammendorf zahlreiche "Grüne" heran.
Ich versuchte mit den am Bahndamm der Linie Halle - Ammendorf liegenden Genossen aus der Umklammerung der Sipo herauszukommen. Auf dem Weg nach
dort erblickte ich Teile der kämpfenden Arbeiter, die, der Übermacht weichend, aus
Ammendorf zurückfluteten. Dem mir aus Bruckdorf entgegensprengenden Meldereiter nehme ich sein Pferd und galoppiere zu den weichenden Genossen und weise
sie an, den Ort zu halten, bis ich mit dem übrigen Teil die "Grünen" im Rücken
angreife. Nachdem ich dem Meldereiter sein Roß zurückgegeben, bemühe ich mich
erneut, mit dem am Bahndamm kämpfenden Truppen Fühlung zu bekommen und
gerate dabei fast in die Klauen der Sipo. Ich selbst gebe mich schon verloren, weil
ich effektiv keine Möglichkeit gewahre zu entrinnen, da höre ich mich mehrmals

beim Vornamen rufen und sehe am Eingang einer Kohlengrube mehrere Leute, die nach mir winken. Es sind Arbeiter, die Notstandsarbeiten verrichten, und die mich nun mit einer Geschwindigkeit von 0,5 einige hundert Meter unter die Erde bugsieren.

Die Arbeiter, die sich als gute Parteigenossen legitimieren, verschaffen mir dann Nachrichten von den Vorgängen in der Oberwelt. Ich erfahre, daß der größte Teil der Truppe aus dem Gürtel der Sipo entkommen ist und beauftrage einen Genossen, zu erkunden, ob ich mich nunmehr zu meinen Leuten durchschlagen kann. Ich sitze kaum einen Meter von den Motoren der umfangreichen Pumpanlage entfernt, die einen ohrenbetäubenden Lärm machen, und durch die das Sammelwasser nach oben gepumpt wird. Trotz des fürchterlichsten Radaus und der Gefahr, in der ich mich auch hier noch befinde, verfalle ich auf dem Brett, auf dem ich sitze, in einen totähnlichen Schlaf. Die Natur forderte ihr Recht, nach all den Spannungen und schlaflosen Nächten der letzten Tage.

Der zurückgekehrte Genosse rüttelt mich mit einem: "Es ist Zeit, Max!" aus meinem Schlummer, und nun geht's auf endlos scheinenden, schlüpfrigen Leitern nach oben. Hier empfängt mich ein älterer Parteigenosse, der zum Betriebsrat der Grube gehört, und der sich erbietet, mich zu den in Gröbers kämpfenden Arbeitern zu führen.

In Gröbers traf ich nicht, wie erwartet, meine Kampfgenossen, sondern eine in Bitterfeld und Holzweissig aufgestellte Arbeiterkompagnie unter Führung des Genossen Thiemann. Diese Truppe, die gut bewaffnet und gut organisiert war, hatte sich tapfer bis Gröbers durchgeschlagen und hier ein hartes Gefecht mit den "Grünen" gut bestanden. Dabei hatten die Arbeiter 2 Minenwerfer, sowie andere Waffen erbeutet und 4 Gefangene gemacht. Die kriegsmäßige Ausrüstung dieser revol. Kampftruppe bestand u. a. auch aus 2 Feldküchen mit allem Zubehör.

Von meinen Leuten traf ich in Gröbers nur den Genossen Joseph Schneider und einen sächsischen Genossen, die sich, gleich mir, nach dort durchgeschmuggelt hatten. Ich erfuhr, daß andere Teile meiner Truppe sich nach dem Mansfeldschen Gebiet durchgeschlagen hatten und beschloß, die Bitterfelder Kampfgenossen mit ihnen zu vereinigen. Um nicht von den "Grünen" oder den "Grauen" abgeschnitten zu werden, war ich gezwungen, auf Umwegen und im Zick-Zack vorzustoßen.

In Wettin kam es zu einem kurzen Gefecht mit der dortigen Orgesch, bei dem ein Landjäger verwundet wurde. Der Verwundete wurde sofort durch unsere Sanitäter verbunden und dann dem Krankenhause zugeführt. Nachdem in Wettin die Truppe verpflegt und gelöhnt war, - Genosse Schneider hat an diesem Tage, außer der Löhnung (pro Mann 50.-M) noch über 30000 M an Rechnungen an Wettiner Geschäftsleute ausbezahlt, und zwar lediglich für Schuhe, Hosen und Wäsche (sowie Brot und Fleisch), da die Kleidung und Beschuhung der Genossen, die durchweg von ihrer Arbeitsstelle direkt zu den Waffen geeilt waren, sich in ganz mangelhaften Zustand befand, - begann der Weitermarsch nach Mansfeld.

In der Nacht vom 31. März zum 1. April erreichte die Truppe den Ort Beesenstedt. Hier sollte das während des Marsches in der Feldküche gekochte Essen verteilt werden und die Leute dann bis zum Morgen rasten. Die revol. Arbeiter wurden auf den drei großen Domänen des Ortes einquartiert. Die größte Domäne gehörte dem Rittmeister Nette, der mit seiner Frau und seinem Sohne ein Schloß bewohnte, dessen Pracht und Luxus in dürren Worten ich kaum schildern kann. Dieses, erst

1914, mit einem Aufwand von Millionen errichtete Kastell übertraf in seiner inneren Aufmachung alles von mir Gesehene, und ich hatte doch wahrscheinlich schon genug solcher modernen und raffinierten Zwingburgen in Belgien und Frankreich kennen gelernt. Mein erster, impulsiver Gedanke war: dieser Prachtbau würde sicherlich in einer kommunistischen Gesellschaftsordnung als Kinderheim oder Altersheim Verwendung finden. Wie wohl und wie viel freier und gesünder würden hier tausende von Waisenkindern leben können, deren Väter und Ernährer auf dem Schlachtfeld der Arbeit oder dem wahnwitzigen Blutfeld von 14-18 ihr Leben für Drohnen und Schmarotzer einbüßten. In den Städten werden die menschlichen Arbeitsbienen mitsamt ihrem Nachwuchs in enge, dunkle und mit stickiger Luft angefüllte Löcher gepreßt, sofern sie nicht gar auf der Straße liegen müssen, und in diesen Luxusbau schleppen 3 Menschen ihren vollen und faulen Bauch durch 50 große, luftige Räume; die nur sie bewohnen. Wer wagt es da noch, an dieser von "Gott gewollten" kapitalistischen Weltordnung zu rütteln?

Die größte Überraschung harrte unser jedoch, als wir das umfangreiche Speise- und Vorratsgewölbe dieses Hamsterschlosses einer Untersuchung unterzogen. Wir fühlten uns unwillkürlich in das Schlachthaus einer größeren Stadt versetzt. Mir erschien es als ein Verbrechen an der Menschheit, diese, für nur ein paar Menschen bestimmten Vorräte in ihrer Einsamkeit zu belassen. Eine Gruppe Arbeiter-Soldaten (acht Mann) trugen von 12 Uhr nachts bis 4 Uhr früh an langen Stöcken die Unmenge Schinken, Speckseiten, Würste, Butter, Fett und vieles andere in den Tanzsaal des kleinen Dorfgasthofes, wo ich mein Quartier aufgeschlagen hatte. Von den Delikatessen, die wir zur Deckung des Bedarfs des Personals zurückließen, konnten sich diese Lakaien noch monatelang ernähren. Die von uns beschlagnahmten Mengen bestimmte ich zur Verteilung an die arbeitende Ortsbevölkerung und zur Verpflegung meiner Kampfgenossen. Jedesmal, wenn 2 Mann mit ihre fettigen Last der Schinken, Würste und Speckseiten, unter der sich die Stöcke krumm bogen, an mir vorbeigingen, mußte ich ganz instinktiv an jene Kundschafter denken, die Moses nach seinem Zuge durch die Wüste in das gelobte Land Kanaan sandte, und die zurückkehrten mit Stöcken, die sich unter der Last der reifen Trauben bogen.

Charakteristisch für den Rittmeister Nette war, daß er in seinen Schränken außer zahlreichen Hosen und Röcken aus Militärstoff (Kammerware) nicht weniger als 18 Paar Militärunterhosen und über 20 Militärhemden auf Vorrat hatte. Wir beschlagnahmten natürlich diese, für den Herrn Rittmeister völlig überflüssigen Sachen, samt 5 Dutzend (60 Stück) andere, vollständig neuer Hemden, getreu dem alten Bibelwort: "Wenn du zween Röcke hast, so gib einem davon, der keinen hat." Auf die Frage des Moabiter Ausnahmerichters an den Zeugen Rittmeister Nette, welchen Schaden er durch die Rotgardisten erlitten hab, gab Nette bezeichnender Weise nur den Verlust v. 5 Dutzend Eigentumshemden an, die er sich wohl "ehrlich" erworben haben mochte; er verschwieg aber wohlweislich das Fehlen der Militärhosen, Röcke und Leibwäsche, die er nicht "ehrlich" erworben hatte. Er mochte wohl befürchten, daß der Richter oder einer der Verteidiger ihm die Frage vorlegte, auf welche Weise er denn in den Besitz so auffallend vieler Militärkleidungsstücke gelangt sei.

Außer den vorgenannten Sachen vermißte Nette in seinem lebenden Besitz noch einen fetten Ochsen, über dessen Verlust er sich vor Gericht bitter beschwerte. Den

Ochsen hatte unsere Verpflegungskommission geschlachtet und die Hälfte davon an ausgehungerte Proletarier verteilt.

Nette selbst war während der Besetzung seines Schlosses und seiner Domäne durch die Rotgardisten nicht anwesend. Er hatte es vielmehr vorgezogen, seinen umfangreichen Leib nach Halle in Sicherheit zu bringen, als er von dem Vordringen der revol. Arbeiter hörte. Dabei brauchte er wahrhaftig um seinen Leib nicht zu zittern, denn ein fetter Ochs von ihm war der ausgehungerten Arbeiterschaft tausendmal wertvoller, wie der ganze Rittmeister Nette.

Freitag, den 1. April - *Gefecht bei Beesenstedt*

Ich muß hier vorausschicken, daß sich unsere militärische Lage in den letzten 48 Stunden ganz erheblich verschlechtert hatte. Eine größere Formation revol. Arbeiter existierte nicht mehr. Durch die schweren Kämpfe in Ammendorf und Leunawerk waren die vereinigten Arbeitertruppen in mehrere, kaum ein paar hundert Mannschaften starke Gruppen zersprengt worden Diese einzelnen Formationen strebten intensiv nach ihrer Vereinigung. Diese angestrebte Vereinigung zu unterbinden war Ziel der "Grünen" und "Grauen", die in bedeutender Zahl das ganze Aufstandsgebiet überfluteten. Die "Grünen" waren durch Kontingenten von süddeutschen "Grauen", vor allem Zeitfreiwilligen verstärkt und verfügten über ausreichende artilleristische Kampfmittel. Schon beim Abmarsch von Wettin war mir das Aussichtslose unserer Lage bekannt, und ich hatte schon dort den Entschluß gefaßt, die Truppe aufzulösen. Warum ich es nicht tat, geschah aus zwei Gründen. Einmal war die Gegend absolut nicht geeignet, um unsere Waffen, Minenwerfer u. a. militärische Ausrüstung nach erfolgter Auflösung entsprechend unterzubringen. Dafür konnte fast nur Mansfeldisches Gebiet in Frage kommen.

Zum anderen empfing ich Meldungen von uns entgegenrückenden Kampfgenossen, nach deren Vereinigung mit uns ich hoffen durfte, mein gestecktes Ziel zu erreichen.

So lagen die Dinge am Morgen des 1. April. Ein guter Tagmarsch konnte uns mit den entgegenkommenden Genossen verbinden. Meine Absicht, schon am frühen Morgen von Beesenstedt abzurücken scheiterte, da die vorgenommene Marschroute bereits von größeren Verbänden des Gegners versperrt war. Gegen 12 Uhr mittags stieß ich in entgegengesetzter Richtung von Beesenstedt vor, um die verbündeten "Grünen" und "Grauen" zu umgehen. Die revolutionären Arbeiter waren auf über 50 Fahrzeuge (mit Pferden bespannte, sogenannte Kastenwagen) verteilt.

Gegen 1 Uhr mittags, nachdem wir schon einige Kilometer vorgestoßen waren, sichtete ich mit Hilfe des Feldstechers, in einer Entfernung von ca. 3000 Meter, in Schützenlinien anrückende "Grüne". Sofort brachten wir unsere M.-G. in Stellung und fanden geeignete Deckung hinter dem Bahndamm einer kleinen Werksbahn. Wir hatten kaum Deckung genommen, als bereits die ersten Granaten und Schrapnelle in unsere Reihen platzten. Gegenüber dem einsetzenden mörderischen Artilleriefeuer war für uns kein Halten mehr. An ein Herauskommen aus diesem Feuerkessel glaubte im Augenblick wohl keiner mehr von uns. Daß trotz der hoffnungslosen Situation der größte Teil der revol. Arbeiter dem Morden entging, war nur dem Umstand zuzuschreiben, daß sich in unserm Rücken die Saale befand, über die die Arbeiter in Kähnen und zum Teil schwimmend setzten. Mehr als 20 tapfere Genossen blieben am Platze und brachten dem Befreiungskampfe der ganzen

Menschheit ihr Herzblut zum Opfer dar. Fast alle unsere Waffen und Ausrüstungs-
stücke waren verloren.

Im Regierungsbericht heißt es über dieses Gefecht:
"Die von zwei Seiten bei Beesenstedt gestellten Banden, die sich inzwischen auf
etwa 500 Köpfe verstärkt hatten, verloren in dem Gefecht, das sich nunmehr entwickelte, ihre gesamte Gefechtsbagage (31 Fahrzeuge), sowie fast restlos ihre Bewaffnung (5 Maschinengewehre, 1506 Pistolen, 150 Gewehre, 2000 Schuß M.G.-
Munition, 1200 Schuß Infanteriemunition, 1 Panzerkraftwagen, 1 Lastkraftwagen,
1 leichten Minenwerfer). Der Gegner verlor hierbei 18 Tote und 19 Gefangene, von
denen viele verwundet waren. Auch hier hatte Hölz persönlich geführt, unterstützt
von seinem Adjutanten Schneider. Eine Anzahl Aufrührer entkamen über die
Saale, 60 von ihnen wurden am anderen Tage durch die Anhaltinische Schutzpolizei an der preußisch-anhaltischen Grenze bei Unterpreisen gefangen genommen.
40 weitere wurden in der Gegend Löbejün festgenommen."
Soweit der Regierungsbericht. Wie es möglich wurde, daß wir in solcher Weise
vollständig aufgerieben werden konnten und nicht durch einen geschickten Rückzug unsere Lage retteten, ergibt sich eindeutig aus der Tatsache, daß wir von
"Grünen" und "Grauen" umschlossen waren. Meine Bemühungen, bereits 6 Stunden vor dem Gefecht uns nach einer anderen Richtung hindurchzuschlagen, mußten aufgegeben werden, da "Grüne" und "Graue" von Artillerie unterstützt die Gegend beherrschten. Ich möchte keinen Zweifel darüber lassen, daß nur durch den
Einsatz von Artillerie auf gegnerischer Seite uns die Möglichkeit genommen
wurde, den um uns gebildeten Ring zu durchbrechen. Die hier aufgeriebene revol.
Arbeiterkampftruppe bestand durchweg aus begeisterten Klassenkämpfern, die über
beispiellosen Mut und Tapferkeit verfügten; die sich in glühender Liebe für den
Freiheitskampf unerschrocken dem übermächtigen Gegner entgegenwarfen und nur
durch die Wucht (der) artilleristischer Kampfmittel besiegt wurden.

Das Leunawerk. Lehren aus der Märzaktion
Unter dieser Überschrift veröffentlicht ein ungenannter Skribfax eine kleine Broschüre. Ist es schon an und für sich bezeichnend, daß dieser geistreiche Held seinen
ehrenwerten Namen verschweigt - warum wohl ??? - so bildet der Inhalt eine Mu-
sterkollektion von allem möglichen und unmöglichen Blödsinn, Lügen und Entstel-
lungen. Ich erachte es für vollkommen zwecklos, mich mit diesem anonymen
Schreibtisch-Produkt zu beschäftigen, bin es aber den revol. Kämpfern, die am
Märzaufstand teilgenommen haben schuldig, ein paar der handgreiflichsten Ver-
drehungen und Entstellungen festzunageln.
Es gibt nur 2 Möglichkeiten, die auf den "namenlosen" Verfasser zutreffen können.
Er kann - was ich allerdings kaum glaube - direkt oder indirekt Teilnehmer an den
Märzkämpfen gewesen sein; in diesem Falle hat der Mann während der Kämpfe
geschlafen oder bewußt geschwindelt. Die andere Möglichkeit ist, daß er "weit vom
Schuß" in Berlin oder irgendwo plötzlich ein Kribbeln in seinen Fingern spürte und
nun auf Grund seiner reichen - vom Hörensagen und Lesen geschöpften Kenntnisse, eine Kritik übte - an seiner eigenen Unfähigkeit und Dummheit.
Mir fehlen alle Voraussetzungen zu einem Theoretiker. Ich bekenne freimütig, daß
mein theoretisches Wissen sehr mangelhaft ist, und ich noch sehr, sehr viel lernen
muß, und will, ehe ich Anspruch auf die Bezeichnung wissenschaftlich durchgebil-

deter Marxist erheben darf. Aber so viel ist mir in meiner Proletenbeschränktheit doch bewußt, daß man nie, und in keinem Falle die Theorie über die Praxis stellen darf. Allen Respekt und Achtung vor dem reichen Wissen so mancher Genossen, dessen Erwerb ihm manche Mühe und schlaflose Nacht gekostet haben mag. Aber solange er nicht selbst im wirklichen und unmittelbaren praktischen Kampfe stand, bleibt all sein Wissen eben doch nur Theorie. Und die Theorie ist so ganz, ganz anders, wie der praktische Kampf. Otto Rühle, der während der Märzaktion in der Frühjahrsfrische auf dem Gute Wolfstal weilte, übte nach dem Aufstand im Dresdner *Kommunist* und der *Aktion* eine "vernichtende" Kritik an den Märztagen. Aber er hatte immer noch den Mut, seinen Namen darunter zu setzen. Auch die Thesen, welche der "Revolutionskritiker" Otto Rühle entwickelt, sind weiter nichts, als schöne Theorien, die auf Papier unter Umständen Effekt machen können, in der Praxis aber heillose Verwirrung und Schaden anrichten können. Ich will nur eine seiner Thesen aus seiner Märzkritik herausgreifen. Er verficht darin den Gedanken, die Arbeiter müssen bei Aufständen die Fabrik, ihren Betrieb besetzen und sich darin verteidigen. Ich empfehle ihm, eine solche Besetzung und Verteidigung einmal selbst praktisch mitzumachen. Er wird seinen Kritikerschädel nur in ganz defektem Zustande aus den Trümmern des Betriebes herausbringen können. Mit einem einzigen Minenwerfer oder einem einzigen Geschütz brechen die Gegner den Widerstand der revol. Arbeiter. Der Genosse Ützelmann-Kempin[4] vom Leunawerk scheint sich die These Otto Rühles zu eigen gemacht haben. Das Verbleiben der organisierten und bewaffneten Arbeiter im Leunawerk war, gelinde ausgedrückt, ein unverantwortlicher Fehler, der sich auch bitter genug gerächt hat.

Ich greife nur einige Sätze aus der Leuna-Werk-Broschüre heraus. Seite 5 heißt es: "Der Märzaufstand aber mußte schon deshalb zu Falle kommen, weil er militärisch auch nicht einen Augenblick eine einheitliche Organisation, eine einheitliche Leitung zustandebringen vermochte, und weil wieder die vielen militärischen Leitungen auch nicht einen Augenblick im Einklang mit der politischen Leitung der Bewegung standen."

Die erste Behauptung widerspricht vollständig den Tatsachen. Tatsache ist, daß eine einheitliche Leitung sehr wohl bestand. Beweis: Hölz - Schneider - Lembk - Gerhardt Thiemann bildeten im Verein mit Ützelmann-Kempin eine einheitliche militärische Leitung. In ihr arbeiteten K.P.D.-, K.A.P.- und A.A.U.-Genossen gemeinsam zusammen. Sie vereinigten unter sich alle bewaffneten revolutionären Arbeiter.

Die zweite Behauptung fällt auf die "politische Leitung" zurück. Wo befand sich denn die politische Leitung??? Vielleicht wie Otto Rühle - in irgendeiner Frühlingsfrische??? War sie auf der Rabeninsel in Halle, oder im Grunewald bei Berlin?? Ich habe sie krampfhaft gesucht, auch mit der Laterne. Ich habe mich täglich bemüht, auch mit der politischen Leitung Verbindung zu bekommen. Gehörte der Verfasser der Leuna-Werk-Broschüre etwa gar mit zur politischen Leitung? Dann vermag er am besten meine Fragen zu beantworten. So unvorschriftsmäßig blöd bin ich trotz meiner theoretischen Beschränktheit doch nicht, um nicht zu wissen, daß

---

[4] "Kempin-Ützelmann", *Vom 'Weißen Kreuz'..*, S. 171. Hans Manfred Bock, in: *Syndikalismus und Linkskommunismus von 1918-1923*, a. a. O., S. 303: "Seit Sommer 1920 war hier (in Mitteldeutschland) Peter Ützelmann unter dem Pseudonym Kempin tätig." (B. K.)

unbedingt nötig war, militärische Leitung in Einklang mit politischer Leitung zu bringen.

Auf Seite 7 schreibt der Weise aus dem Morgenland weiter:

"Wir sahen verschiedene kleine Gruppen, die Gruppe der Leuna-Werke, die Lembk-Gruppe, die Hölz-Gruppe, die voneinander isoliert kämpften und weder miteinander, noch mit der politischen Leitung irgendeine Verbindung hatten. Nirgends zeigt sich auch nur für einen Augenblick eine einheitliche Leitung. Ja was am traurigsten ist, nicht einmal das Bestreben nach einer einheitlichen Leitung. Nirgends denkt man an ein Zusammenfassen der Kräfte, an die Formierung von Reserven, an die Befreiung der bedrängten Orte, daran, die vereinigten Kräfte an einem Punkte ins Treffen zu führen, die Entscheidung zu erzwingen, den Gegner ernst zu schlagen und zu vernichten. In allen diesen Kämpfen finden wir nicht einmal die Spur der elementarsten militärischen Erwägungen."

Du liebe, heilige Einfalt. So viel Weisheit in 5 Sätzen. Der Pseudo-Moltke schlägt den Tatsachen mit einer Unverfrorenheit ins Gesicht, die einfach klassisch ist. Jeder der 5 Sätze ist eine Lüge für sich, denn gerade das Gegenteil dieser famosen Behauptungen ergibt sich klar und einwandfrei aus meinen Aufzeichnungen über die Kämpfe.

Die Methode dieses Leuna-Werk-Broschüren-Schlachten-Kritikers erinnert mich lebhaft an einen Berliner Maschinenmeister, der als Belastungszeuge vor dem Moabiter Gericht gegen mich auftrat. Derselbe sagte aus, er habe gehört von seiner Braut (der Tochter des Gasthofbesitzers Wimmelburg), die es wiederum von ihrem Vater erfahren hatte, der es von einem Arbeiter gehört haben wollte, der dabei gewesen sein sollte, wie Hölz gesagt haben sollte, daß er nicht nur Männer und Frauen, sondern auch Säuglinge schlachten wollte.

Ich richtete von Anfang an mein Hauptaugenmerk darauf, meine Truppe mit anderen Arbeitertruppen zu vereinigen. Was mir auch in vielen Fällen gelang. Ich war immer bestrebt, mit anderen Truppen Verbindung zu halten und habe dies auch immer erreicht.

Der Märzaufstand brach weniger an der militärischen Unfähigkeit der kämpfenden Arbeiter zusammen, als vielmehr aus ganz anderen Ursachen. Ursachen, die ich in meiner Schrift *Meine Lehren und Erfahrungen aus den Märzkämpfen 1920 und 1921* niedergelegt habe.

Wenn ein Genosse an den Märzkämpfen Kritik übt, der selbst nicht mit gekämpft hat im Verband der Truppen, der selbst wohl nie im revolutionären Waffenkampf gestanden, dann ist das ungefähr dasselbe, wie wenn ich einem Nordpolforscher Vorhaltungen machen wollte, daß er bei seiner Expedition in den Regionen des ewigen Eises so und so viele Fehler begangen hat.

Persönlich kann ich mich nur freuen, wenn an Aktionen und Maßnahmen, für die ich mich verantwortlich fühle, Kritik geübt wird. An einer gesunden, sachlichen und auf wirklicher Kenntnis der Zusammenhänge beruhenden Kritik kann ich nur lernen und daran meine eigenen Fehler erkennen. Der Leuna-Werk-Broschüre fehlen alle die Voraussetzungen und es bleibt bedauerlich, daß die Partei die Herausgabe der anonymen Schrift saktioniert.

Ich kann für mich weder den Maßstab eines Heerführers, noch den eines "Parteiführers" beanspruchen, ich besitze auch nicht den Ehrgeiz, das eine oder das andre werden zu wollen. Das, was mich auf vorgeschobenen Posten gestellt hat, sind nicht meine besonderen Fähigkeiten und Kenntnisse (die ich mir erst mühsam erringen mußte), sondern mein äußerst stark ausgeprägtes Solidaritätsgefühl und Pflichtbewußtsein. Ich kenne nur ein Gesetz und nur einen obersten Grundsatz: "Du sollst deinen Nächsten lieben, wie dich selbst", der die Triebfeder und die Richtschnur meines Handelns bildet. Ich ging nie in den Kampf um des Kampfes willen, sondern nur, weil ich erkennen gelernt habe, daß all die herrlichen Ideen und Theorien der großen Denker wertlos bleiben müssen, wenn sie nicht Tat werden. Was sind Ideen ohne Menschen, die sie tragen?

48 Stunden in den Händen der weißen Mörder
Das Gefecht bei Beesenstedt war das letzte Aufflackern des Mitteldeutschen Aufstandes. Die zerstreuten Kräfte erneut sammeln, war nach Lage der Dinge eine absolute Unmöglichkeit. Das Aufstandsgebiet glich einem einzigen Heerlager von "Grünen" und "Grauen" und es war außerordentlich schwierig für die zersprengten und zerstreuten revol. Kämpfer, sich aus dem Gebiet herauszuwinden. Nach dem Übersetzen über die Saale trennten sich die Arbeiter in Truppen von 4 - 6 Mann; aber auch diese geringe Zahl war noch zu auffällig, und wir mußten versuchen, zu 2, höchstens 3 Mann, den Marsch ins Ungewisse fortzusetzen. In meiner Begleitung befand sich Genosse Gerhardt Thiemann und als dritter ein Genosse, der als Ortskundiger den Versuch machte, einen Weg aus diesem Feuerkessel herauszufinden. Wir wurden noch immer von dem nachdrängenden Gegner beschossen. Überall tauchten Sipo-Radfahrer-Patrouillen und Lastautos voll "Grüne" und "Graue" auf. - Gegen 7 Uhr abends, nachdem wir 5 Stunden lang über weichen Ackerboden gestapft waren, immer die Landstraßen meidend, auf denen dauernd Sipo- und Reichswehr-Autos rollten, erreichten wir die Nähe Könnerns. Kaum 2000 Meter vor dem Ort, befanden wir uns überraschend in kaum nur 400 Meter Entfernung von ausgeschwärmten "Grünen", die in Autos von Richtung Könnern angelangt waren.
Wir drei Mann warfen uns rasch in den etwa 1/2 m tiefen Graben des Feldwegs, der nach Könnern führte, und krochen auf den Knien ca 500 m vorwärts, bis das Blut von den Kniescheiben rann. Dadurch hatten wir die Schutzlinie der Sipo umgangen und konnten nun aufrecht unsern Weg fortsetzen. Die Waffen verbargen wir unter einer Schleuse, damit uns die Möglichkeit gegeben war, eventuell als "völlig harmlose" Wanderer durchzukommen. In Könnern selbst und nächster Umgebung war aber kurz vorher eine starke Abteilung Süddeutscher Zeitfreiwilliger angekommen, der wir gegen 8 Uhr direkt in ihre "menschenfreundlichen" Arme liefen. Auf die Frage, wie ich heiße, antwortete ich: "Reinhold König" (auf diesen Namen trug ich Papiere / Ausweise bei mir), die Gegenantwort lautete: "Auf den warten wir gerade." Nun ging es unter Kolbenstößen und Fußtritten im Eiltempo nach dem Bahnhofsgebäude in Könnern. Hier befanden sich bereits annähernd 20 gefangene Arbeiter. Jeden Augenblick wurden neue Gefangene eingebracht. Ich hatte nun reichlich Gelegenheit, Vergleiche zwischen der Menschlichkeit der Arbeiter und derjenigen der Süddeutschen Orgesch anzustellen. Diese weißen Menschenjäger und Arbeitermörder trugen durchweg neue, feldgraue Uniformen, mit silbernen Abzeichen, Stahlhelm, Karabiner, Seitengewehr, Trommelrevolver und Gummiknüppel. Bei einigen bemerkte ich auch sogenannte Totschläger.
Jeder neuankommende Gefangene wurde mit Gummiknüppeln und Kolbenstößen

begrüßt. Dabei frugen die Zeitfreiwilligen zu hunderten von Malen: "Na, wo habt ihr denn euern Hölsch (Hölz)?" Ich befand mich in einer unbeschreiblichen Situation. Nach Lage der Dinge mußte ich jeden Augenblick damit rechnen, erkannt zu werden. Alle Papiere und Gegenstände waren uns abgenommen worden. Bei entsprechender Rückfrage mußte herauskommen, daß meine Papiere wohl echt, jedoch nur geborgt waren. Auch die zahlreich vorhandenen Sipo- und Orgesch-Spitzel konnten leicht in mir den Hölz erkennen, sofern sie sich nicht durch die Brille täuschen ließen.

Nach einigen Stunden mußten die Gefangenen unter "Hände hoch" auf den Perron treten und in kleinen Gruppen von 3 - 4 Mann in den bereitstehenden Zug steigen. Ich kam mit dem Genossen Thiemann und zwei anderen Genossen in ein Abteil, in welchem 4 "Graue" unsere Bewachung übernahmen. Es erübrigt sich, auf die Einzelheiten dieses Transports von Könnern nach Sangerhausen einzugehen. So viel schmutzige Gemeinheit und tierische Grausamkeit wie diese Orgesch-Jünger kann ein revol. Arbeiter doch wohl kaum aufbringen. Mitten in der Nacht langten wir in Sangerhausen an. Nach menschlicher Voraussicht mußte ich hier erkannt werden, denn hier hatten wir das Gefecht mit der Besatzung des Panzerzuges bestanden und hatten mich bei dieser Gelegenheit hunderte von Spießbürgern gesehen. Ich hatte vom Augenblick meiner Verhaftung an nicht die geringste Hoffnung auf ein lebendiges Entkommen. Für mich bedeutete meine Tötung nicht mehr eine Frage des "ob - überhaupt", sondern nur des "wann" und "wie". Mit dem Bewußtsein und der Gewißheit meiner baldigen Abreise in das undefinierbare "Nichts" hatte ich mich vollkommen abgefunden.

Vom Zug aus gings unter "Hände hoch" und Kolbenstößen in den Keller des Bahnhofsgebäudes Sangerhausen. In diesem unbeschreiblichen Raum befanden sich bereits viele Gefangene, aber in welchem Zustand. Arbeiter, deren Gesicht blutig und ganz geschwollen war, so daß die Augen kaum noch sichtbar waren. Andere hatten fast faustgroße Beulen auf dem Kopfe. Viele lagen wie tot am Boden. Der Genosse Gerhardt Thiemann wurde von einem Orgesch-Offizier gefragt was er bei der Roten Armee gemacht habe. Er antwortete: Kompagnieführer. Darauf stieß ein daneben stehender Orgesch-Held dem Genossen Thiemann mit dem Gewehrkolben mit solcher Wucht gegen die Brust, daß dieser lautlos nach hinter über fiel. Ich sprang auf, um weitere Mißhandlungen von ihm abzuhalten und bat die Tapferen, dieser unmenschlichen Quälerei Einhalt zu tun, das hatte den Erfolg, daß sich die Meute nunmehr mit ihrer ganzen Wucht gegen mich wandte. Während der Nacht kamen ununterbrochen Sipo-Leute und Zeitfreiwillige - am Tage auch Reichswehr-Helden - in den Keller und übten ihren Heldenmut an wehrlosen Gefangenen. Die zusammengebrochenen Arbeiter, die teils bewußtlos, teils erschöpft am Boden lagen, wurden in rohester Weise mit den Stiefelabsätzen ins Gesicht und an den Kopf gestoßen, damit sie aufstehen sollten. Viele wurden einzeln aus dem Keller herausgeholt. Einige kamen wieder zurück. Andere nicht. Die Zurückkommenden befinden sich in einem unbeschreiblichen Zustand. Die Notdurft mußten die in dem Keller befindlichen Gefangenen in einer Ecke verrichten. Was dies bei 50 Menschen bedeutet, kann sich jeder vorstellen. Ein Sangerhausener Einwohner, Sohn des Führers der dortigen Deutschnationalen, Mitglied der Einwohnerwehr, war bei unserm Gefecht gegen den Panzerzug als der Spionage verdächtig verhaftet und 2 Tage von uns festgehalten worden. Er hatte also reichlich Gelegenheit gehabt, sich mein Ge-

sicht einzuprägen. Dieser Held leistete jetzt den weißen Mördern Spitzel- und Ver-
räterdienste. 2 Mal "besichtigte" er die Gefangenen im Keller - er schaute jedem
scharf ins Gesicht - und äußerte dabei selbstsicher: "Ich kenne den Hölz ganz genau, mir hat er ein paar Ohrfeigen gegeben!" Daß er mich trotzdem nicht erkannte,
erschien mir als ein unfaßliches Wunder. Wahrscheinlich meinte der "liebe Gott"
(der kommunistische, nicht der kapitalistische) meine Uhr sei noch nicht abgelau-
fen Die Genossen um mich herum waren jedenfalls - in Bezug auf meine Freilassung - zuversichtlicher als ich selbst. Wer sich ausweisen konnte und glaubhaft
nachwies, daß er an den Unruhen nicht beteiligt war, hatte 25% Hoffnung und
Aussicht, aus diesem Loch herauszukommen. Obgleich ich selbst an dieses Wunder
nicht glaubte, versprach ich den Genossen, im Falle meiner Loslassung wolle ich
meine ganze Kraft einsetzen, um an ihrer Befreiung mitzuarbeiten. Am 2. Tag dieser Gefangenschaft verlangte ich kategorisch meine Vernehmung. Nachmittags gegen 5 Uhr - Sonntag, den 3. April - wurde ich plötzlich aufgerufen: Reinhold König. Der sich meldende König sah fürchterlich zerknittert aus. Es war ein gewagtes
Spiel. Aber ich hatte nichts mehr zu verlieren, ich konnte im Höchstfalle nur gewinnen. Mit welchen Gefühlen und Empfindungen ich den Weg vom Keller bis in
den Bahnwagen - dem Vernehmungsbüro der Sipo - zurücklegte, will ich lieber
nicht beschreiben.
Im Bahnwagen saßen an einem langen Tisch mehrere Sipo-Leute (Offiziere und
Oberwachtmeister). Aufmachung: feierlich. In einer Ecke saß - zu meiner wenig
freudigen Überraschung - der Sangerhausener Orgesch-Spitzel in Civil, der mich
"ganz genau kannte". Bei dieser Sachlage war es nicht ganz einfach durchzukommen. Meine Hoffnung war auf 0,00 Prozent gesunken. Ich rechnete jede Sekunde
damit, daß man mir auf den Kopf zu sagte, ich sei der Hölz; das übrige konnte ich
mir dann schon denken.
Der Spitzel beobachtete jeden der Vorgeführten. Nach meiner Aufrufung und Be-
fragung, warum ich festgenommen sei, beschwerte ich mich bitter über die ungerechtfertigte Verhaftung, über die 2 Tage dauernde Festhaltung und über die
schlechte Behandlung. Ich erklärte, ich sei in den Morgenstunden des Freitag mit
dem Fahrrad von Ammendorf fortgefahren, um auf dem Lande Eier aufzukaufen;
sei dann bei Beesenstedt durch die Schießerei zwischen Sipo und Arbeiter von meinem Wege abgedrängt worden, habe mein Rad und meine Eier eingebüßt, und sei
dann am Abend in Könnern verhaftet worden. Warum wisse ich nicht, verlange
jetzt aber den Grund meiner Verhaftung zu erfahren. Ich bezeichnete es als einen
schweren Mißgriff, völlig harmlose und unbeteiligte Leute festzuhalten, und verlangte meine Freilassung, da sich meine Frau und drei Kinder (Reinhold König
hatte drei Kinder, das war also nicht gelogen) sehr um mich bangten, da sie ja nicht
einmal wüßten, wo ich sei. Meine Aussagen wurden genau protokolliert, ich mußte
unterschreiben (das Protokoll befindet sich noch heute bei dem Kommando der
Kasseler Sipo), meine Papiere wurden eingehend geprüft, sie waren echt, Reinhold
König lebte, er hatte drei Kinder, bezahlte seine Steuern, wo er selbst im Augenblick war, konnte ich nicht wissen, ich war jedenfalls hier.
Nun wurde mir erklärt, meine Verhaftung sei ein Mißgriff, ich sei zu Unrecht verhaftet worden. Der Offizier entschuldigte sich, und - ich war entlassen. Ich sagte,
daß ich ja an der nächsten Ecke wieder verhaftet werden könnte, und ersuchte um
einen Ausweis. Daraufhin wurde mir meine absolute Harmlosigkeit amtlich be-

scheinigt - diese Bescheinigung befindet sich heute noch in den Händen eines bekannten Berliner Genossen - und ich war frei.

Frei, und doch nicht frei. Der erste Schritt, den ich außerhalb des Bahnwagens machte, konnte mir erneut zum Verhängnis werden. Es brauchte nur einer zu rufen, das ist der Hölz. In Sangerhausen war ich zu gut bekannt. Ich mußte versuchen, raschestens aus dem Ortsbereich zu kommen. Ohne eine Straße zu berühren, lief ich den Bahndamm entlang nach irgend einer mir gänzlich unbekannten Richtung. Auf diesem Marsch berührte ich einen kleinen Bach, an dessen klarem Wasser ich meinen Durst löschte und mir dann Gesicht und Hände wusch. Nach dieser Prozedur schaute ich zum ersten Mal seit drei Tagen in meinen Taschenspiegel. Das Gesicht, das mir da entgegengrinste, war einfach entsetzlich. Ich war über diesen Anblick so erschrocken, daß mir die Tränen aus den Augen stürzten. War das das Gesicht eines Mannes oder das einer müden Greisin? Nun erst wurde mir klar, warum der Orgesch-Spitzel und vielleicht auch andere mich nicht erkannt hatten. In dieser Verfassung hätten mich meine Frau und Eltern selbst nicht erkannt. Mich packte hier eine unbeschreibliche Traurigkeit. Ich dachte an die revolutionären Arbeiter und Genossen, die in dem Keller waren; alles ehrliche, treue Kämpfer, war es nicht feige von mir, mich selbst in Sicherheit zu bringen, während sie von ihren Peinigern gequält wurden. Das natürliche, menschliche Fühlen zwang meine Gedanken immer wieder zu den Leidensgenossen; die Vernunft gebot mir, die Freiheit in diesem Falle nicht dem Gefühl zu opfern. Ich konnte und mußte in Freiheit mehr für die Genossen tun, als dort im Keller. Sie hatten mein Versprechen, daß ich alles Menschenmögliche für sie und ihre Angehörigen tun würde. Das Versprechen mußte Tat werden.

Beim Einbruch der Dunkelheit bestieg ich auf einer kleinen Haltestelle den Zug, der mich nach Nordhausen brachte. Von da benutzte ich den Schnellzug nach Berlin, das ich Montag früh gegen 8 Uhr erreichte. Das Erste, was mir aus den Morgenblättern entgegengrinste, war: "Hölz als Siegessäulen Attentäter entlarvt." Darauf standen 25.000.- M Belohnung. Weitere 100.000.- M waren ausgesetzt von der preußischen Regierung. Ich rechnete flüchtig nach, mit den sächsischen Belohnungen zusammen bestand jetzt ein Kopfpreis von 185.000.- M. Andere Attentate in und außerhalb Berlins sollte ich auch ausgeführt haben. Alles stand für die Polizei bombenfest. Sie wußte sogar, daß ich in Berlin sei, sie wußten dies alles viel früher wie ich selbst, und sie wußten viel, viel mehr als ich selbst.

Jedenfalls war das Berliner Pflaster verteufelt heiß geworden für mich. Verschiedene Genossen hatten mit meinem Namen allerhand Sachen gemacht, die die Hetze gegen mich erheblich verschärften. Ich beschloß, Berlin so schnell als möglich wieder zu verlassen, fühlte mich aber verpflichtet, vorher dafür zu sorgen, daß die von mir durch Kuriere an verschiedene Instanzen gesandten Gelder zusammengezogen und für die Unterstützung der gefallenen und gefangenen Genossen verwendet würden. Ich hatte Besprechungen mit den infrage kommenden Instanzen und Genossen und regelte mit ihnen sofort in Angriff zu nehmende Maßnahmen für Unterstützung u. a. der Märzopfer.

Am 17. April hatte ich eine Zusammenkunft in einem Café in der Rankestraße. Einer der Teilnehmer daran, der Kaufmann und Offizier a. D. Henke, aus Leipzig, Keilstr. 1 - der mir von einem sehr bekannten Parteigenossen als absolut zuverlässig empfohlen war - kam mir verdächtig vor. Ich ließ ihn scharf beobachten und schickte, als er austreten ging, sofort einen Genossen hinter ihm her. Nach kaum einer halben Stunde, gegen 10 Uhr abends, verließen wir das Lokal und wurden 50 Schritt davon von 8 -10 Schweißhunden mit dem Geschrei "Hände hoch" umringt. Ich hatte in Könnern und Sangerhausen die Hände nicht hochgehoben und tat es vor diesen Menschenjägern erst recht nicht. Mochten sie ruhig schießen. Wenn sie schießen wollten, dann schossen sie so oder so, mit oder ohne "Hände hoch". Nur meine Begleiter streckten ihre Flossen gen Himmel und harrten der kommenden Dinge.

In ein paar Autos ging es nun im Eiltempo nach dem Polizeipräsidium. Bei der Abführung in die Zellen weinte Henke und erklärte mir, es tue ihm leid, daß er so gehandelt habe. Er war schon am Vormittag gegen 9 Uhr nach Berlin gekommen und hatte dem Polizeipräsidium gemeldet, daß er mit mir zusammenträfe. Henke wurde schon nach ein paar Stunden als einziger wieder entlassen. Er war nur zum Schein mitverhaftet worden. Sein Offizierspaß sicherte ihn - wie er selbst sagte - gegen jede Verdächtigung. Dieser Judas-Ischariot spielte bei der ganzen Tragödie eine unsagbar traurige Rolle. Hoffentlich bleibt ihm der verdiente Lohn für seinen Judaslohn nicht aus. Den unverdienten, die Silberlinge in Gestalt von Papierlingen, hatte er erhalten. Inwieweit ein anderer Genosse, dessen Freundschaft sich Henke rühmt, an dem Verrat beteiligt ist, soll hier nicht erörtert werden. Ich erachte es aber für die Pflicht der Partei, daß sie den Dingen durch einen Untersuchungsausschuß auf den Grund geht und die Verräter an den Pranger stellt.

Anklageschrift vom 29. Mai 1921[5]
Der Staatsanwalt beim Ausserordentlichen Gericht, St. I. 117.21.

Der Techniker Max Hölz aus Falkenstein im Vogtlande z. Zt. hier in Untersuchungshaft, geb. den 14. 10. 1889 zu Moritz bei Riesa im Freistaat Sachsen, Sohn des Johann Hölz und der Hedwig geborenen Walther, verheiratet mit Klara geb. Buchheim, bisher unbestraft,
wird angeklagt im März und April 1921 im Inlande und zwar in der Provinz Sachsen.

   A. Es unternommen zu haben die Verfassung des Deutschen Reiches oder eines Bundesstaates gewaltsam zu ändern, und in Tateinheit hiermit
  B. 1) öffentlich vor einer Menschenmenge und durch Verbreitung und öffentlichen Anschlag zum Vergehen gegen Gesetze oder rechtsgültige Verordnungen oder gegen die von der Obrigkeit innerhalb ihrer Zuständigkeit getroffenen Anordnungen aufgefordert zu haben,
     2) an öffentlichen Zusammenrottungen, bei welchen eine der in den §§ 113, 114 R.St.G.B. bezeichneten Handlungen mit vereinten Kräften begangen wurden, teilgenommen zu haben und zwar als Rädelsführer,

---

[5] Stiftung Archiv der Parteien..., Band 8, Blatt 6 ff.

3) teilgenommen zu haben, wenn sich eine Menschenmenge öffentlich zusammenrottete und in der Absicht, Gewalttätigkeiten gegen Personen oder Sachen mit vereinten Kräften zu begehen, in die Wohnung, in die Geschäftsräume oder in das befriedete Besitztum eines anderen oder in abgeschlossene Räume, welche zum öffentlichen Dienst bestimmt sind, widerrechtlich eindrang.

4) teilgenommen zu haben, wenn sich eine Menschenmenge öffentlich zusammenrottete und mit vereinten Kräften gegen Personen oder Sachen Gewalttätigkeiten beging und zwar als Rädelsführer,

5) durch Androhung eines gemeingefährlichen Verbrechens den öffentlichen Frieden gestört zu haben,

6) unbefugter Weise einen bewaffneten Haufen gebildet oder befehligt oder eine Mannschaft von der er weiss, dass sie ohne gesetzliche Befugnisse gesammelt ist, mit Waffen oder Kriegsbedürfnissen versehen zu haben,

7) in einer den öffentlichen Frieden gefährdeten Weise verschiedene Klassen der Bevölkerung zu Gewalttätigkeiten gegeneinander öffentlich angereizt zu haben,

8) fortgesetzt vorsätzlich und widerrechtlich Menschen eingesperrt oder auf andere Weise des Gebrauchs der persönlichen Freiheit beraubt zu haben.

9) In Mansfeld Gefangene aus der Gefangenschaft vorsätzlich befreit zu haben,

10) fortgesetzt andere widerrechtlich durch Gewalt oder Bedrohung mit einem Verbrechen oder Vergehen zu Handlungen, Duldungen oder Unterlassungen genötigt zu haben,

11) fortgesetzt mit Gewalt gegen Personen oder unter Anwendung von Drohungen mit gegenwärtiger Gefahr für Leib und Leben fremde bewegliche Sachen andern in der Absicht weggenommen zu haben, sich dieselben rechtswidrig anzuzeigen,
und zwar indem er und seine Teilnehmer an den Räubereien Waffen bei sich führten,

12a) durch mehrere selbständige Handlungen, um sich oder Dritten einen rechtswidrigen Vermögensvorteil zu verschaffen, andere durch Gewalt oder Drohung zu einer Handlung, Duldung oder Unterlassung genötigt zu haben,

b) durch mehrere selbständige Handlungen, den Entschluss um sich oder Dritten einen rechtswidrigen Vermögensvorteil zu verschaffen, andere durch Gewalt oder Drohung zu einer Handlung, Duldung oder Unterlassung zu nötigen durch Handlungen bestätigt zu haben, welche einen Anfang der Ausführung der beabsichtigten, nicht zur Vollendung gekommenen Erpressungen zu enthalten, indem die vollendeten und versuchten Erpressungen durch Gewalt gegen Personen oder unter Anwendung von Drohungen mit gegenwärtiger Gefahr für Leib oder Leben begangen wurden,

13) durch mehrere selbständige Handlungen und zwar in Eisleben, Mansfeld, Helbra, Hettstedt, Ammendorf, Beesenstedt durch Anwendung von Sprengstoffen Gefahr für das Eigentum, die Gesundheit oder das Leben anderer herbeigeführt zu haben,

14) in einem Falle und zwar in Eisleben ein Gebäude vorsätzlich in Brand gesetzt zu haben,

15) vorsätzlich Eisenbahnanlagen oder sonstiges Zubehör derselben dergestalt beschädigt zu haben, dass dadurch der Transport in Gefahr gesetzt wurde,

16) vorsätzlich und rechtswidrig den Betrieb einer öffentlichen Zwecken dienenden Telegrafenanlage dadurch verhindert oder gefährdet zu haben, dass er Teile oder Zubehörungen derselben beschädigte,

17) in einem Falle und zwar in Eisleben
den Entschluss vorsätzlich einen Menschen zu töten, nämlich den Kaufmann Beyer durch Handlungen betätigt zu haben, welche einen Anfang der Ausführung des beabsichtigen, nicht zur Vollendung gekommenen Verbrechens des Totschlages enthalten,

18) in einem Fall und zwar in Roitzschgen in Gemeinschaft mit nicht ermittelten Mittätern vorsätzlich den Gutsbesitzer Hess getötet und die Tötung mit Ueberlegung ausgeführt zu haben,

Verbrechen und Vergehen gegen die §§ 81, 110, 115, 124, 125, 126, 127, 130, 239, 240, 249, 250, 253, 306, 315, 317, 212, 211, 43, 47, 74, 73, Strafgesetzbuchs, §§ 5, 11, des Gesetzes gegen den verbrecherischen und gemeingefährlichen Gebrauch von Sprengstoffen vom 9. Juni 1884 (R.G.Bl. S. 61).

Der Angeklagte war Führer der roten Armee, er hat diese geführt zum Zwecke des Kampfes gegen die Schutzpolizei und die Reichswehr als Organ der jetzt bestehenden Staatsverfassung und zum Zwecke des Sturzes dieser Verfassung und der Errichtung der Diktatur des Proletariats. Er hat demnach Hochverrat verübt. Der Angeklagte hat aber nicht nur aus politischen Gründen gehandelt und zum Zwecke der Erreichung eines politischen Zieles, er hat auch aus rein persönlichen Motiv strafbare Handlungen nicht politischen Charakters begangen. Insbesondere ist er bei den sogenannten Requisitionen weit über das nach Lage der Sache gebotene Mass hinausgegangen, so dass es sich bei diesen in der Regel um ganz gewöhnlichen Raub handelt. Besonders hat er die Ausschreitungen seiner Leute, die ihm nicht verborgen bleiben konnten, nicht verhindert. Aber auch andere Rohheitsakte fallen ihm persönlich zur Last, insbesondere die Brandstiftung bei dem Oberstadtsekretär Nehls in Eisleben, die Sprengung der Villa des Evers in Eisleben, die Sprengung des Amtes in Helbra, versuchte Tötung des Kaufmanns Hildebrand in Eisleben und die Ermordung des Gutsbesitzers Hess in Roitzschgen, die er mit anderen nicht ermittelten Personen begangen hat. Aus diesen Gründen kann der Angeklagte nicht oder wenigstens nicht in erster Linie als politischer Verbrecher erachtet werden. (Liste mit 83 namentlich genannten Zeugen - P. G.)

Max Hoelz
Anklagerede gegen die bürgerliche Gesellschaft - Gehalten vor dem Moabiter Sondergericht am 22. Juni 1921 in Berlin[6]

Hölz: Hochansehnlicher, hochehrwürdiger Ausnahmesondergerichtshof!
Vorsitzender (scharf unterbrechend): Hölz, wenn Sie uns hier beleidigen wollen, dann entziehe ich Ihnen sofort das Wort.

---

[6] *Hölz Anklagerede gegen die Bürgerliche Gesellschaft* mit einem Vorwort von Felix Halle. Frankes Verlag GmbH, Leipzig/Berlin 1921.

Hölz: Ich betonte es schon: Sie haben die Macht und damit das Recht. Ob Sie mir das Wort zu Anfang, in der Mitte oder am Ende der Verhandlung entziehen, das ist doch Jacke wie Hose. Ich werde reden, solange wie Sie mich reden lassen und was ich will und was ich empfinde. Wenn ich rede, dann rede ich. Ich rede nicht, um mich zu verteidigen. Wenn ich mich verteidigen würde, dann müßte ich mich schuldig fühlen. Ich aber fühle mich nicht schuldig, am allerwenigsten vor einem bürgerlichen Gericht, das ich nicht anerkenne.

(...)

Zur Anklagerede des "Herrn" Staatsanwaltes will ich mich gar nicht äußern. Die Anklagerede des Staatsanwalts ist eine Leichenrede für die bürgerliche Gesellschaft, von der er angestellt ist und von der er sich sein Honorar holen mag. Auch zu den Ausführungen meiner Verteidiger habe ich nichts hinzuzufügen. Meine Verteidiger sind mir geistig weit überlegen, in praktisch revolutionärer Hinsicht stecke ich alle drei in die Tasche.

Sie verhandeln hier gegen eine menschliche Bestie, so schreit die Bourgeoisie, so schreit die bürgerliche Pressemeute, so klingt es auch aus der Anklagerede des "Herrn" Staatsanwalts. Nun gut, ich als sogenannter Angeklagter - der ich aber nicht bin - denn ich bin der Kläger - habe das Recht, hier einige Worte zu meiner Persönlichkeit zu sagen. Ich will Ihnen diese Bestie sezieren, ich will sie Ihnen so auseinanderlegen, daß Sie ein wirkliches Bild von dieser Bestie bekommen.

Ich bin als Sohn eines Schneidemühlenarbeiters geboren. Mein Vater hat sich viele Jahre als Tagelöhner durchgeschlagen. Wir waren sechs Geschwister, zwei sind in frühester Jugend gestorben. Mein Vater war ein arbeitsamer Mann, aber er hatte ein heißes Temperament. Er war kein Kriecher. Sobald er sah, daß er Speichel lecken sollte, ist er seiner Wege gegangen. So kam es, daß wir sechs oder sieben Dörfer durchwanderten. Ein häufiger Schulwechsel für mich war die Folge. Ich hatte aber nicht einmal Zeit, die häuslichen Aufgaben der Landschule zu erfüllen.

Mit elf Jahren mußte ich bereits mitverdienen. Ich hütete zuerst die Gänse, später war ich im Sommer Kuh- und Pferdehirt, im Winter mußte ich die Pferde der Dreschmaschine antreiben.

Meine Eltern waren sehr religiös und sind es heute noch. Mein Vater ist katholisch, meine Mutter protestantisch. Sie haben uns in ihrem religiösen Sinne erzogen. Ich kann mich an keinen Sonntag erinnern, an dem wir nicht in die Kirche gingen, und zwar nicht aus äußerlichen Gründen, um etwa gesehen zu werden, sondern aus innerem Bedürfnis heraus. Wir setzten uns nicht ein einzigesmal zu Tisch, ohne zu beten, wir gingen ohne Gebet nicht schlafen. - Mein Vater verdiente wöchentlich 10 Mark. Wir waren sechs Kinder, später waren wir vier. Wir mußten alle mitarbeiten und haben es redlich getan. ... Ich habe eine so ungeheure Achtung vor meinem Vater und vor meiner Mutter. Mein Vater ist nicht ein einziges Mal ins Wirtshaus gegangen. Mein Vater hatte nur ein Vergnügen. Er hat des Sonntags auf dem Sofa gesessen und eine einzige Zigarre geraucht. Dieser Mann, groß im Arbeiten und gering an Bedürfnissen, ist der Typ des nichtklassenbewußten Proletariers. Er ist ein großer Tierfreund, der aus einer Gutsbesitzerfamilie hervorgegangen ist. Er hatte in Ulm eine bessere Schule besucht, aber die Liebe zu den Pferden hatte ihn in den einfachen ländlichen Beruf zurückgeführt. Dieser Mann hatte nicht meine Gesinnung und hat sie heute noch nicht. Er schämt sich meiner. Man kann es von einem solchen Menschen auch nicht verlangen, daß er sich meine Gesinnung aneignet. Er kann mein Tun nicht begreifen, aber vielleicht kommt er noch dazu, es zu verstehen.

Als ich die Schule verließ, wäre ich gern Schlosser geworden, aber meine Eltern waren blutarm und konnten kein Lehrgeld bezahlen. Ich wurde nach der Konfirmation als Tagelöhner zu einem Gutsbesitzer gegeben. Ich habe alle Arbeiten, die auf dem Lande vorkommen, gemacht. Die Arbeiten sind mir nie lästig geworden.

Ich hatte immer das Bestreben, vorwärts zu kommen, nicht nur um zu leben, sondern um zu verdienen, um einmal meinen Eltern das zu vergelten, was sie an mir und meinen Geschwistern getan haben. Auf mich setzten meine Eltern ihre größten Hoffnungen, da ich als das begabteste von ihren Kindern galt. In den zwei Jahren, die ich auf dem Lande zubrachte, habe ich mich in den wenigen Mußestunden durch Bücher so weit gebracht, daß ich mit der weiteren Umwelt in Berührung kam, mit einer Welt, die nicht auf meinem Dorf bekannt war.

Am Ende dieser zwei Jahre kam der erste selbständige und entscheidende Schritt in meinem Leben. Ich ging ohne Einwilligung meiner Eltern in die Stadt. Nach zwei Monaten kam ein weiteres noch größeres Wagnis. Mit sechzehn Jahren wanderte ich nach England aus und habe dort versucht, mein Fortkommen zu finden.

Meine Wünsche gingen soweit in Erfüllung, als es mir gelang, eine Stellung als Volontär in einem technischen Büro zu erhalten: Man ist in England großzügiger als in Deutschland. Man verlangt dort nicht für jeden Posten ein Staatszeugnis oder ein Examen. Man kann sich dort aus eigener Kraft emporarbeiten. In England fragt man nicht, wer ist dein Vater. In England gilt der Mann, was er tut, was er leistet.

Ich weiß heute, daß in England infolge des kapitalistischen Systems die gleiche Ausbeutung der besitzlosen Klasse stattfindet, damals fühlte ich mich freier als in Deutschland. Am Tage besuchte ich die Technische Hochschule in einem Londoner Vororte, während der Nacht habe ich in einem Autodroschkenbetrieb die Wagen gewaschen. Durch diese Nachtarbeit verdiente ich mir den Unterhalt, das Schulgeld und das Geld für die Bücher. In England habe ich sehr gehungert und oft nicht das Nötigste gehabt, um mir das trockene Brot zu kaufen. Ich habe einmal drei Tage lang keinen Bissen Brot genossen, so daß ich auf der Straße umfiel.

Wegen Erfüllung meiner Militärdienstpflicht mußte ich nach Deutschland zurückkehren. Ich fand nicht gleich Stellung in meinem Beruf als Techniker. Ich wurde zunächst in Berlin Hausdiener im Architektenhaus in der Wilhelmstraße. Ich versuchte unterdessen, eine Stellung zu finden, die meinen Kenntnissen entsprach. Es war damals eine schwere Zeit. Hunderte von Stellungssuchenden standen an den Plätzen, an denen der "Arbeitsmarkt" ausgegeben wurde. Ich bin dann zu Siemens und Halske gegangen und habe den Arbeitern das Essen in der Mittagspause heraufgetragen. Erst nach langem Warten gelang es mir, bei Arthur Koppel in meinem Beruf als Techniker Beschäftigung zu finden. Ich wurde der alliierten Firma Bachstein zugeteilt und von hier aus zu einem Bahnbau nach Bayern geschickt. Bei dieser Tätigkeit sagten zu mir die Ingenieure: Hölz, Sie sind ein tüchtiger Mensch. Versuchen Sie es, noch zwei oder vier Semester eine technische Schule zu besuchen. Ich habe versucht, mich auf die technische Hochschule vorzubereiten. Von meinen Eltern konnte ich keine Mittel dazu bekommen. Ich wollte zunächst das Einjährigenzeugnis erlangen.

Ich ging nach Dresden, um dort eine "Presse" zu besuchen. In Dresden ist es mir schwer gefallen, durchzukommen. Eine Stellung als Techniker konnte ich nicht annehmen, weil ich dann tagsüber hätte arbeiten müssen und mir keine Zeit für meine Schularbeiten geblieben wäre. So mußte ich mich nach allen möglichen Arbeitsgelegenheiten umsehen. Ich hätte ja stehlen können, wenn ich dazu veranlagt wäre, an Hunger dazu hat es nicht gefehlt. Ich habe mich aber nicht gescheut, als zwanzigjähriger Mensch des Abends Kegel aufzusetzen zum Vergnügen vollgefressener, fetter Bourgeois. Ich erhielt 75 Pfennig pro Abend. Mit derartigen Beschäftigungen verdiente ich soviel, um mich notdürftig über Wasser zu halten. Endlich fand ich Stellung in einem Kinotheater in der Wettinstraße als Vorführer. Ich erhielt 25 Mark wöchentlich. Damit hatte ich Geld, um mir ein richtiges Zimmer zu mieten, um die "Presse" zu besuchen und um mir Bücher zu kaufen. Infolge meiner doppelten Beschäftigung, als Schüler und Erwerbstätiger, führte ich eine sehr anstrengende ungesunde Lebensweise. Von der "Presse" mußte ich nachmittags zu den Vorführungen in das Kinotheater, das ich erst nach Schluß der letzten Abendvorstellung verlassen konnte. Dann begann ich mit meinen Schularbeiten. Ich habe oft, wenn der Morgen schon graute, noch in meinen Kleidern über den Büchern gesessen. Dann ging ich, ohne im Bette gewesen zu sein, des Morgens in die Schule. Dieses Leben führte ich ein Jahr lang. Dann kam ich zur Generalaushebung. Die ärztliche Untersuchung stellte eine furchtbare Veränderung meiner körperlichen Beschaffenheit fest. Während ich bei einer Musterung wenige Monate zuvor tauglich zur Kavallerie befunden worden war, war ich jetzt kränklich und für den Dienst in der Linie untauglich. Die Militärärzte konnten sich die Ursachen meines plötzlichen körperlichen Verfalls nicht erklären. Ich wurde Ersatzreserve. Da ich mich selbst unfähig fühlte, mein bisheriges Leben fortzuführen, insbesondere unter häufigen Kopfschmerzen litt, konsultierte ich verschiedene Ärzte. Sie hatten den Verdacht, daß ich schwindsüchtig sei. Die Ärzte rieten mir übereinstimmend von weiteren Versuchen, das Einjährigenexamen zu machen, ab und empfahlen mir auch eine Berufsausübung in freier Luft. Diesem Rate folgend, ging ich in das Vogtland, wo ich entsprechende Beschäftigung fand. Hier lernte ich meine Frau kennen und heiratete. Auf diese Weise bin ich im Vogtland kleben geblieben.

Bei Ausbruch des Krieges meldete ich mich bei den sächsischen Königshusaren in Großenhain als Kriegsfreiwilliger. Ich bin voller Begeisterung, im Glauben, für eine gute und gerechte Sache zu kämpfen, ins Feld gezogen. Ich hätte mich geschämt, zu Hause zu bleiben, während andere hinauszogen. Ich wurde der Stabswache des Generalkommandos zugeteilt. Ich vergesse nicht den Tag vor dem Ausrücken des Generalkommandos. Draußen in Neustadt hielt General von Carlowitz eine kräftige Ansprache an seine Truppen. Er sagte: "Wenn wir in Feindesland sind, dann wollen wir nicht einziehen als Räuber, Plünderer und Raubbrenner, sondern als Männer, die ihr Vaterland verteidigen." Ich bin überzeugt, daß General von Carlowitz seine Worte ehrlich gemeint hat. Aber wenige Tage nach diesen Worten, beim Einmarsch in Belgien, mußte der General sehen, daß es die Praxis nicht zuließ, sich an die schönen Reden zu halten, die er zu Hause geführt hatte. In Ypern fand das erste Treffen mit den Engländern statt. Bei unserem Weitermarsch sahen wir auf der Straße zwölf erschossene Einwohner, darunter zwei Mädchen von zirka zehn und zwölf Jahren, liegen. Diese Leute waren nicht im Gefecht gefallen, sondern standrechtlich erschossen worden. Auf unsere Fragen, warum diese Leute erschossen worden waren, wurde uns von unseren Kameraden geantwortet, es seien Franktireurs gewesen. Ein deutscher Leutnant sollte von einem der erschossenen

Mädchen gefragt worden sein, wieviel die Uhr ist. Bei dieser Gelegenheit soll das Kind ihn mit einer Pistole niedergeschossen haben.

Wir bezogen Quartier in diesem Orte und wurden mit den Einwohnern bekannter. Hier stellte es sich heraus, daß die Beschuldigungen gegen die Erschossenen heller Unsinn waren. Es waren keine Franktireurs, das Kind hatte keine Pistole, Tatsache war lediglich, daß sie unschuldig niedergeknallt worden waren, von Rechts wegen. In dem Ort befand sich auch ein Haus, an dessen Tor war mit Kreide geschrieben: "Hier sind die Kinder der Erschossenen." In einem Raum befanden sich fünfzehn bis zwanzig Kinder. Das war für mich ein erschütternder Anblick.

Es kam nunmehr der Stellungskrieg. Zunächst behielt das Kommando General von Carlowitz, ihm folgte General von Schubert. Ich betone, daß ich vor beiden als Männern eine hohe Achtung hatte. Beide waren der Typ des ehrlichen alten Militärs. Sie sind mitten durch das Granatfeuer geritten. Erst als andere an die Spitze des Generalkommandos traten, begannen die Saufgelage und jenes wüste Treiben der Offiziere, das den Haß des gemeinen Mannes herausgefordert hat. Leute, die nie den Feind gesehen hatten, brüsteten sich mit dem damals noch seltenen Eisernen Kreuz. Ein Feldgendarm, von dem wir sagten, daß drei Männer nicht seinen Bauch umspannen könnten, hatte das Eiserne Kreuz für seine Spitzeldienste bekommen, während er schwindelte, daß eine schwere Granate fünf Meter vor ihm eingeschlagen und krepiert sei, ohne ihn zu verletzen. Ich habe gesehen, daß Verwundete, die schmutzig, hungrig und durstig von der Front kamen, nicht verpflegt, sondern von den Offizieren beschimpft wurden, daß sie nicht tapfer genug gekämpft hätten.

Ich bin dann zur Kavallerieabteilung 53 gekommen, der ich als Meldereiter zugeteilt wurde. Ich habe den ganzen Feldzug teils an der Somme, teils in der Champagne, teils in Galizien mitgemacht. Ich habe gesehen, daß Hunderte, ja Tausende verbluten mußten. Ich war von dem Erlebten so erschüttert, daß ich nachzudenken begann, zu welchem Zweck dieses Gemetzel stattfinde. Unter den Eindrücken der Kämpfe an der Somme und vor Ypern ließ mich die Frage nach dem Warum nicht los. Ich fühlte, daß hier etwas nicht stimmt. Ich war in das Feld gezogen in der festen Überzeugung, für eine gerechte und gute Sache zu kämpfen, aber meine Erlebnisse ließen mich erkennen, daß der Kampf, den wir führten, kein Kampf für das Recht war. Ich sah, daß Leute, die sich niemals gekannt und vorher einander kein Leid zugefügt hatten, sich in einer so grausamen Weise abschlachteten.

Es ist mir wie Schuppen von den Augen gefallen. Mit meinen Kameraden konnte ich darüber nicht sprechen. Die Kavalleristen waren roh und hatten für mein Empfinden kein Gefühl. Als ich beim Abtransport gefangene Engländer gegen Mißhandlungen durch meine Kameraden zu schützen versuchte und ihnen Vorstellungen machte, wurde ich für einen Spion gehalten, besonders, weil ich vor dem Kriege in England gewesen war, mit den Engländern in ihrer Sprache reden konnte und auch für ihre Gefühle Verständnis zeigte. Beim Anblick gefallener und gefangener Engländer mußte ich stets daran denken, daß mir in England viele Menschen Gutes getan hatten. Ich war ein Mensch, der mit sich selbst zurecht kommen mußte. Ich habe versucht, mich aus dem Labyrinth von Gedanken herauszuarbeiten. Nachdem der Zweifel mir meinen Kinderglauben genommen hatte und meine religiösen Vorstellungen ins Schwanken geraten waren, mußte ich alle Fragen noch einmal durchdenken. Man hatte uns gelehrt, daß es Reiche und Arme geben müsse und daß den Armen für ihr Leben in dieser Welt das Himmelreich sicher sei. Ich aber sah im Felde, daß es nur Unterdrücker und Unterdrückte gibt.

Bevor ich auf die Kämpfe von 1918 zu sprechen komme, möchte ich vorher ein Erlebnis einflechten, das für meine Wandlung von entscheidender Bedeutung wurde. Als wir 1915 zur Offensive vorrückten, da stießen wir über die feindlichen Linien vor. Wir durchschritten ein Gebiet, das vorher Franzosen und Engländer gehalten hatten. Wir trafen auf ein Leichenfeld. Die Gefallenen waren Franzosen, Engländer, Zuaven und Deutsche. Die Toten hatten sechs Monate unbeerdigt gelegen. Die Leichen sahen schwarz aus, aus den Augenhöhlen quoll eine dicke, gelbe Materie. Der Leichengestank war furchtbar. Man konnte nicht einige Minuten dort weilen, ohne sich das Taschentuch vor Nase und Mund zu pressen. Ich habe aber stundenlang bei diesen Leichen gestanden und mir die Frage immer und immer wieder vorgelegt: was würden die Angehörigen, die ihre Lieben "fürs Vaterland" hinausgesandt haben, tun, wenn sie ihre Männer, Väter, Brüder, Söhne in diesem Zustand sehen würden? Ich glaube, dann würden sie alle Hebel in Bewegung setzen, um diesem Morden ein Ende zu bereiten. Ich habe einen sehr schweren Kampf durchgekämpft. Meinen Kindheitsglauben hatte ich verloren, aber eine neue Weltanschauung noch nicht gefunden. Dieses Rätsel ist von mir selbst und von den anderen, die ich fragte, nicht gelöst worden.

Während der Offensive 1918 sind wir von Cambrai vorgestoßen. Es war eine Zeit, wo unsere Verpflegungsschwierigkeiten auf den Gipfel gestiegen waren. Wir bekamen pro Tag einen gestrichenen Eßlöffel Marmelade und ein derartig geringes Quantum Brot, daß wir uns kaum auf den Beinen halten konnten. Wir mußten Märsche von 40 bis 50 Kilometer pro Tag machen. Erst vor Amiens kam es zum Halten. Es hieß, daß die Franzosen Verstärkungen erhalten hätten. Wir bekamen die Wahrheit dieser Meldungen bald zu spüren. Wir hielten an einer Waldecke, 100 Meter von unserer eigenen Artillerie. Die Artillerie begann von unserer Seite ein Trommelfeuer, eine halbe Stunde später setzte von drüben ein noch heftigeres Trommelfeuer ein. In einer Entfernung von 20 Metern schlug eine Granate ein. Ich merkte, es war ein Volltreffer, sie krepierte. Ich hörte Schreien, und in acht Meter Entfernung brach ein Telephonist zusammen, der die zerstörten Drähte nach dem Beobachtungsstand reparierte. Es war ein junger Mensch, der achtzehn Jahre zählen mochte, aber wie ein Sechzigjähriger aussah. Er war schwer getroffen. Wir bemerkten, daß sein Unterschenkel nur noch an der Wickelgamasche hing. Der Verwundete schrie immerfort: "Mutter! Mutter!" Dieser Vorgang hatte mich so erschüttert, daß ich nicht wußte, was ich denken und tun sollte. Mein eigenes Pferd war durch die Granate erschlagen worden. Wir mußten aus der Waldecke heraus. In diesem Augenblick trifft meinen Kameraden, mit dem ich vier Jahre im Felde war, eine Granate und riß ihm das ganze Kreuz heraus. Er blieb noch fünfzehn Minuten am Leben. Seine Augen waren schon völlig verglast. Er schrie andauernd meinen Namen. Dieser Anblick und die völlige Ohnmacht, nicht helfen zu können, haben mich so erschüttert, daß mich die Leute, die mich später bei meiner Rückkehr zu unserem Standort sahen, für geisteskrank hielten.

Vor dem Rückweg hatte ich aber noch selbst weitere schwere Erlebnisse. Ein Infanterist, der aus der Feuerlinie kam, gab mir irrtümlich einen falschen Weg an. Ich geriet nun selbst mit meinem neuen Pferd, es war das Pferd des erschossenen Kameraden, in den feindlichen Geschoßhagel. Mein Pferd bäumt sich, überschlägt sich, ich gerate unter das Pferd und bleibe in dieser Stellung, vom Sturz betäubt, sechs Stunden lang liegen. Als deutsche Soldaten später diese Stellung einnahmen, fanden sie mich und zogen mich hervor. Wir rückten nun 200 bis 300 m vor, dann wurde das Feuer so intensiv, daß wir uns in Deckung bringen mußten. Es befanden sich dort kleine Infanterielöcher, die nur für einen Mann bestimmt waren. Wir suchten zu Zweien in einem Loch Unterschlupf und warteten durstig, hungrig und frierend auf ein Schwächerwerden des rasenden Feuers. Aber das Feuer schwoll noch an. Eine Granate schlug in unserer Nähe ein und die aufgeworfenen Erdmassen verschütteten uns. Erst nach geraumer Zeit gelang es anrückenden Verstärkungen, während einer Feuerpause, uns auszugraben. Wir mußten dann den Rückzug antreten. Unsere Truppen konnten sich nicht mehr halten. Wir kamen dann in Ruhe in die Nähe von Verdun.

Ich hätte mich, da ich infolge der Verschüttung eine Gehirnerschütterung erlitten und auch einen Kontusionsschuß erhalten hatte, krank melden und ins Lazarett stecken lassen können. Aber ich hatte zur Genüge gesehen, wie die Militärärzte mit den verwundeten Kameraden umgingen und wußte, was ich von ihrer Behandlung zu halten hatte. Ich meldete mich von neuem zur Front und wurde einer Maschinengewehrabteilung zugeteilt. Trotzdem geriet ich wider Willen in die Klauen der Militärärzte. Als ich zur Maschinengewehrabteilung abkommandiert wurde, eiterten meine Füße infolge eingewachsener Nägel. Ich mußte deswegen zur Revierstube. Hier sah mich ein Arzt, der meine zwangsweise Überführung in das Lazarett bei Verdun zwecks Operation anordnete. Im Lazarett fragte ich den mich behandelnden Arzt, ob mir die Nägel wieder herausgerissen werden sollten. Ich hatte im Frieden schon eine derartige Operation durchgemacht. Der Arzt sagte, das ginge mich nichts an, das machen wir, wie wir wollen. Es stellten sich sieben Mann um mich herum, hielten mich fest, und der Chirurg riß mir die Nägel heraus. Ich zitterte, bekam Angstzustände, wurde unruhig und fing an zu toben. Um mich zu beruhigen und zu zeigen, daß man fertig sei, zeigte man mir die zerschundenen Zehen. In meinem Erregungszustand erschien mir dies wie Hohn. Ich bekam nun regelmäßig Angstzustände und wehrte mich mit den Fäusten gegen jeden Verbandswechsel. Daraufhin wurde ich einem Lazarett für Nervenkranke in Süddeutschland überwiesen. Hier fand ich vernünftige Ärzte, Leute, die vor allen Dingen auf die Psyche, auf die Seele des Kranken Wert legten, die genau wußten, daß sie mit roher Behandlung sich nicht die Zuneigung der Kranken erwerben könnten. Nach sieben Wochen war ich so weit geheilt, daß ich als garnisonsdienstfähig entlassen werden konnte. Ich kam nun in die Kaserne und sollte dort Dienst machen. Hier zeigte es sich aber, daß meine Nerven weit mehr gelitten hatten, als man bisher angenommen hatte. Ich war dienstunfähig, und man schickte mich auf Erholungsurlaub ins Vogtland zu meiner Frau. Meine Kopfschmerzen waren seit meiner Verschüttung so heftig gewesen, daß ich oft verzweifelte. Die Bahnfahrt hatte mich sehr angestrengt. Es stellten sich derartige Kopfschmerzen ein, daß ich glaubte, wahnsinnig zu werden. Unter dieser Vorstellung beging ich den Selbstmordversuch, von dem die medizinischen Sachverständigen berichtet haben. Ich wurde nunmehr als militärdienstuntauglich mit einer monatlichen Rente von 40 Mark entlassen.

Ich suchte nun die Rückkehr in meinen bürgerlichen Beruf. Aber überall, wo ich Anstellung suchte, nahm man Anstoß an meiner Entlassung wegen Nervenleidens. Immer wieder erhielt ich den gleichen Bescheid: Wir können Sie zu unserem Bedauern wegen Ihres Leidens nicht einstellen. Endlich, nach viermaliger Anfrage und persönlicher Vorstellung erhielt ich eine Anstellung als Techniker bei der Firma Glaser. Ich wurde zu einem Bahnbau nach Lothringen geschickt und hatte die Aufsicht über 150 Arbeiter zu führen. Hier zeigte es sich bald, daß ich nicht mehr fähig war, in meinem alten Beruf zu arbeiten. Es war mir unmöglich, im geschlossenen Raum zu sitzen, zu rechnen und Konstruktionszeichnungen auszuführen. Ich wurde entlassen und mußte mich von neuem nach Arbeit umsehen.

Im November 1918 kehrte ich stellungslos in das Vogtland zurück. Ich kam nach dem kleinen Industriestädtchen Falkenstein, wo trostlose wirtschaftliche Verhältnisse bestanden. Bei 15.000 Einwohnern gab es 5.000 Erwerbslose. Ich selbst wurde zum Vorsitzenden des Arbeitslosenrats gewählt. Sehr bald gerieten wir in Konflikt mit den Behörden. Die Erbitterung der armen Bevölkerung gegen den Bürgermeister war ungeheuerlich. Soweit es sich um Arbeitslose oder arme Leute handelte, hielt sich dieser treffliche Beamte streng an den Buchstaben des Gesetzes. Soweit seine Interessen und die Interessen der besitzenden Klasse in Frage kamen, konnte er auch anders. Er behandelte die Kriegerfrauen in der gröbsten Weise. Ihre berechtigten Wünsche beantwortete er mit der Drohung, sie die Treppe hinunter werfen zu lassen. Den Arbeitslosen, die Arbeit oder eine erhöhte Unterstützung verlangten, da sie mit der gewährten Unterstützung unmöglich auskommen konnten, drohte er mit Herbeiziehung von Militär. Es bestanden zu dieser Zeit auch Schwierigkeiten hinsichtlich der Kohlenversorgung. Die armen Leute hatten nichts zu feuern. Es gibt in der Nähe von Falkenstein ungeheure Wälder, aber sie waren nur da, um die Geldsäcke der schon schwerreichen Besitzer noch mehr zu füllen. Der armen Bevölkerung war jedes Anrühren des Waldes bei schwerster Strafe verboten. Die Selbsthilfe der Arbeitslosen machte diesem widersinnigen Zustand ein Ende. Auch der reiche Waldbesitzer, Kammerherr Baron von Trützschler-Falkenstein, mußte sich entschließen, in seinen Wäldern Holz schlagen zu lassen und zu billigem Preise der notleidenden Bevölkerung abzugeben. Auch setzte der Arbeitslosenrat durch, daß an die arme Bevölkerung Falkensteins Kartoffeln geliefert wurden, die früher nicht zu haben waren. Es stellte sich heraus, daß dem Bürgermeister in mehreren Fällen nicht nur Kartoffeln und Erbsen, sondern auch unrationierte Lebensmittel zum Kauf angeboten worden waren. Der Bürgermeister lehnte es im Gegensatz zu seinen Amtskollegen der Nachbarstädte ab, nur um den Geldsäckel der Stadt im Interesse der wenigen Begüterten zu schonen. Nachdem der Bürgermeister ein Plakat mit einem Aufruf des Arbeitslosenrates abgerissen hatte, wurde er bei der nächsten Demonstration gezwungen, an der Spitze des Zuges zu marschieren. Nach Beendigung des Demonstrationszuges alarmierte der Bürgermeister die höheren Amtsstellen in Dresden mit dem Schreckgespenst eines roten Aufstandes in Falkenstein. Er erreichte es, daß auf Grund seiner Denunziation Militär nach Falkenstein geschickt wurde.

Nachdem die Reichswehr in Falkenstein angekommen war, begannen die üblichen Verfolgungen. Die Mitglieder des Arbeitslosenrates, soweit sie nicht geflüchtet waren, wurden verhaftet und nach Plauen transportiert, nach den Versteckten wurde gefahndet. Auch bei mir wurde Haussuchung gehalten. Man durchwühlte alles und stöberte in jedem Schrank herum. Aber in dem Schrank, in dem ich steckte, suchten sie nicht. Am nächsten Tage zogen die Arbeitslosen in Scharen vor das Rathaus und forderten den Abzug der Truppen. Es kam zu Verhandlungen zwischen den

Arbeitslosen und dem Militär. Die Soldaten erklärten, sie seien nur darum gegen Falkenstein marschiert, weil ihnen von ihren Führern gesagt worden war, es würde in Falkenstein geraubt und geplündert. Die Reichswehr zog dann ab. Wir nahmen den Bürgermeister und mehrere Stadträte als Geiseln fest und verlangten, daß die gefangenen Genossen freigegeben würden.

Auf Grund dieser Vorgänge begann die Zeit meiner Verfolgung. Ich wurde als Rädelsführer bei Landfriedensbruch gesucht; es wurde eine Belohnung von 3.000 Mark auf meinen Kopf ausgesetzt. Ich mußte Falkenstein verlassen. Ich bin dann unter anderem Namen im Lande umhergereist und begann illegal für die revolutionäre Sache zu arbeiten. Nachdem ich mich gefühlsmäßig der Kommunistischen Partei angeschlossen hatte, lernte ich im Laufe meiner illegalen Agitation und auch durch das Lesen von kommunistischen Büchern sowie durch den Kursus, den ich mitgemacht hatte, die Aufgaben des revolutionären Kampfes kennen. Ich erkannte nunmehr, daß es nicht genügt, sich gefühlsmäßig auf die Seite der unterdrückten besitzlosen Klasse zu stellen, sondern daß man für die soziale Revolution mit allen Mitteln kämpfen muß, die ich im Kriege zu verabscheuen gelernt hatte. Ich war aus dem Kriege als Pazifist heimgekehrt. Aber aus den Vorgängen im Vogtlande und meiner anschließenden Beschäftigung mit der Theorie und Praxis des Klassenkampfes lernte ich, daß sich die Befreiung der Arbeiterschaft nicht im wirtschaftlichen Kampfe durchzusetzen vermag, sondern daß ein Kampf um die politische Macht notwendig ist, der mit allen Mitteln der Gewalt geführt werden muß, weil die Bourgeoisie die wirtschaftliche Knechtung der Arbeiterschaft mit allen Mitteln der Gewalt aufrecht zu erhalten sucht. Ich kam zu der Erkenntnis, daß die soziale Revolution kommt und kommen muß, weil sie in der gesamten Geschichte der Menschheit begründet liegt. Es besteht objektiv nicht der geringste Zweifel, daß der Druck auf die Massen immer stärker werden wird, bis die Massen erkennen, daß nur der schonungslose Kampf gegen ihre bisherigen Unterdrücker das Proletariat vor dem Untergang zu bewahren vermag. Die Erfahrungen der letzten zwei Jahre haben mich zum Todfeind der Bourgeoisie gemacht. Ich habe mich der proletarischen Sache zunächst aus wirtschaftlichen Ursachen angeschlossen. Nachdem ich einmal in die Bewegung eingetreten war, vertiefte ich mich in den Sinn der proletarischen Revolution. Ich habe mir nie eingeredet, daß man mit einem bewaffneten Putsch die soziale Revolution herbeiführen könne. Die soziale Revolution kommt als Ergebnis bestimmter wirtschaftlicher Bedingungen und sozialer Kräfte. Das schließt nicht aus, daß man die Revolution durch Aktionen zu fördern vermag, und das muß jeder echter Revolutionär in jedem Augenblick zu tun bereit sein, wenn er von den alten Gewalten zum Kampf gezwungen wird. Ich bin nur ein einfacher Soldat der Revolution. Zu meinem heißen Herzen ist nach und nach die wissenschaftliche Erkenntnis gekommen, daß die soziale Revolution eine eiserne Notwendigkeit ist. Wenn ich nicht die wissenschaftliche Überzeugung von dem Kommen der Revolution gewonnen hätte, so würden mich die vielen Enttäuschungen der letzten Jahre an dem Glauben, daß die soziale Revolution zum Siege kommen wird, irre gemacht haben. Die in der sozialdemokratischen und in der unabhängig-sozialdemokratischen Partei organisierten Arbeiter werden der gewaltsamen Austragung des Klassenkampfes nicht aus dem Wege gehen können, auch dann nicht, wenn sie unter dem Einfluß ihrer sozialdemokratischen Führer sich nicht für, sondern gegen die Revolution erklären.

Bei meinen illegalen Wanderungen in Sachsen kam ich an einen kleinen Ort, wo Genossen mir mitteilten, daß man auf meine Spur gekommen sei. Die Genossen sagten: "Bringe dich in Sicherheit, lasse dir deine langen Haare scheren und verschwinde!" Ich befolgte den Rat, ließ mir die Haare scheren, steckte sie in ein Kuvert und schickte sie dem Reichswehroberst von Berger, der die militärischen Verfolgungsmaßnahmen gegen mich leitete. Ich schrieb ihm dazu: "Hier sind die langen Haare des Hölz, die ihn verraten sollen, suchen Sie sich den Kerl dazu!"

Ich kehrte nach Falkenstein zurück und wurde bald nach meiner Rückkehr verhaftet, aber von den revolutionären Arbeitern ebenso schnell wieder befreit. Falkenstein ist ungefähr fünfmal hintereinander mit Reichswehrtruppen belegt worden. Jedesmal, nachdem die Truppen abgezogen waren, war die revolutionäre Bewegung in der Arbeiterschaft stärker geworden. Auf die Dauer konnte ich mich in Falkenstein nicht halten, zumal die Belohnungen auf meine Ergreifung dauernd erhöht wurden. Ich verließ Sachsen und begab mich nach Mittel- und Norddeutschland. Im Leunawerk bei Halle wurde ich verhaftet, aber von den revolutionären Arbeitern wieder befreit. Ich bin dann nach Hannover gegangen und habe dort einen Kursus mitgemacht. Ich agitierte nun eine Zeitlang in Mitteldeutschland, dann kehrte ich nach Falkenstein zurück. Ich sprach in öffentlichen Versammlungen und wurde verhaftet und von der revolutionären Arbeiterschaft abermals befreit. Ich wandte mich nach Weglau in Sachsen, wo ich agitierte und gefangene Genossen befreite. Während dieses unsteten illegalen Lebens habe ich in Hunderten, ja, Tausenden von Proletarierfamilien gelebt, bei denen ich Zuflucht fand. Ich selbst besaß keinen Pfennig. Die Arbeiter haben das Letzte, was sie hatten, mit mir geteilt. Die Leute hatten kein Fleisch, keine Butter, wenig Brot. Im Jahre 1919 habe ich schwer gehungert und meine Genossen mit mir. Die Erkenntnis, daß Hunderttausende in Deutschland mit mir leben, die das gleiche Ziel der sozialen Revolution verfolgen, hat mich dazu gebracht, in dem Kampf auszuhalten und weiter zu kämpfen.

Kurz vor dem Kapp-Putsch landete ich in Begleitung mehrerer Genossen in Selten in Bayern. Wir wollten am nächsten Tage weiter fahren. Wir hatten schon die Fahrkarten nach Hof. Wir sahen verschiedene Zivilisten, die sich für uns auffällig interessierten. Wir bemerkten bald, hier ist dicke Luft, und beschlossen, nicht abzufahren, da wir annehmen mußten, auf dem Bahnhof verhaftet zu werden. Wir schlugen uns in den Wald, der tief verschneit war. Die Häscher blieben auf unserer Spur, unterstützt von bayerischen Gendarmen, und hetzten uns von 4 Uhr morgens bis 7 Uhr abends. Wir kamen abends 7 Uhr in Oberkotzau bei Hof an, um den Zug zu besteigen, da hörten wir, daß in Berlin die Regierung gestürzt sei. Diese Nachricht machte mich etwas dreist. Als ein Gendarm einen unserer Genossen anrempelte, gab ich ihm ein paar freche Antworten: "Sie kennen meinen Steckbrief. Wissen Sie denn überhaupt, wer Ihre Regierung ist? Vielleicht lassen wir Sie morgen zum Appell antreten, und dabei werde ich Sie mir aussuchen." Der Gendarm ging in das Bahnhofsgebäude zurück. Wir nahmen an, daß er nach Hof telephonierte, damit wir dort angehalten würden. Er kam aber mit vier anderen Kollegen wieder. Inzwischen hatten wir schon den Zug bestiegen. Die Gendarmen kamen in den Waggon und betraten unser Abteil, um mich zu verhaften. Sie forderten mich auf, auszusteigen. Ich sagte, ich gehe nicht heraus, ich bleibe hier. Die Beamten hielten mir ihre Revolver vor. Ich war mir immer darüber klar: wenn die mich fangen, dann ist es um meinen Kopf geschehen. Deswegen trug ich ständig eine Eierhandgranate bei mir, die ich vor dem Eintritt der Gendarmen bereit hielt und vor ihren Augen entsicherte. Ich rief den Gendarmen zu: "Wenn mich jemand anrührt, dann geht der ganze Wagen in die Luft!" Die Gendarmen riefen den entsetzten Passagieren zu: "Drin bleiben! Sitzen bleiben!", sie waren aber die ersten, die sich in Sicherheit brachten. Ich blieb als einziger im Waggon zurück und benutzte die Gelegenheit, um das Coupé auf der dem Stationsgebäude abgewendeten Seite zu verlassen. Ich stürmte über die Gleise hinweg, um mich meinen Verfolgern zu entziehen. Ich marschierte zu Fuß nach Hof und am anderen Tage nach Falkenstein zurück.

In Falkenstein bewaffnete sich die revolutionäre Arbeiterschaft. Sie hatte mehrere Gefechte mit der Reichswehr. Wir legten unser revolutionäres Hauptquartier nach Schloß Falkenstein. Die Bürgerwehren wurden entwaffnet. Dann zog ich mit einem bewaffneten Trupp nach Plauen. Dort wurden die politischen Gefangenen befreit. Es war der schönste Tag in meinem Leben, als ich den Genossen die Freiheit wiedergeben konnte. Wenn in der Verhandlung einige bürgerliche Zeugen behauptet haben, daß die Bourgeoisie sehr feige sei und auf diese Feigheit des Bürgertums die Erfolge der revolutionären Arbeiterschaft beruhen, so kann ich das nach meinen Erfahrungen bestätigen. Plauen ist eine Stadt von 150.000 Einwohnern. Es hatte eine Garnison und Schupo. Ich drang mit 50 Mann zum Gefängnis, ohne daß jemand wagte, mich daran zu hindern. Da ein Teil unserer Gefangenen von der Reichswehr weiter verschleppt war, so nahmen wir den Oberstaatsanwalt beim Landgericht, Dr. Huber, als Geisel fest, mit der Erklärung, daß wir ihn nur freigeben würden, wenn unsere gefangenen Genossen entlassen würden, und die Akten des Landgerichts, die man gleichfalls fortgeschafft hatte, uns übergeben würden. Dr. Huber, der uns als Reaktionär bekannt war, kann sich über schlechte Behandlung bei uns nicht beklagen. Wir haben ihn sofort nach dem Eintreffen der angeforderten Gefangenen und Akten unsererseits freigegeben. Wir bildeten eine reguläre Rote Armee. Wir hofften, daß die Weiterentwicklung der militärischen Aktion es ermöglichen würde, mit der Roten Armee des Ruhrgebiets in Fühlung zu treten. Wir hielten durch bis zuletzt. Erst als die Rote Armee des Ruhrgebiets aufgelöst war, wagte es die Regierung, gegen uns vorzugehen. Die bürgerliche und sozialdemokratische Presse hat mit einer Unverfrorenheit behauptet, es hätten niemals mehr als 150 Mann hinter Hölz gestanden. Wenn das der Wirklichkeit entsprach, und wenn die Aktion nicht von dem Willen des revolutionären Proletariats getragen gewesen wäre, warum hat die Regierung 40-50. 000 Soldaten nach ihren eigenen Angaben gegen das Vogtland aufgeboten?

Bis zum Vormarsch der Reichswehr hatten im Vogtlande, auch in Falkenstein, Ruhe und Ordnung sogar im bürgerlichen Sinne geherrscht. Wir hatten die Fabrikanten aufgefordert, für die Rote Garde bestimmte Kontributionen aufzubringen. Die Fabrikanten stellten die Gegenforderung, daß wir den Schutz des Eigentums, der Häuser und der Menschenleben übernehmen. So bildete sich während der Kapptage zwischen der revolutionären Arbeiterschaft und der übrigen Bevölkerung, wenn auch kein friedliches, so doch ein erträgliches Verhältnis heraus. Das Bürgertum machte uns keine besonderen Schwierigkeiten. Das Bild änderte sich, als wir hörten, daß die Regierungen in Berlin und Dresden beschlossen hatten, Reichswehr in das Vogtland zu senden. Gegenüber der anrückenden bewaffneten Macht der Konterrevolution hatten wir keine Rücksicht zu nehmen. Wir drohten der Bourgeoisie mit den schärfsten Repressalien. Wir erklärten, in dem Augenblick, wenn die

Reichswehr kommt, werden wir die Häuser der Reichen in die Luft sprengen und die Bourgeoisie abschlachten. Es wäre ein Wahnsinn gewesen, wenn der revolutionäre Vortrupp von einigen hundert bis tausend Mann sich von einer Truppenmacht von 40-50.000 Mann, die mit allen technischen Hilfsmittel, vor allem mit Artillerie ausgerüstet war, hätte ruhig einkreisen lassen. Um unsere Drohungen nicht als bloße Worte erscheinen zu lassen, sondern um ihnen den Nachdruck der Tat zu geben, haben wir einige Villen der Bourgeoisie angezündet. Sonst ist der Bourgeoisie nichts geschehen. Es sind auch keine Mitglieder der Bourgeoisie geschlagen oder erschossen worden. Das vogtländische Proletariat zeigte sich trotz aller Entbehrungen weniger blutdürstig und grausam als die satte, aber psychisch blutgierige Bourgeoisie. Während der Kapptage ist kein einziger Bürger ums Leben gekommen. Nach einigen Tagen sahen wir, daß unsere Stellung unhaltbar wurde. Bei einem nächtlichen Appell erklärte ich der revolutionären Truppe, daß es nur zwei Möglichkeiten gäbe; einmal den Versuch zu machen, im geschlossenen Trupp sich zur tschechoslowakischen Grenze durchzuschlagen und dann als geschlossener Verband auf fremdes Gebiet überzutreten, um interniert zu werden. Die zweite Möglichkeit bestand in der sofortigen Auflösung der Truppe, nach deren Vollzug jeder einzelne versuchen mußte, auf eigene Faust durch die Ketten der Reichswehr zu entkommen. Wir entschieden uns für die zweite Möglichkeit. Ich selbst begab mich mit meinen Begleitern abseits der Landstraße nach Wingall. Wir versteckten uns in einem Gehöft, wo uns ein Heuhaufen, der kaum vier bis fünf Menschen beherbergen konnte, als Zuflucht diente. Nach einigen Stunden wurde das Gehöft von der Reichswehr umstellt. Es war nachmittags und dämmerte bereits. Die Soldaten entdeckten unseren Heuhaufen und begannen, mit den aufgepflanzten Seitengewehren in das Heu hineinzustechen. Wir hatten die Wahl zu rufen "Hier sind wir" oder ganz ruhig zu sein. Wir blieben ruhig, obwohl wir den sicheren Tod vor Augen hatten. Wir waren darauf vorbereitet, jeden Augenblick den Stich eines Bajonetts in das Gesicht zu bekommen. Da ertönte das Signal zum Sammeln. Die Soldaten ließen von unserem Heuhaufen ab. Einige Kameraden wollten bleiben, ich aber sagte, das tun wir nicht, die kommen wieder. Wir entfernten uns schleunigst in der Richtung zur Grenze. Wir sind die ganze Nacht gewandert, naß, hungrig, frierend. Es regnete ständig. Am nächsten Morgen sind wir weitermarschiert, ohne zu wissen, wohin. Am Nachmittag gelangten wir wieder an das Gehöft mit dem Heuhaufen und erfuhren nun, daß die Reichswehr eine Stunde später nach unserer Flucht zurückgekehrt war und den Heuhaufen vollkommen durchstöbert und auseinandergeschüttelt hatte. Wir schlugen uns nunmehr über die Grenze. Wir gelangten nach Neudeck in Böhmen.

Wir bestiegen den Zug in Eger. In Pilsen fielen wir als verdächtig auf. Die Gendarmen verfolgten uns. Auf dem Bahnhof wurden wir aus dem Zug herausgeholt. Wir waren naß und beschmutzt, man fand bei mir eine Eierhandgranate und verhaftete uns. Ich wurde zurück nach Eger transportiert. Die Tschechoslowakei erkannte mich als politischen Flüchtling an und lieferte mich nicht aus.

Ich ging von der Tschechoslowakei in ein anderes Land, das ich nicht nennen will. Ich kehrte später nach Deutschland zurück, nur zu dem Zweck, um den Genossen, die eingesperrt waren, zu helfen, um ihren Angehörigen Unterstützung zu verschaffen und zu versuchen, sie selber zu befreien. Ich bin während dieser Zeit weder agitatorisch für die Partei tätig gewesen, noch habe ich an Sitzungen teilgenommen. Ich richtete mein Augenmerk darauf, den Verurteilten und Inhaftierten zu helfen. Was meine Mitwirkung in der Märzaktion 1921 betrifft, so bin ich erst nach Beginn des Aufstandes zu den Genossen geeilt und habe mich dem revolutionären Aktionsausschuß zur Verfügung gestellt. Ich übernahm die militärische Leitung eines Abwehrkampfes gegen eine Niederknüppelung der revolutionären Arbeiterschaft, immer bereit, aus dem Abwehrkampf in den Angriff überzugehen. Ich erkläre, daß ich aus bester Kenntnis weiß, daß weder die Vereinigte Kommunistische Partei, noch die Kommunistische Arbeiter-Partei, noch die Exekutive der Kommunistischen Internationale den bewaffneten Aufstand in Mitteldeutschland inszeniert haben. Gewiß haben alle drei Körperschaften ein Interesse daran, daß die Revolution vorwärts getrieben wird. Die Märzaktion entstand aus der Provokation Hörsings. Die revolutionäre Arbeiterschaft Mitteldeutschlands lehnte sich gefühlsmäßig dagegen auf, unter der Aufsicht bewaffneter Sklavenhalter zu arbeiten. Sie trat in den Streik, und an der Niederknüppelung dieses Streiks entzündete sich der Aufstand. Daß die Kommunistischen Parteien den einmal begonnenen Kampf nach Möglichkeit unterstützten, entsprach durchaus ihrer revolutionären Pflicht. Die Arbeiterschaft in Mitteldeutschland ist revolutionär bis auf die Knochen. Die mitteldeutsche Arbeiterschaft wartet jeden Tag und jede Stunde auf eine Aktion. Sie denkt, diese Aktion muß von einer Partei oder Gewerkschaft eingeleitet werden. Unzweifelhaft steht fest, daß die Regierung und vor allem Hörsing bemerkt hat, daß die revolutionäre Arbeiterschaft aus der Passivität zur Aktivität überging. Und vielleicht hat Hörsing nicht ganz falsch spekuliert, daß früher oder später der Tag gekommen wäre, an dem die Parteileitungen die Massen zum bewaffneten Kampf aufgerufen hätten. Hörsing versuchte, den Kampf vorher in einem für sich günstigeren Moment zu entfachen. Deswegen schickte er seine grünen Jäger nach Mitteldeutschland. Bei meinem Eintreffen in Mitteldeutschland hatte noch kein Arbeiter eine Waffe. Ich befand mich in den Märztagen in Berlin. Ich hatte keine direkte Verbindung mit einer Partei. Ich wurde nicht geschickt, ich ging aus freiem Willen und eigenem Ermessen. Ich glaubte, es sei meine Pflicht als revolutionärer Kämpfer, hinzugehen und mich den Genossen zur Verfügung zu stellen. Als ich ankam, waren bereits Aktionsausschüsse gebildet. Nach den uns bekanntgewordenen Nachrichten mußte man glauben, daß das gesamte revolutionäre Proletariat geschlossen gegen die Provokation von Hörsing eintreten werde. Infolge der verräterischen Haltung der S.P.D., und insbesondere der U.S.P.D., kam eine einheitliche starke Aktion des Proletariats nicht zustande. Erst als in Eisleben und Hettstedt die Sipo nach dem Einrücken Verhaftungen vornahm und einzelne Genossen mißhandelt wurden, da griff die Arbeiterschaft spontan zu den Waffen. Ich übernahm die mir zugeteilte militärische Aufgabe. Ich habe den Kampf geführt mit allen Mitteln, nicht weil ich die Gewalt über alles stelle, sondern weil ich erkannt habe, daß der Klassenkampf des Proletariats nur auf dem Wege der Gewalt zum siegreichen Ziele geführt werden kann. Vor zwei Jahren glaubte ich noch, daß die kommunistische Idee, daß der Gedanke der Befreiung des Proletariats ohne Anwendung von Gewalt als wirtschaftlicher Kampf durchgeführt werden könne. Ich hätte mich damals geschämt, einem Menschen, wie ich heute einer geworden bin, die Hand zu geben. Wenn die revolutionäre Arbeiterschaft Gewalt anwendet so geschieht dies nur in Erwiderung der Gewalt, welche die herrschende Klasse dem proletarischen Existenzkampf und Aufwärtsstreben entgegensetzt. Die herrschende Klasse ist es, die zuerst Gewalt angewendet hat. Wenn heute in einer Versammlung ein kommunistischer Redner auftritt und seine Idee verkündet, so wird er verfolgt und Gewalt gegen ihn angewendet. Aber jede Anwendung der Gewalt durch die unterdrückte Klasse wird durch die öffentliche Meinung der Bourgeoisie als Unrecht, als Verbrechen gebrandmarkt. Die herrschende Klasse gewährt uns nur auf dem Papier Versammlungs- und Redefreiheit. In der Praxis werden kommunistische Zeitungen verboten und kommunistische Versammlungen verhindert; alles mit den Mitteln der Gewalt.

Die weißen Mörder stehen unter dem Schutze Ihrer korrupten Justiz. Tausende von Arbeitern hat man in den beiden letzten Jahren widerrechtlich getötet. Aber die bürgerlichen Gerichte versagen. Die bürgerliche Gesellschaft lechzt nach dem Blut der Arbeiterführer. Ich frage Sie nun, haben revolutionäre Arbeiter schon einmal einen einzigen Führer der bürgerlichen Gesellschaft getötet? Haben revolutionäre Arbeiter einen einzigen König, Minister oder Parteiführer getötet?

Justizrat Broh: In Deutschland nicht.

Hölz (fortfahrend): Nicht einen einzigen Mord hat das revolutionäre Proletariat in Deutschland begangen. Wie viele politische Morde hat die bürgerliche Gesellschaft Deutschlands auf dem Gewissen. Wie viele intellektuelle Führer sind durch die Hand der bürgerlichen Gesellschaft gemeuchelt worden. Ich erinnere nur an Liebknecht, Rosa Luxemburg, Jogiches, Landauer, Paasche, Eisner, Sült und an das letzte Opfer Gareis. Alle die Genannten sind nicht in offenem Kampfe gefallen, sondern hinterlistig ermordet worden. Sie legen mir einen Mord an dem Rittergutsbesitzer Heß zur Last. Rein menschlich bedaure ich die Tötung des Heß, aber Heß ist nicht gemeuchelt worden, sondern ist in Verbindung mit der revolutionären Aktion, wahrscheinlich im Kampfe gefallen. Ich nehme an, daß er eine Waffe gehabt und in seiner Angst zu der Waffe gegriffen hat. Wir hatten im Vogtlande die Macht, aber nicht ein einziger Richter oder Staatsanwalt ist mißhandelt worden. Aber wo Sie die Macht hatten, wurden aus dem Hinterhalt Hunderte von Proletariern gemordet. Überall kennzeichnen den Vormarsch der Reichswehr und Schupo ihre blutigen Spuren. Diese Verhandlung hat es bewiesen. In Schrapplau sind nicht drei, sondern sechs Arbeiter von der Schupo ermordet worden. Die Leichen lagen ohne Waffen mit zerschossener Brust in den Kalköfen des Ortes. Aber kein Staatsanwalt, kein Richter, hat sich gefunden, um dieses Verbrechen zu sühnen. Im Leunawerk sind 46 Arbeiter von der Schupo ermordet worden !

Vorsitzender: Das sind einseitige Behauptungen von Ihnen, die nicht Gegenstand der Verhandlung waren. Ich verbiete Ihnen derartige Äußerungen.

Hölz: In Hettstedt sind zwei Arbeiter ermordet worden. Ein 58jähriger Arbeiter ist auf offener Straße um nichts erschossen worden. Ein 16jähriger Mensch, der sich auf der Straße nicht durchsuchen lassen wollte, wird an die Wand gestellt, erschossen, und als er dalag, da tritt ein Offizier heran und tritt ihm dreimal mit dem Stiefelabsatz ins Gesicht.

Vorsitzender: Wenn Sie so fortfahren, werden ich Ihnen das Wort entziehen.

Hölz: Das glaube ich, das wollen Sie nicht hören. Dieser Prozeß hat bewiesen daß nicht ich der Angeklagte bin, sondern der bürgerliche Staatsanwalt. Alle Ihre Urteile sind Urteile gegen das revolutionäre Proletariat. Sie verurteilen mich nicht, sondern sich selbst. Ich bin überzeugt, daß Sie durch diesen Prozeß der Revolution mehr genützt haben, als ich während meiner ganzen revolutionären Tätigkeit. Wenn ich nicht gesehen hätte, mit welcher Todesverachtung die revolutionäre Arbeiterschaft gekämpft hat, dann würde ich nicht die Kraft finden, um den Anstrengungen dieser Verhandlung körperlich gewachsen zu bleiben. Wenn ich in meiner Zelle die Zuversicht nicht verliere, so beruht dies auf dem Zusammengehörigkeitsgefühl mit allen proletarischen Kämpfern. Wenn ich Ihnen auf diese Weise entgegentreten konnte, Sie nennen es Frechheit, ich revolutionäres Klassenbewußtsein, dann ist es das Bewußtsein, daß ich nicht allein stehe in dem unermeßlichen Kampfe. Es sind Millionen auf dieser Erde, die zu unserer Sache stehen, und es werden ihrer Hunderte Millionen werden. Diese Gewißheit gibt mir die Kraft und die Ausdauer, das auszuhalten, was mir jetzt auferlegt wird. Ich hoffe, daß das revolutionäre Proletariat Ihnen dereinst die Rechnung vorlegen wird für alles, was Sie der Arbeiterschaft angetan haben und was Sie auch mir antun werden. Ich hoffe, daß Sie Ihr Los so auf sich nehmen und es tragen, wie ich es getragen habe und tragen werde. Sie sagen, Sie fürchten sich nicht. Ich glaube es Ihnen, ich kenne Sie zu wenig, um Ihnen den persönlichen Mut abzusprechen. Aber ich behaupte, die bürgerliche Gesellschaft, deren Vertreter Sie sind, fürchtet sich heute vor dem revolutionären Proletariat. Darum verhandeln Sie gegen mich nur unter dem Schutze der bewaffneten Macht. Die Schupo ist dazu da, um das revolutionäre Proletariat zurückzuhalten.

Ich sagte schon, auf die Anklage will ich nichts erwidern. Ich erkenne die Ausführungen des Staatsanwalts, ich erkenne das Urteil des Gerichts nicht an. Für mich handelt es sich darum, vor der Arbeiterschaft klarzustellen, aus welchen Beweggründen ich gehandelt habe. Ich vertrete meine Handlungen mit dem Mute, den jeder revolutionäre Kämpfer haben muß. Und wenn ich einen Mann aus revolutionärer Notwendigkeit erschossen oder den Befehl dazu gegeben hätte, so würde ich es sagen. Wenn Sie das Todesurteil gegen mich heute aussprechen, Sie töten nicht viel, Sie töten das Fleisch, aber den Geist können Sie nicht töten.

Sie richten mich, wie Sie sagen, Sie schlagen ein Holz ab und es stehen tausend andere Hölzer auf. Es werden unter diesen tausend Hölzern eiserne sein, die werden nicht mit Ohrfeigen Revolution machen. Es wird eine Zeit kommen, wo das Proletariat nicht mehr sagen wird, wir können nicht kämpfen, wir haben keine Waffen. Mit den Händen, mit den Fäusten wird es seine Gegner zerreißen!

Solange die herrschende Klasse es fertig bringen kann, mit zwei bis drei Maschinengewehren 25.000 Demonstranten in die Flucht zu jagen, so lange wird Ihre Herrschaft dauern. Aber in dem Augenblick, wo sich das revolutionäre Proletariat auf die Gewehre stürzt und zertrümmert oder sie umdreht, dann kommt die wirkliche Revolution! Vor dieser Revolution mögen Sie und die herrschende Klasse zittern! Was 1918 in Deutschland vor sich ging, das war keine Revolution. Ich kenne nur zwei Revolutionen: die französische und die russische. Die deutsche Revolution wird alle Revolutionen an Grausamkeit übertreffen. Die Bourgeoisie zwingt das Proletariat zu Grausamkeiten. Die Bourgeoisie arbeitet mit kalter Berechnung. Das Gefühl ist auf seiten des Proletariats. Sie betrachten das Proletariat in der Politik als Stümper. Die Grausamkeiten, die Sie gegen das Proletariat anwenden, kann das Proletariat heute noch nicht erwidern, dazu hat es noch zu viel Gefühl, aber wie ich bereits sagte, es wird der Tag kommen, an dem das Proletariat zum Tier wird. Dann wird nur der kalte Verstand entscheiden. Das Proletariat wird sagen: es geht nicht mehr, daß wir das Herz sprechen lassen, die Faust muß den Ausschlag geben!

Wenn Sie heute über mich Ihr Urteil fällen, so betrachte ich es als ein Schulexamen. Wenn Sie mich freisprechen, was ich mir natürlich nicht einbilde und was Sie auch nicht können, dann würde es morgen in Berlin vier Tote geben: drei Richter und einen Angeklagten. Sie müßten sich aufhängen, weil Sie sich vor Ihren eigenen Klassengenossen nicht mehr sehen lassen dürften, und ich müßte mich hängen, weil ich mich vor dem revolutionären Proletariat schämen müßte. Ihr Urteil, wie es auch ausfallen wird, wird ein Klassenurteil sein. Sie können mich zu 10, 15 Jahren oder zu lebenslänglichem Zuchthaus, ja zum Tod verurteilen. Zehn Jahre Zuchthaus bedeuten für mich eine 4, mangelhaft, 15 Jahre Zuchthaus eine gute Note, lebenslänglich Zuchthaus, Zensur 1, wenn Sie mich aber zum Tode verurteilen, dann erhalte ich Zensur 1a, das ist das beste Zeugnis, das Sie mir ausstellen können. Dann beweisen Sie den revolutionären Klassen der Welt, daß ein wirklicher Revolutionär gelebt und sein Klassenbewußtsein mit dem Tode besiegelt hat. Ich bin ein Kämpfer, ich bin ein Mann der Tat:

"Das Wort kann uns nicht retten,
Das Wort bricht keine Ketten,
Die Tat allein macht frei."

Meine Verteidiger legen Wert darauf, festzustellen, daß ich ein Idealist und ein begeisterter Kämpfer bin. Wie Sie sich dazu stellen, ist mir gleich. Ich kann von Ihnen keine bürgerlichen Ehren verlangen. Sie können mir auch keine bürgerliche Ehre absprechen. Die bürgerliche Ehre, um die Sie sich streiten, habe ich nie besessen. Bürgerliche Ehre heißt für mich die Kunst von der Arbeit anderer zu leben. Sie bedeutet Monokel im Auge, voller Bauch und hohler Kopf. Für mich gibt es nur eine proletarische Ehre, und die wollen Sie mir und können Sie mir nicht absprechen. Proletarische Ehre heißt Solidarität aller Ausgebeuteten, heißt Nächstenliebe, heißt, durch die Tat beweisen, daß man seinen Nächsten liebt wie seinen Bruder. Die Welt ist unser Vaterland und alle Menschen Brüder.

Ich habe Ihnen schwere Worte entgegengeschleudert. Ich rede im Prinzip nicht für Sie. Sie werden weiter das sein, was Sie sind: bürgerlicher Klassenrichter. Ich kann von Ihnen nicht verlangen, daß meine Worte irgendwelchen Eindruck auf Sie machen. Ich weiß, daß die bürgerliche Gesellschaft und Sie, als ihre Vertreter, nicht durch Worte, Propaganda, auch nicht durch Bücher zu uns kommen werden. Sie müssen vor eiserne Tatsachen gestellt werden, erst dann werden Sie sich beugen. Sie sagen, Sie fürchten sich nicht. Nun gut, beweisen Sie es doch, daß Sie sich nicht fürchten, beweisen Sie es dadurch, daß Sie den Mut haben, gegen Ihre eigenen Klassenbrüder und Genossen solche Urteile zu sprechen, wie Sie sie dauernd gegen revolutionäre Arbeiter verhängen. Sie aber sprechen nur harte Urteile gegen das revolutionäre Proletariat.

Der Staatsanwalt hat zu mir in der Voruntersuchung gesagt: "Wenn alle Arbeiter von Ihrer Idee durchdrungen sind, dann muß es doch ein Leichtes sein, daß Sie auf Grund des allgemeinen Wahlrechts die Macht bekommen." Ich habe ihm erwidert und sage auch zu Ihnen: Sie ziehen nicht die Konsequenz aus den tatsächlichen Machtverhältnissen. Wenn das deutsche Volk in seiner Ideologie, "Jedermann sei untertan der Obrigkeit, die Gewalt über ihn hat", durch Schule, Kirche, Staat und Presse erhalten wird, und gleichzeitig von demselben Faktor in dem Wahn bestärkt wird, es muß Reiche und Arme geben, der liebe Gott will das so, dafür kommen die Armen in den Himmel...

Vorsitzender: Das alles gehört nicht zur Sache. Sie müssen sich auf die Anklage verteidigen. Wir haben nicht die Pflicht, revolutionäre Reden mitanzuhören. Wenn Sie so fortfahren, werde ich Ihnen das Wort entziehen.

Hölz: Das deutsche Volk muß erst aufgerüttelt werden. Aber gerade Ihre Urteile werden bewirken, daß das Proletariat schneller herauskommt aus der Ideologie, die Sie ihm mit Hilfe von Schule, Kirche und Presse aufoktroyiert haben. Das deutsche Proletariat muß aus diesem Schlafleben aufgerüttelt werden ...

Vorsitzender: Ich entziehe Ihnen das Wort. (Der Vorsitzende steht auf und geht mit den Beisitzern in das Beratungszimmer.)

Hölz (durch die noch offene Tür in das Beratungszimmer den Richtern nachschreiend): Ihr könnt das Wort verbieten, Ihr tötet nicht den Geist.

Vorsitzender (noch einmal in den Saal zurückkommend): Der Angeklagte ist einstweilen abzuführen.

Hölz (laut rufend): Es lebe die Weltrevolution!

Aus dem Briefwechsel

Aus einer Eingabe an den Preußischen Justizminister[7]

Ich habe nach der Verlegung in das hiesige Zuchthaus meine Obstruktion nicht fortgesetzt, weil ich glaubte, die Behörde würde nun endlich die grausame, ungerechtfertigte Isolierung aufheben. In dieser Hoffnung sah ich mich bald bitter getäuscht. Die hier an mir geübte Isolierung übertrifft die frühere um das Vier- und Fünffache.

Schon nach wenigen Tagen mußte ich erfahren, daß der Direktor die drei linkspolitischen Gefangenen, die sich außer mir noch hier befanden, bei Nacht und Nebel abtransportierte, obgleich er vorher mir zusagte, ich dürfe mit diesen Gefangenen in die Hofstunde.

Diese erneute und ungemein verschärfte Isolierung zeigte mir, daß ich hier eine Milderung meiner unhaltbaren Lage nicht erwarten durfte. Ich versuchte nun ein paar Briefe herauszuschmuggeln, in welchen ich meine Freunde bat, sie möchten durch eine publizistische Kampagne dafür wirken, daß die unerhörte Isolierung von mir genommen werde. Diese Briefe sind abgefangen worden und liegen hier bei den Akten. Ich habe in meiner letzten Eingabe an Sie schon beantragt, daß Sie Einsicht in diese Briefe nehmen möchten. Wegen dieser Briefe und der damit in Zusammenhang stehenden Vorkommnisse bin ich zwei Monate in die Folterkammer (Arrest) geworfen worden, trotz meiner schweren rheumatischen Erkrankung. Ich mußte sogar, infolge einer plötzlich auftretenden rechtsseitigen Ischias, aus der Hofstunde in die Folterkammer getragen werden, da ich nicht einen Schritt gehen konnte. Die Temperatur in der Folterkammer betrug 11 höchstens 12 Grad. Trotz meiner rheumatischen Erkrankung, die schon durch vier Gefängnisärzte festgestellt wurde, verweigerte mir der hiesige Arzt fast sechs Monate lang jede ärztliche Hilfe und Linderung meiner unerträglichen Schmerzen, mit dem stereotypen "Argument": es sei nichts, es sei nur Einbildung, Haftpsychose usw., dabei bemerkte er sehr gut, wie mein ganzer Körper vor Kälte bebte.

---

[7] aus *Max Hoelz: Briefe aus dem Zuchthaus*, Erich-Reiss-Verlag Berlin 1927

Als ich nach meinem ersten Herauskommen aus der Folterkammer mich in der Zelle auf die Pritsche legte, weil ich sehr fror und heftige rheumatische Schmerzen hatte (die Temperatur in der Zelle war nur 12 - 13 Grad), rief der Aufseher mir zu, ich dürfe mich nicht hinlegen. Ich erwiderte, ich könne mir nicht verbieten lassen, mich hinzulegen, wenn ich heftige Schmerzen habe. Als Vergeltung für diese Äußerung entzog der Direktor mir auf acht Tage die Hofstunde.

Der betreffende Aufseher und der Rentmeister durften mich mit ungehörigen Ausdrücken beschimpfen. Meine Anzeige gegen die beiden ließ man unter den Tisch fallen.

Der Zellenfußboden hier ist früher gestrichen gewesen. Es sind noch letzte sichtbare Reste des früheren Farbenanstrichs vorhanden. Ich beantragte nun, daß die Anstalt auf ihre oder auf meine Kosten den Fußboden streiche, damit die zahlreichen Wanzen nicht so bequemen Unterschlupf in den Ritzen und Löchern der Dielen finden möchten und damit die Zelle besser sauber gehalten werden könne, denn Sauberkeit ist bekanntlich auch ein Mittel gegen Ungeziefer. Wenn ich jetzt den ungestrichenen, zerfaserten Fußboden scheuere, so bleibt stets den ganzen Tag die Zelle naß und feucht, weil das Wasser tief in den zerfaserten Fußboden eindringt. Die Feuchtigkeit legt sich in der empfindlichsten Weise auf meinen Rheumatismus. Man verweigert den Fußbodenanstrich sowohl auf Kosten der Anstalt wie auch auf meine Kosten, Die Anstalt habe kein Geld für das. Aber die Anstalt hatte Geld dafür, daß sie im vorigen Herbst mehrere Wagenladungen der nicht gerade billigen Oberrüben und gelben Rüben (beides ein wichtiges Volksnahrungsmittel) verderben und verfaulen lassen konnte. Die Anstalt ließ diese Rüben so lange im Acker stehen, bis sie buchstäblich faulten und stanken und dann weggeworfen werden mußten. Da ich täglich meine Hofstunde in unmittelbarer Nähe dieser stinkenden Rüben abhalten mußte, so kann ich den Sachverhalt beeiden und auch andere Zeugen namhaft machen. Die Rüben wuchsen in dem Acker im Hofe und waren kaum 1 - 2 Meter von mir entfernt.

Sie können doch nicht verlangen, daß ich die sowieso unzureichliche und fettarme Kost noch mit den Wanzen teile. In der einen Zelle habe ich in einer einzigen Nacht nicht weniger als 26 Wanzen an der Wand totgequetscht. Ich habe diese Wanzenleichen am nächsten Morgen dem Maschinenmeister und dem Beamten N. N. gezeigt, sowie auch den anderen Beamten. Die Zelle (es war Nr. 121) wurde dann gesäubert und ich in eine andere gelegt. Aber auch in meiner jetzigen Zelle sind Wanzen und ich habe in letzter Zeit mehrere Exemplare den Aufsehern gezeigt. Ich beantrage deshalb, daß aus Gründen besserer Sauberhaltung der Fußboden auf meine Kosten gestrichen wird. Meine Zelle, meine Schriftsachen usw. werden täglich von den Aufsehern durchwühlt, das ist bei keinem anderen der Fall, selbst mein Kot wird täglich von den Beamten durchschnüffelt. Eine solche Durchsuchung wird bei keinem anderen Gefangenen vorgenommen.

Ich habe in den 5 Jahren noch nicht einen einzigen Schritt tun können, ohne stets 1 - 3 Aufseher an meiner Seite zu haben. Eine solche in ihrer Wirkung zermürbende Bewachung wird faktisch bei keinem anderen Gefangenen geübt.

Den Luftschacht in meiner Zelle hat man einfach vermauern lassen, so daß dadurch die Lüftung in meiner Zelle erheblich beschränkt ist.

Ich bin der einzige unter 500 Gefangenen, dessen Zelle mit mehreren Schlössern geschlossen ist und wo bei jedem Aufschluß und bei jedem Einschluß 1 - 3 Aufseher zugegen sind. Selbst bei den zahlreichen und gefährlichsten Raubmördern hier, sind stets nur ein Schloß und nur ein Beamter ...

Aus einem Brief an Georg Schumann, den mißglückten Befreiungsversuch betref-fend[8]

... Die Frau (Ehefrau Klara - P.G.) verlangte, ich solle einen Plan machen, wie eine Befreiung zu machen sei. Ginge die Sache schief, d.h. schlüge die Befreiung fehl, dann wollten wir beide aus dem Leben scheiden, denn sie wolle das Leben nicht länger ohne mich ertragen. Sie brachte auch eine Dosis Morphium mit, und ver-langte, daß wenn die Befreiung wider Erwarten fehlschlüge, ich den Schritt ins Nichts sofort tun solle, denn sie könne den Gedanken nicht ertragen, daß ich nach einem mißglückten Befreiungsversuch unter den ergriffenen Zwangsmaßnahmen leiden solle. Sofort, wenn mein Tod in den Blättern gemeldet würde, wolle sie den gleichen Weg gehen. Sie habe überall hören müssen, daß in den nächsten Jahren keine Hoffnung für mich bestünde, aus dem Kerker herauszukommen. Nun habe der Vertreter ihr gesagt, ich müsse mit Gewalt befreit werden, er habe die Vorberei-tungen für mein Entkommen schon getroffen, nur müsse ich noch einen Plan ma-chen, <u>wie</u> die Befreiung möglich sei.

Am Tor, resp. im Hof, sind dann die Genossen umgekehrt. Nun behauptet Wich-mann, es seine 4 Sipo-Beamte im Hof gewesen. Das entspricht nicht den Tatsa-chen, <u>Tatsache</u> ist, daß 1 Sipobeamter im Hofe war, der sich den Teufel um die Ge-nossen kümmerte, da er bei seinem Transport festgehalten war. Die Beamten hier, die den Vorgang kennen, sagen übereinstimmend, daß 2 Leute von den Genossen sicherlich nicht die Absicht gehabt hätten, mich zu befreien, und diese zwei hätten die anderen verwirrt.

Euch, lieber Georg, dürfte es doch wohl einleuchten, daß wenn in der Anstalt <u>nicht alles</u> zu Gunsten der Befreiung gewesen wäre, die Genossen <u>unmöglich</u> unbehelligt entkommen hätten können. Dem einen Beamten traten die Wassertropfen in die Augen, als er zu mir sagte, "Max, Deine Genossen <u>wollten nicht.</u>"

Du kannst hier <u>jeden</u> Beamten fragen, keiner wird Dir glauben, daß der "Befreiungsversuch" ernst gemeint war. Ich habe dann beim letzten Besuch der Frau Klara die fingierte Sache auf den Kopf zugesagt. Sie gab zur Antwort, ich sei feige, daß ich so an dem elenden Leben hinge, und mich nicht selbst entleibt hätte. Ich habe ihr dann gesagt, daß ich sie nun <u>ganz</u> durchschaut hätte. Sie verwickelte sich derart in Widersprüche, daß sie zuletzt nur noch erklären konnte, ich wisse ja garnicht, <u>wie</u> man ihr zugesetzt habe, damit sie so handele. ...

Die Tage werden mir zu Jahren, und die Minuten zu Tagen. Ich kann nicht passiv sein, ich habe es zu hunderten von Malen <u>versucht</u>. Ich muß mich wehren u. mich rühren.

Um die Dinge einfach hinzunehmen wie sie sind, müßte ich doch wohl ein ganz anderes Temperament haben. Rebellen sind keine Asketen, keine Christusse. Ge-wiß, Christus war auch ein Rebell, aber ein verflucht zahmer.

Dazu noch eine Zeitungsmeldung: "Vereitelter Fluchtversuch des Kommunisten-führers Hölz"
Breslau, 16. Februar

Gestern drangen etwa sieben Männer in das Gefängnis ein, überwältigten einige Wärter und entrissen ihnen die Schlüssel zu den Zellen. Als die Eindringlinge zu der Zelle von Max Hölz eilen wollten, traten ihnen, durch den Lärm aufmerksam

---

[8] Stiftung Archiv der Parteien und Massenorganisationen der DDR im Bundesarchiv, NY 4051 (Nachlaß von Max Hoelz) - Band 15, Blatt 159 bis 163

geworden, andere Wächter entgegen. Die Eindringlinge warfen hierauf die Zellenschlüssel fort und ergriffen die Flucht. Ueber die Persönlichkeit der Täter ist noch nichts weiter bekannt.

Von sehr gut unterrichteter Seite erhalten wir noch folgende Einzelheiten: Hölz war im Laufe des vorigen Jahres bekanntlich aus Vorsichtsgründen aus dem Zuchthaus in Münster i.W. nach der Breslauer Strafanstalt übergeführt worden, wo er sich ziemlich erregt aufführte und den Geisteskranken spielte, so daß er im Herbst der Irrenabteilung des Zuchthauses zur Beobachtung seines Geistes-zustandes überwiesen wurde. Vor mehreren Wochen wurde er von dort wieder entlassen, da das Vorhandensein einer geistigen Erkrankung nicht festgestellt werden konnte. Seitdem wurde Hölz mit der Anfertigung von Zigarettenschachteln beschäftigt. Er scheint aber nicht die Absicht zu haben, sich in sein Schicksal zu fügen. Er ist bekanntlich zu lebenslänglicher Zuchthausstrafe verurteilt, und sucht mit allen Kräften eine Wiederaufnahme seines Prozesses zu betreiben. Vor einigen Tagen hat er einen dahingehenden Antrag im Zuchthaus zu Protokoll gegeben, obgleich von seinen Verteidigern schon seit längerer Zeit die Vorbereitungen für ein Wiederaufnahmeverfahren getroffen sind, das sich in erster Linie auf neue Zeugenaussagen über die Ermordung des Gutsbesitzers Heß, die bekanntlich Hölz zur Last gelegt wurde, stützen soll. Weil ihm die Wiederaufnahme seines Prozesses nicht schnell genug von statten geht, ist Hölz sowohl mit seinen Verteidigern, wie auch mit seiner Partei, der K.P.D., völlig zerfallen. So hat er erst kürzlich an einige seiner kommunistischen Parteifreunde Briefe gerichtet, die nicht wiederzugebende Beschimpfungen enthalten und in dem Vorwurf gipfeln, daß man ihn am Narrenseil herumführe und völlig im Stich lasse. Dabei ist bemerkenswert, daß Hölz anscheinend fast uneingeschränkte Schreiberlaubnis hat und auch stundenlange Besuche von Nichtverwandten empfängt. Einige seiner Besucherinnen, "schriftstellerisch begabte Damen", haben dann in linksstehenden Blättern lange Berichte über das elende Leben geschrieben, das Hölz in der "Zwingburg Breslau" zu führen gezwungen sei, und die Arbeiterschaft aufgefordert, ihre goldenen Trauringe abzuliefern - nach dem Grundsatz "Gold gab ich für Eisen".[9]

Brief an Georg Schumann: Bitte um Hilfe und Verschonung vor Irrenabteilung
Meine Lage ist jetzt in jeder Hinsicht schlechter, als sie jemals in Münster war. Die Aufseher sind zwar nach wie vor durchaus anständig, aber der Arzt und der Direktor haben jetzt Maßnahmen ergriffen, deren Wirkung für mich neue seelische und körperliche Qualen bedeutet. Seit ein paar Wochen durfte mich der Sanitätsrat Dr. Schwarzschulz von der Frauenabtl. behandeln, der auch Rosa Luxemburg behandelt hat. Ich mußte ihn allerdings selbst bezahlen, aber er ist wenigstens ein Mensch, der zu helfen versucht. Dieser Arzt ist mir nun entzogen worden, und man will mich zwingen, daß ich mich wieder wie früher in die Behandlung des Irrenarztes Dr. Sossinka begebe. Das ist der Anfang zur erneuten Verschleppung in die Irrenabteilung, die mir Sossinka schon vor 10 Wochen angedroht hat. Sossinka hat mich bereits im September - Oktober vor. Jahres in der Irrenabteil. seelisch und körperlich in der schwersten Weise gequält. Er gilt hier bei allen Gefangenen und bei allen Beamten als ein vollkommen abgebrühter Menschenschinder.
Da ich bei jedem Zusammentreffen mit Sossinka Konflikte mit ihm habe, die zwangsläufig meine Lage immer mehr verschlechtern, so lehne ich es ab, ihn zu

---

[9] *Deutsche Zeitung*, Nr. 80 vom 17.02.1923

konsultieren, so daß ich nunmehr ohne jede ärztliche Hilfe bin. Direktion und Arzt wissen, daß der Zwang, mich durch Sossinka behandeln zu lassen, Konflikte erzeugt, die man dann zum Anlaß nehmen will, mich wieder in die Irrenabteilung zu verbringen. Georg, darüber müßt Ihr Euch klar sein, ein nochmaliges Festhalten in der Irrenabteilung überstehe ich nicht. Das bedeutet für mich das sichere Ende. Schon allein die Befürchtung, die jetzt wieder täglich wie ein Damoklesschwert über mir hängt, daß ich zu jeder Stunde in das Martyrium der Irrenabteil. gebracht werden kann, zwingt mir ununterbrochen den Gedanken auf, dieser ganzen Qual selbst ein Ende zu machen. Ihr wisst ja nicht, welch entsetzliches Martyrium die Verschleppung dorthin für mich bedeutet.

Georg, ich bitte Dich, den Genossen Pieck, sowie die Genossen Ulbrich, Brandler, Heckert, versucht zu verhindern, daß mir die Qual erspart bleibt. Wartet nicht erst, bis ich dort bin, denn dann lehne ich alle Hilfe ab. Gebt sofort Felix Halle Kenntnis von meinem Schreiben, er soll tun, was in seinen Kräften steht. Die an mich kommenden Briefe werden mir nicht mehr ausgehändigt, auch die Zeitungen nicht, und ob ich überhaupt noch schreiben darf, werden die nächsten tage ergeben.

Jetzt zwingt man mich zu der eintönigen Arbeit des Schachtelklebens, bei dem die Gedanken freien Spielraum haben, und man zum Grübeln direkt gezwungen ist. Ich lehne diese Arbeit ab und will mich weiterhin mit meinen Büchern beschäftigen. Die letzten 7 - 8 Monate hat man mich nicht gezwungen, und nun mit einem mal der brutale Zwang. In Münster durften alle polit. Gefangenen sich selbst beschäftigen, und hier legt man es nun darauf an, mich als gemeinen Verbrecher zu behandeln. Alle Bilder von Lenin, Rosa Luxemburg u.a. mußte ich von der Wand nehmen, nicht einmal die einfachsten rechte des politischen Gefangenen stehen mir zu.[10]

Brief an die Ortsgruppe Oelsnitz/Vogtland der KPD

Für meine Person würde ich keinen Menschen, auch Euch nicht, um etwas zu bitten. Wenn ich an mich dächte, dann brauchte ich keinen Beistand, auch Euren nicht.

Die Dinge liegen aber doch so, daß ich es für meine heiligste Pflicht erachte, meinen Körper so gesund als möglich zu erhalten, und nicht nur den Körper, sondern auch den Geist, damit ich nach meiner Freiwerdung mit gesunden und starken Kräften für die Sache der Unterdrückten wirken kann. Meine Person ist mir nur das Mittel zum Zweck, der Zweck ist die Sache aller Arbeitenden. Und diese herrliche Sache, dieser große Zweck steht unter allen Umständen stets über meiner Person. Das ist keine Phrase, sondern das habe ich durch die Tat bewiesen. Für mich selbst, für meine Person möchte und würde ich dieses beschissene Erdendasein nicht einen Tag länger leben. Nur weil ich glaube, daß ich mit den Arbeitern zusammen für das Werden einer neuen und freien Menschheit noch einmal werde kämpfen können, nur deshalb bin ich krampfhaft und fieberhaft bemüht, eine Aenderung meiner jetzigen unhaltbaren Lage zu erreichen, denn wenn ich nur noch eine Zeitlang in meiner jetzigen grausamen Isolierung gelassen werde, dann muß ich zwangsläufig wahnsinnig werden. Und daß ich als geistig kranker Mensch dann der Sache der Arbeiter nichts nützen kann, das wird Dir wohl einleuchten.

Ich brauche doch Euer Wirken zur Aenderung meiner Lage nicht deshalb, damit

---

[10] Stiftung Archiv der Parteien und Massenorganisationen der DDR im Bundesarchiv, NY 4051 (Nachlaß von Max Hoelz) - Band 15, Blatt 164 bis 165

ich etwa besser wie andere Gefangene behandelt werde. Ich will nicht besser wie andere Gefangene behandelt werden, das würde ich ablehnen. Aber ich will um meiner Gesundheit willen auch nicht schlechter wie andere politische Gefangene behandelt werden, eben weil ich meine Gesundheit und klaren Geist für die Sache der Arbeiter einmal brauchen werde. Ich werde tatsächlich schlechter behandelt wie alle übrigen Gefangenen, schon allein durch die furchtbare, nervenzerfressende Isolierung, in der ich gehalten werde. Die Direktion will mir wohl ein paar kriminelle Gefangene zur Gemeinschaft beigeben, aber das mußte ich ablehnen, weil - wie auch Dir bekannt ist - die kriminellen Gefangenen, die mir in B. beigegeben waren, meinen Namen mißbraucht und Dich und Traute bei der Polizei denunziert haben. Ich habe deshalb beim Justizminister beantragt, daß ich in Gemeinschaft mit linkspolitischen Gefangenen gelegt werde, das hat man bisher jedoch immer abgelehnt. Und doch muß ich darauf bestehen, wenn ich verhindern will, daß meine Nervenkraft nicht vollständig zerrüttet werden soll.

Der Präsident Dr. Humann hat schon vor zwei Jahren in Breslau zu mir gesagt, er gebe zu, daß in Deutschland nicht ein zweiter Gefangener sei, der so isoliert gehalten werde wie ich. Also die Herren wissen sehr gut, daß ich in einer fürchterlichen und schlechteren Lage bin, als jeder andere Gefangene. Selbst die schwersten Raubmörder werden nicht so grausam abgesondert gehalten als wie ich. Die Herren werden Euch möglicherweise entgegenhalten: Ja, wenn Hoelz sich ruhig verhalten würde, wenn er sich gut führte usw. usw., aber Hoelz treibt Obstruktion usw.

Dann müßt Ihr ihnen jedesmal erwidern: "die schlechte Führung von Hoelz, die Obstruktionen, die er treibt usw. sind eben doch nur eine Folge der absoluten Isolierung, in der Hoelz dauernd gehalten wird." Ihr müßt ihnen sagen, daß ein Mensch, der dauernd so isoliert ist, daß er mit keinen anderen sprechen kann, daß ein solcher Mensch den Gebrauch der Sprache überhaupt verlernen muß. Und da ich das Sprechen nicht verlernen will da ich die Sprache später recht notwendig brauche, deshalb muß ich obstruieren, deshalb muß ich revolutionäre Verse brüllen, damit ich wenigstens die Stimme eines Menschen höre. Alle anderen Gefangenen haben Gelegenheit, mal ein paar Worte miteinander zu sprechen, und nur ich als einziger unter 500-600 Gefangenen bin isoliert, noch schlimmer wie ein Aussätziger.[11]

Wenn ich ersoffen wäre ...

Brief an Wieland Herzfelde aus Moskau vom 17.12.1929[12]

... ich kam <u>sehr</u> krank in Moskau an, ging dann 2 Monate ans Schwarze Meer (Sotschi-Mazesta, Gagry, Suchum) in die Schwefelbäder. Dort bin ich wirklich gesund geworden. Es waren unbeschreiblich herrliche Tage. In den letzten Wochen schwamm ich dort täglich 6 bis 7 Kilometer weit ins Meer hinaus. Wenn ich ersoffen wäre, hätte die ganze blöde Vorwärtsbande geschrieben und geschrien. Stalin und die G.P.U. haben mich umgebracht.

Ich habe Stalin dort in Mazesta kennen gelernt und stundenlang (durch Übersetzer) mit ihm gesprochen. Er ist auffallend gut informiert über <u>alles</u> in Deutschland und sein Urteil über die Menschen und die Ereignisse in Deutschland ist treffend. ...

Wieland, ich bin nur mit der Aktentasche bewaffnet nach hier gereist, ohne Wä-

[11] aus *Max Hoelz: Briefe aus dem Zuchthaus*, S. 38 ff.
[12] Stiftung Archiv der Parteien und Massenorganisationen der DDR im Bundesarchiv, NY 4051 (Nachlaß von Max Hoelz) - Band 27, Blatt 13 bis 20

sche, ohne alles. Ich wollte nicht länger als 2 Monate hier bleiben. Die Dinge und Verhältnisse hier beobachte und betrachte ich äußerst kritisch. Mein bisheriger Eindruck ist folgender. Es gibt hier natürlich eine Menge Mängel und Unzulänglichkeiten, es ist noch längst nicht alles 100%, es gibt Dinge über die der deutsche Spießer (auch Parteispießer) die Hände über den Kopf zusammenschlägt. Aber alle diese Mängel verschwinden, sind kleinlich unwichtig gegenüber dem Großen, dem Fortschrittlichen das Du hier überall siehst. Zu behaupten, die S.Union steure dem Kapitalismus zu und der Aufbau des Sozialismus sei hier nicht möglich, oder hier herrsche nicht die Diktatur der Arbeiter sondern Diktatur der Partei ist so furchtbar absurd und blöd, das man kaum darauf eingehen kann, wenn man hier die Dinge praktisch gesehen und erlebt hat. - Wieland, hier wird tatsächlich der Sozialismus aufgebaut. Und dieser Aufbau ist wirklich erfolgreich und siegreich, das spüre ich hier jeden Tag stärker. Ich würde nicht einen Tag länger hier bleiben, wenn dem nicht so wäre. Man muß dieses Sowjetrussland vergleichen mit dem was früher war, erst dann kann man ermessen welch eine ungeheure Wandlung, was für ein unerhört kühner Schritt zum Sozialismus hier gemacht worden ist. Was die deutschen Spießer, die Sozis und mit ihnen die Brandlerleute von Russland schwindeln ist unsagbar dumm. Wenn Du Stalin kennen würdest, Du würdest ihn genau so gern haben wie ich. Es ist gut für die Arbeiter hier und für das ganze Weltproletariat, dass nicht Trotzki oder Bucharin sondern eben Stalin an der Spitze der russischen Partei steht. - Ich lerne hier Marxismus, Leninismus und sonst noch manches was der deutschen Bourgeoisie noch viel Bauchschmerzen machen wird. Ich bin froh, dass ich vorläufig hier bleiben und lernen darf, hier kann ich wirklich ein guter Revolutionär werden.

Kesselheizer der Revolution
(Niederschrift einer Rede von Max Hoelz nach seiner Befreiung)
Genossen!
Wir proletarischen politischen Gefangenen haben uns in den Kerkerzellen, den Feindwerken der bürgerlichen Demokratie für ihre lebendig begrabenen Opfer ein Bild zu machen versucht, wie es sein würde, wenn der Kampf um unsere Freilassung einmal zum Erfolg führte. Alle unsere Vorstellungen wurden durch die Wirklichkeit noch weit übertrumpft. Und dennoch können wir keine reine Freude empfinden, denn in den Kerkern schmachten nach wie vor unserer tapferer Rudolf Margies und zahlreiche andere proletarische politische Gefangene. Wenn überhaupt ein Teil der politischen gefangenen des Proletariats herauskam, dann verdanken wir das gewiß nicht der Gnade der Bourgeoisie, sondern allein dem immer stärker gewordenen Ruf der breiten Massen der arbeitenden Bevölkerung, deren Kampf um die Amnestie durch die Kommunistische Partei Deutschlands geführt und organisiert worden ist. - Wenn die Arbeiterschaft nach unserer Freilassung mir und den anderen befreiten Klassenkämpfern begeistert zujubelt, wissen wir recht gut, daß diese Begeisterung, dieser Jubel nicht unserer Person gilt, sondern der proletarischen Revolution, in deren Dienst wir gekämpft haben und in den Zuchthäusern, Gefängnissen und Festungen geworfen wurden. Es ist gewiß gut, daß die Arbeiterschaft sich an jene Jahre der unmittelbar aufsteigenden Welle der Revolution erinnert, in denen sie mit der Waffe in der Hand für die Sache der proletarischen Freiheit und des Sozialismus kämpften. Zeiten wie damals werden wiederkommen. - Wer heute sagt, wenn erst wieder die Zeit der revolutionären Kämpfe da ist, werde auch ich auf den Barrikaden stehen - wer so spricht, ist kein wirklicher

Revolutionär. Nein, die Arbeiter, die uns entlassene Gefangene wegen unserer früherer Taten feiern, müssen verstehen, daß es keinen Unterschied gibt zwischen dem Mut, den man dem Klassenfeind gegenüber mit der Knarre in der Hand beweisen muß und jenem zähen, unermüdlichen, opferwilligen Aufgehens für die Sache des Proletariats in der tagtäglichen Kleinarbeit. Die vielen Tausende Funktionäre bei der Kleinarbeit haben genau die gleichen Verdienste um die Sache der proletarischen Revolution wie irgend ein Max Hoelz oder ein anderer, der das Ehrenkleid des Zuchthäuslers für die Kommunistische Partei trug. - Genossen! - Es geht nicht an, daß einzelne diese schwere opferwillige Arbeit leisten, während die anderen - die große Mehrzahl - abseits steht und sich begnügt, nur zu Kundgebungen und Demonstrationen oder Versammlungen zu erscheinen. Jeder klassenbewußte Arbeiter, der gefühlsmäßig schon mit der Kommunistischen Partei einverstanden ist, der ihre Politik für die einzig richtige proletarische Politik erkannt hat, muß auch die Konsequenz aus seiner Gesinnung ziehen, er muß Mitglied der Partei werden.
Das ist es, was wir proletarischen politischen Gefangenen von der Arbeiterschaft fordern, und wir haben uns ein Recht dazu erworben, solche Forderungen an die Arbeiterschaft zu stellen. - Wenn man mich früher einmal den Kesselheizer der Revolution genannt hat, so sage ich heute: Ja, ich will auch weiterhin einer der vielen Kesselheizer der Revolution sein, indem ich alle meine Kräfte in den Dienst der Kommunistischen Partei stelle, indem ich auch jedem Arbeiter zurufe: Hinein in die Reihen der Kommunistischen Partei Deutschlands!
Es lebe die Kommunistische Partei Deutschlands!
Es lebe die Kommunistische Internationale!
Es lebe unser geliebtes Sowjetrußland![13]

An Genossen Woroschilow
Volkskomissar für Heer und Marine
Teurer Genosse Woroschilow,
ich wende mich an Dich mit der Bitte, mir behilflich zu sein, damit ich auf der Militärakademie studieren kann. Es ist schon lange mein Wunsch, mich ganz der Militärarbeit zu widmen. Ich denke mir die Sache so, daß ich zunächst damit anfange, eine Zeit lang eine niedere militärische Schule zu besuchen, bis ich die russische Sprache besser beherrsche. Und dann mit der Militärakademie zu beginnen. Es ist selbstverständlich, daß ich bereit bin, alle notwendigen Formalitäten für meine Aufnahme in die Rote Armee zu erfüllen, und auch die Sowjetbürgerschaft anzunehmen. - Ich bin mir bewußt, daß die Arbeit und das Studium in der Roten Armee eine sehr ernste Sache ist, die meine ganze Kraft und Aufmerksamkeit erfordert. Der Dienst in den Reihen der Roten Armee verlangt ganz natürlich eine noch viel strengere Disziplin als die gewöhnliche Arbeit in der Partei.

Max Hoelz[14]

---

[13] Quelle: Agitationsschallplatte der KPD, die Gen. Max Rölz dem SED-Bezirksparteiarchiv Karl-Marx-Stadt übergab
[14] Institut für Marxismus-Leninismus beim ZK der SED, Zentrales Parteiarchiv Nachlaß 51 (Max Hoelz) Akte 29, Blatt 125 (1932?)

VI. Kapitel
Gedichte und Lieder

anonym
Der junge Tambour
(Weise: nach dem Soldatenlied "Auf, kleiner Tambour, schlage ein")

Auf, junger Tambour, schlage ein, schlage ein!
Nach München, da wollen wir marschieren.
Nach München wollen wir hinein, ja, hinein,
die Orgesch soll unsre Waffen spüren.
|: Am Wege rot die Röslein blühn,
wenn Rotgardisten nach München ziehn. :|

Am Wege steht ein kleines Haus, kleines Haus,
in den Scheiben spiegelt sich der Morgen.
Ein holdes Mädchen schaut heraus, schaut heraus,
ihr Antlitz ist voller Lieb und Sorgen.
|: Fahr wohl, fahr wohl, du Rotgardist,
der du ein Freiheitskämpfer bist. :|

Und sollten wir nicht siegreich sein, siegreich sein,
von dem Schlachtfeld, da wollen wir nicht weichen!
Und kehren wir als Sieger heim, Sieger heim,
dann laßt, Brüder, uns die Hände reichen.
|: Und schießt uns so ein Bluthund tot,
wir sterben für die Fahne rot. :|

Die Tore werden aufgemacht
von unsern Münchener Genossen.
Der Hitler reitet schon heraus, schon heraus,
auf seinen flügellahmen Rossen.
|: Haut ihn, haut ihn, die ihr ihn kennt,
er hat die Arbeiterschaft geschänd't! (Dieser Lump!) :|

Die Tore werden aufgemacht, aufgemacht,
von unsern Münchener Genossen.
Max Hölz, der reitet schon heraus, schon heraus,
mit seinen purpurroten Rossen.
|: Folgt ihm, folgt ihm, die ihr ihn kennt,
er führt das rote Regiment! (Zum Sieg!) :|[1]

---

[1] Anm.: Die in den Klammern stehenden Worten wurden gerufen.
Ein beliebtes Arbeiterlied aus den Kämpfen um die Bayerische Räterepublik 1919. Eine Reihe von Varianten entstand in den Tagen des Kapp-Putsches im Ruhrgebiet, wie z. B.: "In Lohberg steht ein kleines Haus", "In Essen auf dem Gerlingsplatz, da ist so manches Blut geflossen." Spätere Varianten richten sich gegen den Hitlerfaschismus. So heißt es in einer Fassung: "Der Hitler soll die Waffen spüren." Oft wurden anstelle von Max Hölz die Namen der Arbeiterführer Thälmann und Liebknecht genannt.

Hans Mrowetz - *Erinnerungen*

Über Max Hoelz gab es viele Lieder. Oft waren es Variationen bekannter Arbeiterlieder. An einige Lieder erinnere ich mich mit einigen Worten oder Versen:

Wer will mit uns gegen die Orgesch ziehn,
wenn Hoelz Max kommandiert?
Da heißt es aufmarschieren,
den Mut nicht zu verlieren!
Legt an! Gebt Feuer! Und ladet schnell
und weicht nicht von der Stell'!

Räterepublik München

Nach München wollen wir hinein, ja hinein.
Die Reichswehr soll unsre Waffen spüren.
Am Wege rot die Röslein blühn, ja blühn,
wenn Rotgardisten nach München ziehn.

Am Wege steht ein kleines Haus, kleines Haus,
in den Scheiben spiegelt sich der Morgen.
Ein schönes Mädel schaut heraus,
ihr Antlitz voller Lieb und Sorgen.
Fahr wohl, fahr wohl, du Rotgardist,
der du ein Freiheitskämpfer bist.

Die Tore werden aufgetan, aufgetan,
von unseren bayrischen Genossen.
Max Hoelz, der reitet uns voran, ja voran,
auf seinem schönen weißen Rosse.
Max Hoelz, Max Hoelz, den jeder kennt,
Er führt sein rotes Regiment.

Es gab noch eine Strophe, die endete:

Und Noske reitet hinten nach
auf seinem klapperdürren Rosse.
Noske, Noske, den jeder kennt,
er hat die Arbeiterschaft geschändt!

Erich Mühsam
Max-Hölz-Marsch (Melodie: Was blasen die Trompeten)

Genossen, zu den Waffen!
Heraus aus der Fabrik!
Sprung auf, marsch marsch! Es lebe
die Räterepublik!
Es lebe der Kommunismus, es lebe die Tat!
Es lebe, wer sein Leben gibt
fürs Proletariat!
Doch unser Sieg ist nah;
Max Hölz ist wieder da!
Er hält die rote Fahne hoch und schwingt sie: Hurra!

Die Handgranat' am Gürtel,
im Arme das Gewehr,
so stürmt Max Hölzens Garde
durchs Sachsenland daher.
Der Bürger knickt zusammen.
Es sperrt den Geldschrank auf.
Hölz präsentiert die Rechnung
mit dem Pistolenlauf.
Denn unser Sieg ist nah;
Max Hölz ist wieder da!
Er hält die rote Fahne hoch und schwingt sie: Hurra!

Hier geht der rote Hahn auf,
dort donnert Dynamit.
Der Bürger macht die Hosen voll
und schwitzt um den Profit.
Die Sipo soll ihm helfen,
der Reichswehrgeneral;
die Sozibonzen zetern
fürs heilge Kapital.
Doch unser Sieg ist nah;
Max Hölz ist wieder da!
Er hält die rote Fahne hoch und schwingt sie: Hurra!

Der Bürger schnaubt nach Rache.
Sein Geldsack ist noch stark,
wer Hölzens Kopf zerschmettert,
kriegt hunderttausend Mark.
Ihr Mörder und ihr Spitzel,
zerstört die rote Saat!
Es kämpft für seine Freiheit
das Proletariat.
Doch unser Sieg ist nah;
Max Hölz ist wieder da!
Er hält die rote Fahne hoch und schwingt sie: Hurra!

Und muß denn gestorben sein,
Genossen, wohlan!
Wer für die Freiheit kämpfte,
hat wohl daran getan.
Proleten, zu den Waffen!
Heraus aus der Fabrik!
Sprung auf, marsch marsch! Es lebe
die Räterepublik!
Ja, unser Sieg ist nah;
Max Hölz ist wieder da!
Er hält die rote Fahne hoch und schwingt sie: Hurra![2]

---

[2] Erich Mühsam: *War einmal ein Revoluzzer*, Henschelverlag, Berlin 1978, S. 22 bis 24.

Bernd Rump - *der kommunismus im vogtland*

hoelzen max ist wieder im lande
mit seiner roten lumpenbande
in falkenstein früh um vier
schlägt er dem bürgermeister die tür
ein und hat das rathaus besetzt
und den armen der stadt
die gesetzc gcsetzt:

der kommunismus im vogtland
beginnt heute vier uhr früh
jetzt lassen wir ihn beginnen
sonst kommt er ja doch nie!
der kommunismus im vogtland
und dauert er nur einen tag
ist besser als immer nur reden
vom entscheidenden schlag.

hoelzen max verteilt alle güter
gold, silber, seide und ladenhüter
milch, eier, käse, brote und wein ...
ihr armen, kommt, kauft kostenlos ein!
der tag der gerechtigkeit ist jetzt
das geld schafft man ab
indem man's zerfetzt.

der kommunismus im vogtland
beginnt heute vier uhr früh
jetzt lassen wir ihn beginnen
sonst kommt er ja doch nie!
der kommunismus im vogtland
und dauert er nur eine nacht
ist besser als immer nur singen
von der entscheidenden schlacht.

hoelzen max hält sich drei tage
dann kommt unabwendbar
die niederlage ...
ist noch nicht reif, die neue zeit ...
zwei jahre später ist es wieder soweit:
irgendwo im mansfeldschen revier
bricht einem bürgermeister die tür ...

der kommunismus im mansfeld
beginnt heute vier uhr früh
jetzt lassen wir ihn beginnen
sonst kommt er ja doch nie!
der kommunismus im mansfeld
und dauert er nur einen tag
ist besser als immer nur reden
vom entscheidenden schlag.[3]

---

[3] *Der Vogtlandbote,* Nr. 10/97, 5. Jhg., Zeitschrift der PDS Vogtland, Falkenstein.

Hans Schweighöfer
Kerker - Zum Andenken an Max Hoelz

1. Dunkle Nacht und kalter Schauer ...
Feuchte Luft und kalte Mauer
Wand an Wand gleich einem Sarge ...
Grausige Stille: öd und leer

2. Horch! durch Nacht und Grabesstille
Klingen Glockentöne schrill
Schreiend fast und zähneknirschend
Denn es ist die Kerkerskette
Die ein armer Mensch umringt

3. Kerkersketten, schwer ... und rasselnd
Jeder Klang ein Seufzer ist
Die ein Mensch verzweiflungsnah
Ausstößt in die Todesstille
Doch umsonst, man hört sie nicht

4. Hier in dieser Kerkerszelle,
Will man Menschen Freiheit rauben
LEIBER kann man fesseln, halten
Doch Hirn und Seele hält man nicht

5. In diesem still, vergess'nem Grabe
bracht hier ein Mensch acht Jahre zu
Sein Name, ihn kennt fast schon jeder
Er steigt zur Tat mit neuem Mut.

6. Man hat ihn hier nur eingekerkert
Weil er allein die Wahrheit sprach
Weil er den Sklaven wollt erklären
Auch Ihr seid Menschen, keine Tiere

7. FÜHLT Ihr, MERKT Ihr es denn nicht
Ihr habt ja Macht in euren Händen
Ihr habt noch eine Faust am Arm
Wenn sie zum Schlage niedersaust
Sie trifft nur ihre Unterdrücker
Die Euch bis jetzt das Hirn geraubt

8. Seinen Name, Im sei Ehre
Es ist Max Hoelz der Revolutionär
Nun ist er wieder auferstanden
Und sagt den Menschen: jetzt ist's Zeit
Drum Brüder auf und sprengt die Ketten
WIR SKLAVEN WOLLEN MENSCHEN SEIN[4]

---

[4] Stiftung Archiv der Parteien..., Band 27, Blatt 47 bis 48.

Johannes R. Becher
Max Hoelz

"Lebenslänglich Zuchthaus"
Dein Aug' hielt stand.
Kein Nerv zuckte.
"Ich weiß, wofür .."
Als sie dich abführten,
Gingen wir alle mit.
Unzertrennlich blieben wir,
Wir bei dir,
Du bei uns.

Dreck aus allen Gossen
Haben sie wider dich gehäuft.
Oft war es dunkler in dir als Nacht;
Du warst dem Wahnsinn nah.
Berge von Mauern haben sie über dich gewälzt.
Bist nicht zerbrochen.
In Gitter und Fesseln haben sie dich geschlagen.
Warst nicht kleinzukriegen.
Aus den Zeitungen rissen sich los zwei Worte,
Sprangen hinein in die Straßen,
Riefen:
Max Hoelz!
Hunderttausende vor dir,
Hunderttausende neben dir,
Zu beiden Seiten,
Sturm wächst,
Wo du hintrittst ...

Als du wiederkamst, war es,
Als marschierten wir selbst
In Berlin ein.[5]

Theobald Tiger
Für Max Hölz
Verurteilt am 22. Juni 1920

Du sitzt für uns alle.
Unerschütterlich.
Wir denken deiner. Wir grüßen dich.
Als es aus war, hast du deinen Kopf hingehalten.
Gegen die Presse, die Bürger, die Polizei - gegen alle Gewalten.
Als es aus war, hast du vor Gericht gestanden.
Als ein Mann!
Alle Paragraphen wurden zuschanden.

---

[5] *Die Rote Fahne*, Mittwoch, 25. Juli 1928.

Der Richter funkelte - weiß vor ohnmächtiger Wut.
Du sahst ihn an wie der Hauptmann den dummen Rekrut.
Der Richter kreischte und schimpfte unflätig - gemein.
Da standest du auf! Und spiest der Justiz mitten in ihr Gesicht hinein!
"Wer seid ihr?" Und: "Ich erkenne dies Gericht nicht an!"
Und: "Was könnt ihr mir schon -?"
Die zappelnden Talare übertönte dein Ruf:
"Es lebe die Weltrevolution - -!"
Jetzt sitzt du im Zuchthaus.
In der Hand von Gefängniswärtern und Direktoren.
Du wirst schikaniert, geschlagen, gequält ....
Du hast den Mut nicht verloren.
Tausende sitzen wie du. Tapfer, ohne zu klagen, stumm.
Opfer der Richter. Wer kümmert sich drum - -?
Wer - -?
Wenn wo Proletarier zusammenstehn.
Wenn sie deinen Namen hören, dein Bildnis sehn -
Dann wird es ganz still. Die Köpfe neigen sich.
Du sitzt für uns alle.
Sie geloben Rache. - - Schweigen ... Und grüßen dich.[6]

Volker Braun
Max Hoelz heiratet

Wie kann die Rote Hilfe dem helfen
Ohne Verwandtschaft gegen den Staat

Es meldeten sich Hunderte, die roten
Entschloßnen Lippen auf dem Räuber.
Hoelz, die Fotos in der Faust, befahl
Die oder keine. Traute traute sichs
Und nicht mehr mit dem Eignen (Fabrikant
Der wollte, wenn sie ledig bliebe, blechen:
Trautes Heim das Gefängnis), und die Hohe Zeit
Begann im niedern Raum, die Braut weiß
Wie die Wand, der Bräutigam flatternden
Blicks: zum zweitenmale *lebenslänglich*
Und wieder ein Fehlurteil. Der Wachbeamte
Sah durch die Lichtluke ein Trinkgelage
Fordernd Räumung des Lokals, doch Max
Hob die Stimme vor den Zeugen
Wie in Lauenstein im Arbeitsamt
Der Herr Direktor gab noch zehn Minuten
Freiwillig, wie die Strumpfherrn nach dem Krieg
Die Barschaft, für die Hungernden, im Vogtland:
Kein Kuß für seine Frau, aber zwei Stunden
Setzt er die Zuchthausordnung außer Kraft

[6] *Die Rote Fahne*, Nr. 173 vom 23. 6. 1926.

Wie in Mitteldeutschland Einundzwanzig
Sämtliche Vorschriften der Rechtsordnung
Mit Eierhandgranaten und Plakaten
Die Weimarer Verfassung Altpapier
In Leuna und Hettstedt, *der gemeine Verbrecher*
Zwei Stunden darf er die Braut unterhalten
Mit seiner Liebe zu den Unterdrückten.[7]

Erich Weinert
Gruß an Max Hoelz

Du hast der Schandjustiz die Stirn geboten,
Die Dich begrub in ewige Kerkerhaft.
Nun bist Du auferstanden von den Toten
In alter Liebe und in alter Kraft!
Sie hatten Dich begraben sieben Jahre;
Doch Dich vernichten hat man nicht gekonnt!
Der erste Windstoß weht durch die Talare,
Denn immer breiter wird die rote Front!
Nun stehst Du wieder auf dem alten Posten
Nach sieben langen Jahren Zuchthausgruft.
Grüßt das helle Morgenrot im Osten
Und atmest wieder frische Morgenluft.
Nun siehst Du rings die roten Fahnen fliegen
Für Dich, Max Hoelz, nach sieben Jahren Qual!
Laß Dir das eine Wort zum Gruß genügen:
Wir lieben Dich, Genosse General.[8]

Stanislav K. Neumann
DER ROTE MAX

Mit Knüppeln ging er auf sie los,
auf ihre Spelunken, Banken und Festungen,
lang genug droschen wir leeres Stroh
und priesen Sakramentenkästen,
nun also auf sie!
Und reichte ihm der Knüppel nicht mehr,
dann ertönte das Maschinengewehr
und hämmerte los,
probier's doch am eigenen Leib, zeigt her das Gesicht,
stülpt die Hosentaschen um,
der Rebell und Prolet sein Solo spricht,
Max Hölz.

---

[7] Volker Braun: *Langsamer knirschender Morgen Gedichte*, Mitteldeutscher Verlag, Halle-Leipzig 1987, S. 22.
[8] aus: *Welt am Abend*, 20. Juli 1928.

Flog empor mit dem Sturmvogel,
dieser verdammten Raubvogelbrut,
Gewitter schwebt doch auf einer roten, begeisterten Wolkenglut,
er hat nicht gefragt,
nicht das Rote vom Himmel gelogen,
hat nur geschlagen und geprügelt und zum Teufel gejagt
ihre Ordnung, diesen Gammelladen,
da geiferte ein Schmierfink,
aus der Haut fuhr ein Schieber und Idiot,
er aber ist vorwärts geflogen,
immer wieder,
als letzter blieb er,
wuchs zum Riesen über Schergen und Maden,
Max Hölz.

Das ist für dich, Proletariat -
für euch, ihr Besitzer von Dreschflegeln und Mistgabeln,
für euch, die ihr die Hämmer schwingt in den Fabriken,
für euch, die ihr schießen lernt in den Kasernen,
für dich, Arbeiterin,
und für euch, ihr Massen,
ihr sollt sehen und die Köpfe nicht hängen lassen,
o begreift doch, ihr seid die Befreier,
nur etwas Mut noch und etwas Praxis,
befreit euch selbst und auch den Max,
schnappen erst die roten Wölfe nach weißem Beuteschmuck,
hau ruck![9]

---

[9] *Rudè zpevy (Rote Gesänge)*, Ceskoslovensky Spisovatel, Prag 1953, S. 51/52. Aus dem Tschechischen von Ute Raßloff (Berlin), der an dieser Stelle für die Recherche und Übersetzung gedankt wird. (B. K.)

Anhang

Peter Giersich
Wir nennen ihn "unseren Max"

Max Hoelz
14. Oktober 1889 bis 15. September 1933

1. prägende Lebensabschnitte
* vier Jahre Soldat im 1. Weltkrieg (Südost-Front, West-Front)
* Novemberrevolution / Gründung der KPD (1918 - Frühjahr 1919)
* Arbeitslosenbewegung in Plauen und Falkenstein (Februar bis Juni 1919)
* Abwehr des Kapp-Putsches (März bis April 1920)
* Märzkämpfe in Mitteldeutschland (März 1921)
* Gericht und sieben Jahre Zuchthaus (Juli 1921 bis Juli 1928)
* politische Arbeit für die KPD (1928 bis 1930)
* Leben und Arbeit in der Sowjetunion (1930 bis 1933)

2. Beinamen, die ihm "verliehen" wurden
- von den Feinden des Proletariats:
    Mordbrenner, Räuberhauptmann und Rebell, Zündelmax, Schinderhannes des
    20. Jahrhunderts, Diktator des Vogtlandes, roter General, vogtländischer Ban-

    denführer, gemeiner, ehrloser Verbrecher, Blutmensch

- aber von denen, die zu ihm standen:
* historisch gewordener Volkstribun (Erich Weinert)
* der Mann, der die mutigste Rede vor einem deutschen Gericht gehalten hat
    (Kurt Tucholsky)
* deutscher Robin Hood (W. Angress)
* deutscher Tschapajew (Wilhelm Pieck)
* Partisan der deutschen Revolution (Fritz Heckert)
* der Stülpner-Karl unseres Jahrhunderts, von dem die alten Genossen immer zu
    reden anfangen, wenn sie einen gezwitschert haben (Gerd Bieker)
* revolutionärer Feuerkopf (Erich Glückauf)
* legendäre Gestalt so mancher Klassenkämpfe nach der Novemberrevolution
    (Erich Honecker)
* eine in Deutschland einmalige revolutionäre Gestalt (Karl Retzlaw)
* Tatmensch, begeisterter Anhänger und Eiferer des Kommunismus
    (Heinrich Brandler)
* ein Sohn des Volkes, ein freier und reifer Proletarier (Ludwig Bergmann)
* moderner Proletarierführer, ... er beschließt die Reihe der sozialen Rebellen
    und eröffnet die Reihe der sozialen Revolutionäre (Erich Müller)
* einer der tatkräftigsten Revolutionäre (Georg Schumann)
* markanteste Gestalt aus den revolutionären Kämpfen der deutschen
    Nachkriegsperiode (Erich Mühsam)
* das personifizierte "Gespenst", das umging seit einem halben Jahrhundert
    in Europa (Johannes Arnold)

* Instrument des Wollens der Klasse der Unterdrückten, ... der reinste Mensch
unserer Gegenwart (R. Hausmann)
* Sozialist, Kommunist, der von Pseudogenossen den ganzen Bezirk seines Ideals
so schmählich verschmutzt sah (Maximilian Harden)
* oder einfach: unser Max

Bernd Kramer
Analogien, über die man streiten muß

Max Hoelz war
ein merkwürdiger revolutionärer Bandenführer
ein verfrühter Che Guevara
ein Bürgerschreck
ein edelmütiger Raubritter
ein Baader der zwanziger Jahre
ein Weiberheld
ein Roter General
ein Räuberhauptmann
ein Anarchist
ein proletarischer Freikorpsführer
ein Psychopath
ein neuer Schinderhannes
ein Verbrecher
ein Stenka Rasin des Vogtlandes
ein Terrorist
ein roter Robin Hood
ein klassenbewußter Kommunist
ein gekreuzigter Gerechter
ein Karl Moor
eine Symbolfigur des Aufruhrs
eine problematische Erscheinung
ein..
ein..
ein..
(bitte selbst ausfüllen)

Es gibt Analogien, die Treffen genau ins Schwarze, andere wiederum mäandern
von braun nach rot, irrlichten von Geburtsdaten und militärischen Rängen hin zu
banalpsychologischen "Erkenntnissen":
Adolf Hitler: Jahrgang 1889 - Max Hoelz: Jahrgang 1889
Adolf Hitler: im 1. Weltkrieg - Max Hoelz: im 1. Weltkrieg
Adolf Hitler: Meldegänger - Max Hoelz: Meldereiter
Adolf Hitler: Eisernes Kreuz I. Klasse - Max Hoelz: Eisernes Kreuz II. Klasse

Ich zitiere: "(Es) scheint, zumindest theoretisch, durchaus möglich, daß sich irgendwo und irgendwann in den Wirren der zweiten Schlacht bei Ypern (22. April -
25. Mai 1915) auch der Meldegänger Adolf Hitler (Jahrgang 1889) und bei Kriegs-

ende Gefreiter und Träger des Eisernen Kreuzes I. Klasse vom 16. Bayerischen Reserve-Infanterie-Regiment und der spätere Meldereiter Max Hoelz (ebenfalls Jahrgang 1889 und auch er am Ende des Krieges Gefreiter und mit dem Eisernen Kreuz II. Klasse ausgezeichnet) vom 18. Sächsischen Königs-Husaren-Regiment begegnet sind."[1] Na und? Das besagt noch gar nichts. - Die beiden Autoren zitieren eine Legende, nach der Max Hoelz zum Osterfest 1903 nach seiner Konfirmation seine Schultasche samt Inhalt in einen Dorfteich geschmissen haben soll. (Für einen aufgeweckten Jungen doch wohl eine befreiende Aktion.) Nun fragen sich die beiden Herren: "Ein Fall für den Psychologen? Iris Dauner, Fachärztin für Kinder- und Jugendpsychiatrie, bestätigt das: Menschen, 'die in ihrer Kindheit nicht genügend Wärme, nicht genügend Selbstbestätigung erhalten haben', urteilt die Sachverständige 1990, sind 'meist von einem ungeheuren Rachedurst beseelt.'"[2] Weil also Mama und Papa Hitler und Mama und Papa Hoelz nicht lieb zu ihren Kinderchen waren, zettelt der eine den II. Weltkrieg an und der andere wird Revolutionär?!? Ich kann es nicht glauben, aber so steht es gedruckt. Aber weiter in dieser wundersamen Analogie: "Es ist aber sicher kein Zufall, daß nicht nur Hoelz schon beizeiten 'als Außenseiter' betrachtet wurde, sondern daß auch sein Altersgenosse Adolf Hitler noch lange 'ein vom Lande kommender, verschmähter Außenseiter' blieb."[3] Jetzt fehlt nur noch die tiefenpsychologische Erkenntnis, daß beider Familiennamen mit dem 8. Buchstaben des lateinischen Alphabets beginnen. - Ist es Dummheit? Ist es Denunziation? Nichts gegen hypothetische Phantastereien, doch was hier Donnerhack und Heinrichs bieten, trifft nicht ins Schwarze - es trifft exakt daneben.

---

[1] Wolf Donnerhack und Siegfried Heinrichs: *Das schwarze Herz oder Die wahre Geschichte vom Leben und Sterben des Max Hoelz.* Anstelle eines Vorworts. (Verlag und Erscheinungsort bis jetzt unbekannt. Der Text liegt als Kopie vor), 5. Spalte.
[2] ebenda, 6. Spalte
[3] ebenda

Bibliographie

Albrecht, Karl I.
> Der verratene Sozialismus. Zehn Jahre als hoher Staatsbeamter in der Sowjetunion
> Nibelungen-Verlag Berlin - Leipzig 1938

anonym
> Max Hoelz - ein revolutionärer Kämpfer des Vogtlandes
> Hrsg.: Kommission zur Erforschung der Örtlichen Arbeiterbewegung bei der SED-
> Kreisleitung Auerbach, Auerbach 1978

anonym
> MAX HÖLZ ein deutscher Partisan
> Verlagsgenossenschaft Ausländischer Arbeiter in der UdSSR, Moskau / Leningrad
> 1933

Bergmann, Ludwig
> Max Hölz: Seine gesamte Biographie und die wahren Vorgänge bei seiner Ver-
> haftung. Nach einem von ihm selbst geschriebenen Lebenslauf
> Verlag Ludwig Bergmann Berlin W 15, 1921

Brandler, Heinrich
> Die Aktion gegen den Kapp-Putsch in Westsachsen
> Berliner Buch- und Kunstdruckerei GmbH , Berlin W 35 - Zossen 1920

Donnerhack, Wolf
> Das schwarze Herz oder Die wahre Geschichte vom Leben und Sterben des Max
> Hoelz
> Verlag und Erscheinungsort bis jetzt unbekannt. Einige Seiten liegen als Kopie vor.

Fischer, Wilhelm
> Max Hölz der "rote General" vor Gericht
> Wilhelm Baltrusch Verlag, Stuttgart 1921

Fritsche, Georg
> Max Hoelz - Aus meinem Leben. Max Hoelz Beweismaterial für den Verrat der
> K.P.D. an der deutschen Arbeiterschaft. Neu herausgegeben und verglichen mit dem
> Buche von Max Hoelz "Vom Weißen Kreuz zur roten Fahne"
> Verlag Tannenbergbund Gau Neumark o.J.

Gebhardt, Manfred
> Max Hoelz. Wege und Irrwege eines Revolutionärs
> Verlag Neues Leben Berlin 1989

Giersich, Peter; Hoyer, Manfred
> Die Fahne ist niemals gefallen. Chronik der revolutionären Arbeiterbewegung im
> Kreis Auerbach/Vogtl. 1918-1925
> Hrsg.: Kommission zur Erforschung der Geschichte der örtlichen Arbeiterbewegung
> bei der Kreisleitung Auerbach der SED, Auerbach 1987

Giersich, Peter
> Max Hoelz - eine legendäre Gestalt der revolutionären Kämpfe des deutschen
> Proletariats
> Hrsg.: Kommission zur Erforschung der örtlichen Arbeiterbewegung bei der
> Kreisleitung Auerbach der SED, Auerbach 1988

Glier, Willi; Hengst, Werner; Wätzig, Alfons
> Max Hoelz. Eine biographische Skizze
> Hrsg.: Bezirksleitung Karl-Marx-Stadt der SED, Kommission zur Erforschung der
> Geschichte der örtlichen Arbeiterbewegung, Karl-Marx-Stadt 1988

Halle, Felix
> Eingabe für den zu lebenslänglichem Zuchthaus verurteilten Max Hoelz an den
> deutschen Reichstag und den preußischen Landtag. Nebst Anhang: Wiederaufnahme-
> Antrag für Max Hoelz an das Reichsgericht
> Als Manuskript gedruckt. MOPR-Verlag Berlin 1928

Harden, Maximilian
    HÖLZ. in: Köpfe, Sieben-Stäbe-Verlag Berlin 1930
Hoelz, Max
    Briefe aus dem Zuchthaus. Hrsg.: Egon Erwin Kisch
    Erich-Reiss-Verlag Berlin 1927
Hoelz, Max
    Die Vorgänge in Falkenstein
    Verlag von Max Gruner, Falkenstein 1919
Hoelz, Max
    Ein Jahr Kampf des KJD
    Zentral Völker Verlag Moskau 1930
Hoelz, Max
    Hölz Anklagerede gegen die bürgerliche Gesellschaft
    Frankes Verlag GmbH Berlin-Leipzig 1921
Hoelz, Max
    Vom Weißen Kreuz zur roten Fahne; Jugend-, Kampf- und Zuchthauserlebnisse
    Malik-Verlag Berlin 1929
Hölz, Max
    Aus meinem Leben (Einziger wortgetreuer, vom Verfasser autorisierter Druck nach
    dem Manuskript). Vor der Sonderjustiz (Prozeßbericht; Reden der Verteidiger und
    ungekürzte Schlußrede von Max Hölz)
    Aktions-Verlag Berlin, o.J.
Kisch, Egon Erwin
    Sieben Jahre Justizskandal Max Hoelz
    MOPR Verlag Berlin NW 7, 1928
Mühsam, Erich
    Gerechtigkeit für Max Hoelz
    Verlag Rote Hilfe Berlin 1926
Müller, Erich
    Ewig in Aufruhr - 18 Porträts deutscher Rebellen
    Universum-Bücherei für alle, Berlin 1928
Pfemfert, Franz
    Die Aktion Nr. 29/32 XI. Jahrg. Sonderheft für Max Hölz
    Verlag Die Aktion Berlin-Wilmerdorf 1921
Philipp, Rudolf
    Max Hölz - Der letzte deutsche Revolutionär auf der Flucht ertrunken
    Reso Verlag A.G. Zürich 1936
Retzlaw, Karl
    Spartakus Aufstieg und Niedergang, Erinnerungen eines Parteiarbeiters
    Verlag Neue Kritik Frankfurt/M.1971
Schneider, Joseph
    Die blutige Osterwoche im Mansfelder Land
    Verlag der Arbeiter-Buchhandlung Wien 1922
Schumann, Georg
    Max Hölz, "der gemeine Verbrecher"
    Verlag Produktiv-Genossenschaft Halle-Merseburg 1923
Serebrowskaja, Elena
    Ein deutscher Che Guevara, in: Dialog Nr. 16/89 Leningrad 1988 (russ.)
Wätzig, Alfons
    Der soziale, politische und militärische Kampf der revolutionären Arbeiter von
    Falkenstein und Oelsnitz im Vogtland in den Jahren 1918 - 1920
    Bergakademie Freiberg, Dissertation B 1975

Bilder-Nachweis

Titelseite: Privatbesitz Peter Giersich, Auerbach
Seite 16: Thorad Meisel, Klingenthal
Seite 30: Peter Giersich
Seite 89: Aus *Marxistische Blätter*, Nr. 03 / 1994

Bildgalerie
Seite I
oben: Peter Giersich, Auerbach / unten: Max Georgi, Falkenstein
Seite II
oben: Joachim Thoß, Ellefeld / unten links: Bernd Kramer, Berlin
unten rechts: Joachim Thoß
Seite III
Peter Giersich
Seite IV
oben: Bernd Kramer / unten Peter Gierisch
Seite V
Wolfgang Ebert (*Freie Presse,* Chemnitz)
Seite VI
Postkarten von Hanna Seidel, Chemnitz
Seite VII
Reproduktion von Max Georgi
Seite VIII
oben: Peter Giersich / unten: Reproduktion von Max Georgi
Seite IX
oben und Mitte: Reproduktion von Max Georgi / unten: Bernd Kramer
Seite X
Reproduktionen von Max Georgi
Seite XI
ebenda
Seite XII
ebenda
Seite XIII
oben: Stiftung Archiv der Parteien und Massenorganisationen der DDR im Bundesarchiv, Berlin
unten links: Reproduktion aus *Vom 'Weißen Kreuz' zur roten Fahne*
unten rechts: Institut für Marxismus-Leninismus beim ZK der SED, Zentrales Parteiarchiv, Berlin
Seite XIV
Reproduktion von Max Georgi
Seite XV
oben links: Peter Giersich / oben rechts: Reproduktion aus *Vom 'weißen Kreuz'...*
unten: Heimatmuseum Falkenstein
Seite XVI
oben links: *Arbeiter-Illustrierte Zeitung* / oben rechts: Peter Giersich
unten links: Hans Mrowetz, Berlin / unten links: Peter Giersich

Seite XVII
oben: Institut für Marxismus-Leninismus
unten: Reproduktion von Heinz Frühling, Eisleben
Seite XVIII
oben: Joachim Thoß / unten: Reproduktion von Max Georgi
Seite XIX
oben links: Reproduktion aus *Vom 'weißen Kreuz'...* / oben rechts: *Arbeiter-Illustrierte Zeitung* / unten links: *Das Magazin,* Berlin, Nr. 09 / 1989
unten rechts: Reproduktion von Max Georgi
Seite XX
Institut für Marxismus-Leninismus
Seite XXI
oben: aus Karl I. Albrecht *Der verratene Sozialismus*
unten: Reproduktion von Max Georgi
Seite XXII
oben: Institut für Marxismus-Leninismus / unten: Joachim Thoß
Seite XXIII
Reproduktionen von Max Georgi
Seite XXIV
oben: Institut für Marxismus-Leninismus
unten: Reproduktion von Max Georgi

Namensverzeichnis

Justus W. Wittkop
Unter schwarzen Fahnen
Aktionen und Gestalten des Anarchismus
296 Seiten - zahlreiche Abbildungen - ISBN 3-87956-217-2

Bernd Kramer
"Laßt uns die Schwerter ziehen, damit die Kette bricht.."
Michael Bakunin, Richard Wagner und andere
während der Dresdner Mai-Revolution 1849
253 Seiten - zahlreiche Abbildungen - ISBN 3-87956-201-6

Natalia Piromowa / Boris Nossik
Der rebellierende Adel & Die Familie Bakunin
130 Seiten -zahlreiche Abbildungen - ISBN 3-87956-112-5

Michael Bakunin
"Barrikadenwetter" und "Revolutionshimmel"
Michael Bakunin als Redakteur der "Dresdner Zeitung" 1849
189 Seiten - ISBN 3-87956-223-7

Michael Bakunin
Staatlichkeit und Anarchie
Bakunins Hauptwerk
512 Seiten - ISBN 3-87956-233-4

Emile Henry - Gustav Landauer u.a.
Nur die Phantasielosen flüchten in die Realität
Anarchistisches Ja(hr)buch
210 Seiten - zahlreiche Abbildungen - ISBN 3-87956-152-4

Raissa Orlowa
Als die Glocke verstummte
Alexander Herzens letztes Lebensjahr
111 Seiten - ISBN 3-87956-190-7

Bernd Kramer
Demontage...
revolutionärer oder restaurativer Bildersturm?
Über den Abriß der Denkmäler in den ehemaligen
sozialistischen Staaten
197 Seiten - 100 Abbildungen - ISBN 3-87956-183-4